100 Dosis
[DE CIENCIA]

100 Dosis [de Ciencia]

para la salud y el cuerpo perfectos

David de Ponte Lira

100 dosis [de ciencia]
para la salud y el cuerpo perfectos
Primera edición, mayo 2023

Diseño de portada: David de Ponte Lira
Diagramación: David Manangón
Publicado por: Marcel Verand

A mis padres, a mis hermanos, a esos grandes
amigos que me ha regalado la vida
y a cada persona que me ha acompañado
durante el camino.
Y por supuesto, a mi yo más joven
que nunca dejo de soñar y de creer
que todo esto sería posible.

Este libro contiene información general y consejos relacionados a los beneficios del entrenamiento de fuerza, el ayuno, la exposición solar, los ritmos circadianos, la dieta cetogénica, la suplementación y muchos otros hábitos relacionados con la salud. La intención no es reemplazar el consejo de un profesional de la salud. Como con cualquier protocolo, entrenamiento o dieta, las prácticas recomendadas en este libro deberían ser aplicadas sólo después de haber consultado con tu médico para asegurarte de que son apropiadas a tu contexto y circunstancias. El autor renuncia expresamente a la responsabilidad de cualquier efecto adverso que pueda resultar del uso o aplicación de la información contenida en este libro.

Índice

Prólogo

Después de trabajar más de 20 años en Unidades de Cuidado Intensivo, especialmente cardiovascular, y haber firmado 1023 certificados de defunción de personas, que, en su mayoría, no querían morir ese día (ni en las próximas 48 horas) entendí que: "EL VALOR DE LA VIDA SOLO SE ENTIENDE DESDE EL PODER DE LA MUERTE INMINENTE".

En ese momento, al ver la muerte de cerca, el objetivo es solo uno: "VIVIR"; sano o enfermo, pero vivir... o lo que yo llamo sobrevivir. Cuando yo grito en mis videos, casi llorando 'Doctor Bayter, Doctor Bayter', solo recuerdo y hago un homenaje póstumo a esas 1023 personas que llegando conscientes, rogaron para prolongar su vida, así fueran quince días, y poder despedirse de los suyos y dejar todo organizado. Recuerdo como si fuera ayer, como me decían que estaban dispuestos a dar todo su dinero, todas sus posesiones y cambiar de vida al 100%, si Dios y su médico lograban sacarlos vivos de ese espacio abierto, tenebroso, enfermizo, rebosado de pitos y alarmas, donde nunca se distingue si es de día o de noche, y donde diariamente a un enfermo le tocaba vivir en carne propia, como en un campo de concentración, el grito "CÓDIGO AZUL" 2 o 3 veces en 24 horas y sentir la muerte en la cama de al lado, cada vez más cerca de su almohada.

Esa fue mi vida durante 20 años en una unidad de Cuidado Crítico de postoperatorio de cirugía de corazón abierto, de infartos de miocardio y apoplejías cerebrales. Una o dos de cada 10 personas que entraban vivas a esa sala, salían de allí con los pies hacia adelante y una sábana sobre su cabeza. Para mí, vivir entre la muerte fue mi aliado, mi normalidad, nunca lloraba un muerto, me daba algo de tristeza y pereza tener que dar la noticia, pero para las familias de esa persona que murió, que se fue, iniciaba un calvario y una tragedia de llanto y tristeza. Pero, me cansé. Me cansé de ver gente morir y en muchos casos no poder hacer nada; y cuando digo no poder hacer nada, es que la gente vive toda una vida construyendo su propia enfermedad y muerte, y al final, cree que murió de un infarto fulminante.

¡Nadie muere de un infarto fulminante! Las personas comen y viven para tapar una arteria coronaria de forma consciente por 30, 40 o 50 años y al final cuando hacen el dolor precordial, con sensación de muerte, buscan ahora si el milagro de la vida, cuando en la mayoría de casos es demasiado tarde. La historia siempre es la misma, vivo para enfermar y morir la mitad de la vida y la otra mitad tratando de sanar y prolongar no la vida, sino la enfermedad. En este terreno las personas buscan a sus médicos para que les enseñen y regalen salud y desafortunadamente nosotros los médicos no sabemos nada de salud, eso no nos lo enseñaron en nuestros 10 o 15 años de estudio, somos expertos solo en enfermedad. En el transcurso de nuestro paso por la carrera de medicina nos aprendimos de memoria más de 15.000 enfermedades, cómo poder hacer el diagnóstico y mandarte un medicamento, no para curar tu enfermedad, sino para ponerle una curita y corregir un número. Por eso el principal error de las personas es buscar un médico para pedirle consejos sobre salud o sobre cómo vivir sanos. Los médicos estudiamos para diagnosticar y tratar tu enfermedad y hoy en día los necesitas, porque la gente vive enferma y vive para enfermar.

Es imposible que hoy en día tengamos 2400 millones de personas en sobrepeso y obesidad, 1600 millones en prediabetes, 1400 millones de hipertensos, 1000 millones con algún tipo de enfermedad autoinmune, 850 millones con algún grado de falla renal, 600 millones de diabéticos y 60 millones de personas con enfermedad de Alzheimer. O sea, vivimos en un mundo enfermo y a nadie parece importarle, ni siquiera al enfermo y menos al que se va a enfermar.

Estas enfermedades tienen algo en común, el 97% no son genéticas o heredadas, se consideran metabólicas o sea producto de lo que metemos a nuestra boca. Metabolismo, viene del griego Metabol, que significa cambio, esto se traduce que es el cambio que experimenta un alimento para convertirse en energía cinética, química, eléctrica, neurotransmisores, hormonas y estructura corporal. La gente quiere vivir sana y sin miedo a enfermar, pero no está dispuesta a controlar lo que más importa: lo que mete a su boca. Hoy las personas del común comen para darle placer a su lengua que es el 1% de su cuerpo, mientras daña y enferma el restante 99%. Debemos entender de una vez por todas, que las personas no se enferman por no hacer ejercicio o por no levantarse a las 5 de la mañana, o por no meditar. La principal causa de la enfermedad es derivada de lo que meto a mi boca y las personas creen que la forma de sanarse o vivir sanos, es hacer ejercicio, meditar o vivir con pensamientos positivos. Si la causa de mi enfermedad fue derivada de las pequeñas malas decisiones que he tomado cada día de mi vida al comer, la única forma de vivir sano o sanarme cuando estoy enfermo es decidir cada pedazo de comida que meto a mi boca de hoy en adelante.

Bien lo decía Hipócrates el padre de la medicina 450 AC: 'que tu alimento sea tu medicina y tu medicina tu alimento'; y además replicaba en voz alta: 'si tu intención es sanarte de una vez por todas, debes estar dispuesto a dejar de meter a tu boca lo que te enfermó'.

La enfermedad moderna, obesidad, hipertensión, diabetes, alzheimer, enfermedad autoinmune como Lupus, hashimoto, artritis reumatoidea, etc., están ligadas principalmente a 2 factores: resistencia a la insulina y gluten. Las 2 se previenen y sanan dejando el carbohidrato de tu vida, con y sin gluten, así de fácil. Parece facilista, pero no lo es, es una ley bioquímica de la enfermedad y el paso más importante de la sanación. Ya estamos muy grandes para pensar que la proteína animal y la grasa da diabetes o endurece las arterias, y menos que da cáncer. Ese cuento que la carne y las proteínas animales dañan los riñones hoy no se lo cree nadie y menos cuando todos los médicos sabemos que el 97% de las personas que hay en el mundo con falla renal que los lleva a diálisis o trasplantes, es la diabetes, hipertensión y el Lupus Eritematoso sistémico.

Vivimos en un mundo que nos engaña y que nos necesita obesos y enfermos porque desafortunadamente, los grandes negocios de la humanidad no son las armas, ni el tráfico de drogas; es la comida y las farmacéuticas y eso hoy lo debemos saber todos.

La mayoría de las personas con las cuales he aprendido sobre salud y vivir sanos, no son médicos, son personas como mi amigo David de Ponte Lira, que a través de su enfermedad ha logrado descifrar el código más importante de la vida que es: VIVIR SANOS Y SIN MIEDO A ENFERMAR. Desde que inicié este camino de luchar contra viento y marea para romper mitos que nos enferman, enfrentarme a mi comunidad médica con vehemencia para borrar de ellos conceptos preestablecidos en el subconsciente que buscan beneficiar a grandes mafias de la salud, entender que las farmacéuticas nos necesitan enfermos, para con un medicamento no prolongar la vida, sino prolongar tu enfermedad; me he encontrado con gente valiosa, con mucho que dar al mundo como mi amigo David y a través de este libro (que tuve la fortuna de leer antes que todos ustedes) van a entender cada uno de esos mecanismos que necesitan para construir nuestro bien más preciado que es la vida, y comprenderán de una vez por todas algo que me han enseñado estos años que he intentado construir la Salud de las personas únicamente a través de la alimentación: "QUE NUESTRO CUERPO ES UNA MÁQUINA PERFECTA HERMOSA Y SANADORA" y que conseguir esa máquina perfecta es muy fácil, solo requiere alejarse de todos los carbohidratos, de los aceites vegetales, de la comida procesada. Para acercarnos a la carne, el pollo, los pescados, las grasas, los vegetales y el sol. Parece simple, pero no es fácil.

La buena noticia es que si le das a tu cuerpo lo necesario, él se encargará de hacer el resto. Pollo, pescado, carne, huevos, grasa y sol. Es la esencia de la vida, y cuando le sumas el ejercicio, ritmos circadianos y ayunos, la ecuación se vuelve tan perfecta que la mayoría de las personas modulan o revierten sus enfermedades y logran vivir una vida plena, energética y feliz. Voy a terminar este escrito diciéndoles a todos, que la vida inicia a los 80 años y es a esa edad cuando sabremos si hemos vivido para enfermar o hemos vivido para sanar. No merecemos vivir enfermos y menos tomando medicamentos, yo decidí salirme de ese negocio, decidí ser mi propio médico y solo quiero que cada persona que va a leer este libro tenga las herramientas para que sea su propio médico. Porque la salud es un don que me dieron desde que nací y mi única responsabilidad es decidir que cada bocado de comida que meto a mi boca y cada hábito que practico, debe ser para construir mi vida y vivir sano. Yo reconstruí la frase de Hipócrates que para mí resume mi vida y quiero que sea el objetivo de la tuya: "QUE LA CO-MIDA SEA TU ALIMENTO, TU ALIMENTO TU MEDICINA Y TU COCINA TU FARMACIA". Y si a la cocina le entra el sol de forma directa, no se diga más.

Te quiero y te mando un beso,

Tu Doctor Bayter.

Introducción

Probablemente esta historia ya la conozcas, o puede que no, pero te la voy a contar para que entiendas qué me motivó a escribir este libro. En noviembre del año 2018, la vida me dio un aviso inesperado, por no decir un golpe seco que casi me manda directo a la tumba. Para ponerte en contexto, yo venía de ser el típico joven delgado y en forma, que se jactaba de decir que podía comer lo que quisiera y no engordaba. Yo podía devorar hamburguesas, pizzas, refrescos y helados, y no subía de peso. Ahora, no solo porque me mantenía delgado y en forma, yo pensaba que estaba sano. Creía que tenía salud porque iba al gimnasio y entrenaba 5 veces por semana (a veces hasta 6), jugaba fútbol al menos una vez por semana, dormía mis 8 horas cada noche y comía casi siempre en casa. Sin embargo, la realidad era totalmente distinta. Yo era una persona sedentaria que no se movía ni 1,000 pasos al día, no me exponía lo suficiente al sol, me trasnochaba todos los días y mi alimentación se basaba en alimentos procesados y ricos en carbohidratos. Eso, sin contar las horas que pasaba frente a las pantallas de los dispositivos electrónicos y bajo las luces artificiales. También tenía normalizado muchos síntomas que a día de hoy sé perfectamente que no son normales. Sufría de migrañas con aura, inflamación, hinchazón abdominal, alergias, sinusitis, ansiedad, depresión, dolores articulares, fatiga, problemas de concentración, sudoración excesiva y pare usted de contar. Vamos, todo lo que a día de hoy la sociedad moderna tiene normalizado.

Yo estaba en forma, sí, pero no tenía salud. Era delgado, pero estaba metabólicamente enfermo (como el 90% de la población) y pagué las consecuencias, todas y cada una de ellas. Ese mes de noviembre perdí 7 kilos y no era capaz de digerir absolutamente nada. Los pies se me ponían de color naranja (probablemente por problemas a nivel hepático); tenía episodios de migraña con aura cada vez más frecuentes, la ansiedad la tenía por las nubes, no me saciaba con nada, tenía la libido por el suelo, me agotaba caminar tan solo un par de cuadras y la depresión me atacaba por las noches.

Hoy, casi 5 años después, me siento mejor que nunca y me he recuperado casi al 100 %. No estoy donde quisiera estar físicamente ni en mi mejor estado de salud, pero sigo trabajando en mejorar cada día. En el camino he hecho y he intentado tantas cosas que no tendría páginas suficientes para contarte todo lo que he probado, investigado, leído, aprendido y todo lo que he tenido que desaprender. Tampoco te podría asegurar que, con mi experiencia, todo lo que sé y lo que voy a compartir contigo en este libro, te sirva a ti para recuperar tu salud (si la has perdido) o para mejorarla y trabajar en tu físico si lo que quieres es ir un paso más allá. Porque no depende de mí. Depende 100 % de ti, de que tomes responsabilidad y te hagas cargo de tu vida, que te empoderes con toda la información y la evidencia científica que hay allí afuera, no solo en tema de entrenamiento, alimentación y descanso (que de eso sin duda hablaremos aquí), sino también en cuanto a otros temas relacionados con tu estilo de vida como la exposición solar, los ritmos circadianos, el ayuno y las luces artificiales.

Y es que nos hemos rodeado de comodidades que, si bien nos hacen más fácil la vida, a cambio nos están quitando lo más importante que tenemos, que es la salud, y nos están enfermando. Estamos viviendo en un mundo moderno conocido para ti, pero desconocido para tu cuerpo. Todo lo que conoces como normal probablemente se haya creado en los últimos 100 o 200 años, y lo que consideramos como civilización tan solo en las últimas 500 generaciones. Es decir, una mínima fracción del tiempo que llevamos como especie sobre este planeta Tierra. Somos simios ansiosos atrapados en una jungla de cemento, somos como cactus en medio de la selva amazónica ahogados con dopamina. Tenemos un hardware (nuestro cuerpo) de cientos de miles de años funcionando con un software (nuestro entorno) del 2023. Esa es la razón por la que te preocupas tanto por lo que piensan otras personas, porque tu vida solía depender de ello. Por eso es que estamos viviendo una epidemia de obesidad, porque comemos como si fuéramos cazadores recolectores, sin saber cuándo podría llegar la próxima comida a pesar de tener la nevera llena. Por eso es que reaccionamos con miedo a todo, incluso a emails y mensajes de texto, que pueden llegar a paralizar nuestra respiración. Porque no somos depredadores ápices, somos pequeños monos asustados en medio de una jungla de cemento.

 Para ampliar esta información, escanea este QR y escucha el episodio 147 del Podcast de FullMúsculo "En el dolor está tu propósito" en el que cuento un poco más de mi historia personal.

¿Por qué es tan difícil cambiar?

Tener un entorno que nos juega en contra porque no ha habido suficiente tiempo para adaptarnos a él, hace que paguemos las consecuencias con nuestra salud y estado físico. El problema es que en una sociedad cada vez más enferma, muchas de esas consecuencias las hemos normalizado. Nos parece normal sufrir de migrañas y dolores de cabeza, tener estreñimiento, hinchazón abdominal, alergias, sinusitis, ansiedad, depresión, baja libido, tener poca fuerza y movilidad. Todo lo que yo mismo tuve normalizado durante gran parte de mi vida. Y el cuerpo aguanta porque es muy noble, pero tarde o temprano pagas el precio de haber ignorado todos esos gritos desesperados de tu cuerpo. Sin embargo, aun cuando el 90% de la población está como yo estuve hasta hace algunos años, es decir, metabólicamente enfermos, no es suficiente para hacernos cambiar. Padecer de todos esos síntomas pareciera no preocupar a la mayoría como para empezar a tomarse en serio su cuerpo y su salud. Yo pude darme cuenta a tiempo y hacer los cambios que debía hacer en mi vida para recuperar mi salud, pero en muchos casos ya es muy tarde cuando deciden actuar.

Entonces, para entender por qué nos cuesta tanto cambiar a pesar de estar tan mal como sociedad, más allá de que el entorno nos juegue en contra, hay que empezar por el principio. Y todo suele empezar un primero de enero, día que usamos generalmente para ponernos metas y generar expectativas de todo lo que está por venir. Expectativas que suelen ser muy poco realistas porque más que metas u objetivos, nos ponemos sueños. Es allí donde empiezan los problemas.

Cada primero de enero, además de imaginar y proyectar el futuro, también se nos presenta una oportunidad única para sentarnos a analizar, pensar y meditar todo lo que hemos hecho en el pasado. Todo lo sucedido el año anterior, 365 días de éxitos y fracasos, que según Rudyard Kipling, poeta y escritor británico, debemos tratar siempre con la misma indiferencia. Como se nota que Rudyard no tuvo redes sociales en las que estuviera expuesto constantemente a las críticas y a los comentarios. Vamos, que en el papel está muy bien eso de ser indiferentes a lo que sucede, pero en la práctica es inevitable no sentirse mal por algo que no sale como uno hubiera querido y que, además, no vas a poder compartir en tus redes sociales (porque nadie comparte lo malo en sus redes sociales).

Cuando llega ese día, en el que termina un año y empieza el otro, allí estoy yo, haciendo una lista enorme de todas las cosas que quiero hacer y conseguir para esa

próxima vuelta al sol. El físico y la salud que quiero tener, todos los lugares que quiero conocer, los idiomas
que quiero aprender, todo lo que quiero facturar y todas
esas cosas que me gustaría comprar (a pesar de que me
considero una persona bastante minimalista, también
tengo mis hobbies).

El problema empieza cuando te tienes que enfrentar
a la realidad, que te demuestra una y otra vez que las
cosas no son tan fáciles como uno las piensa o las imagina, y que para ese YO del futuro siempre es todo más
sencillo, más fácil y más simple. Cuando llega el momento de actuar, no lo hacemos, y cuando llega el momento
de decidir, no tomamos la decisión correcta. Esto por el
simple hecho de que, por mucho que queramos conseguir todas esas cosas, la mayor parte de las veces somos
nosotros mismos quienes nos limitamos y nos ponemos
los obstáculos. Son nuestras propias creencias limitan-
tes las que nos ponen el freno de mano, evitando que
pasemos a la acción, dejándonos en el mismo lugar donde estábamos antes de empezar el año.

Esto sucede año tras año, no solo a mí sino a la mayoría, y estoy seguro de que a ti también te ha pasado.
Sobre todo cuando ese objetivo es un cambio físico y de
salud, una transformación total, y aún no cuentas con
las herramientas, el conocimiento y el apoyo necesario
para enfrentarte al proceso que requiere conseguir ese
cambio. Un cambio que simplemente no va a suceder
cuando eres tú mismo quien se está limitando. Pero no
es tu culpa (si tu responsabilidad). Es culpa, probablemente, de tu entorno, como ya te lo había dicho antes.

No solo porque vivimos en un mundo dopaminérgico y obesogénico, donde todo, o casi todo, está hecho para darte placer inmediato y no felicidad a largo plazo, sino también es culpa de ese entorno al que has sido expuesto desde muy pequeño, que ha moldeado cada una de tus creencias. Desde la crianza con tus padres, el compartir con tus amigos del colegio y la educación que tuviste a lo largo de tu infancia, hasta la música, los programas de televisión y la publicidad a la cual estuviste sometido. Creencias que permanecen instaladas como un software en un computador, que se transforman en tus pensamientos recurrentes, que pasan a su vez a convertirse en tus palabras y terminan por definir cada una de tus acciones, últimas responsables de los resultados que obtienes en tu vida. Así que mientras no cambies tu sistema de creencias difícilmente vayas a ver un desenlace distinto al que ya has visto en el pasado, aun cuando parece que estás tomando las acciones correctas.

Somos el único animal que se tropieza dos veces con la misma piedra, como dice el proverbio español. Sin embargo, después de miles de asesorías junto a mi equipo dentro de la comunidad fitness de FullMúsculo, supe cuál era la razón de que cambiar se nos hiciese cuesta arriba. No era información lo que faltaba, porque eso sobra a día de hoy en la web y en las redes sociales. Tampoco era por asesoramiento porque por muy poco puedes pagar a alguien para que te haga una dieta personalizada y te programe un entrenamiento. Aun así, eso no es suficiente. Aunque lo des todo servido en bandeja de plata, la mayoría tarde o temprano abandona, volviendo a retomar viejos y malos hábitos y perdiendo todo el progreso. Lo que falta es conocimiento y estrategia, saber el por qué, el para qué y el cómo de cada una de las cosas que deberías estar haciendo para convertirte en ese YO en el que te quieres convertir. Porque la realidad, aunque duela, es que a día de hoy tienes el cuerpo perfecto para el estilo de vida que llevas, ni más ni menos. Tu cuerpo es el reflejo de tus hábitos y lo que te separa del físico y la salud que deseas no es la falta de información, sino la ausencia de una metodología adecuada para cambiar tu estilo de vida y transformar tu cuerpo de forma saludable, sostenible y definitiva.

Por eso decidí escribir este libro, que resume cada uno de los consejos, hábitos y estrategias que necesitas empezar a implementar en tu vida para conseguir tus objetivos físicos y de salud, casi sin esfuerzo.

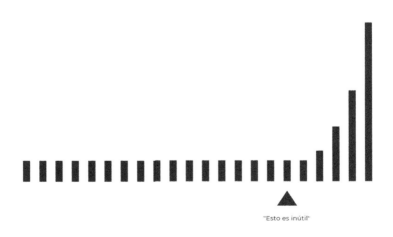

"Esto es inútil"

En este libro, he compilado en 100 pequeñas dosis de ciencia, a las que llamaré scoops de ahora en adelante, los mejores y más recientes estudios en nutrición, entrenamiento, suplementación, mentalidad y hábitos de vida que necesitas para convertirte en tu mejor versión.

A una dosis, o a un scoop, de ciencia al día, estaríamos hablando de que en poco más de 3 meses serás una persona completamente distinta, si decides empezar hoy, porque como dice James Clear, autor del bestseller Atomic Habits: "si mejoras solo un 1% cada día durante un año, terminarás treinta y siete veces mejor que cuando empezaste".

Aquí tendrás los primeros 100 días para empezar a trabajar en tu nuevo YO, y quizás mejorar tan solo un 1 % al día no te parezca tanto, pero a largo plazo el cambio es espectacular. Esto se debe al efecto compuesto, que según Darren Hardy, autor del libro *The Compound Effect*, es uno de los conceptos más poderosos del mundo: el resultado de la acumulación periódica de acciones, principalmente hábitos, que te pueden llevar a la persona que quieres ser.

Escanea este QR y escucha el episodio 137 del Podcast de FullMúsculo "Por qué es tan difícil cambiar", junto al psicólogo Ramón Nogueras.

1 | ¿Mejor por la mañana o por la tarde?

Hasta hace algunos años yo entrenaba siempre por la tarde. SIEMPRE. Pero no por alguna razón en especial. Era principalmente porque en la mañana tenía clases en la universidad y gran parte de la tarde también la tenía ocupada, así que el único momento del día que me quedaba disponible para ir a entrenar era a final de la tarde. A eso de las seis de la tarde, más o menos, ya cuando empezaba a anochecer en mi ciudad natal Puerto Ordaz, al sur de Venezuela.

Debo decirte que, si bien podría haber entrenado por las mañanas antes de irme a la uni, yo no era mucho de madrugar. De hecho, en muchas ocasiones me perdía la primera clase del día por llegar tarde y me quedaba fuera, así que ni pensaba en despertarme más temprano para entrenar. Para mí no era una opción. Incluso, llegué a tener problemas con los profesores que daban clases a primera hora de la mañana porque casi nunca iba (espero que ninguno esté leyendo esto).

Entrenar por la tarde me daba la sensación de que realizaba mi rutina de entrenamiento bien alimentado para poder rendir a tope. Al menos eso era lo que yo pensaba y lo que te decían en aquella época, por allá en el año 2005.

No fue sino hasta cuando empecé a emprender (a trabajar por mi cuenta) que decidí probar el entrenamiento al final de la mañana y en ayuna. Es decir, sin haber comido nada desde la noche anterior. Algo que para mí hasta ese entonces era impensable. De hecho, yo no sabía que estaba ayunando, mucho menos que estaba entrenando en ayuna. Yo solo sabía que era lo suficientemente flojo como para hacerme un desayuno antes de ir a entrenar. Simplemente cogía mis cosas y me iba al gym después de haberle dedicado algunas horas a mi trabajo y sin haber comido nada.

Ahora, debo decirte que una vez empecé a entrenar en ayuna, más nunca lo he dejado. Para mí, el ayuno y el entrenamiento han sido la pareja de baile ideal. Ambos han encajado a la perfección en mi vida y en mi rutina diaria. Como cuando intentas meter un cable USB en el computador y lo logras a la primera, pues así.

Sin embargo, la idea de pensar en entrenar por la mañana y hacerlo en ayunas no me hubiese pasado jamás por la cabeza durante mis primeros años de gym porque pensaba que me podía desmayar, que no tendría fuerza o que perdería masa muscular. Solo una vez lo había intentado, de forma no intencionada, y el resultado fue catastrófico no, lo siguiente. Pero eso te lo cuento más adelante.

Años más tarde después de ese fatídico día en el cual casi me desmayo por haber ido a entrenar sin haber comido nada y no estar adaptado a esas condiciones, terminaría experimentando con el entrenamiento por la mañana y en ayuna, más por las circunstancias que por decisión propia, y me di cuenta que me venía de lujo. Pero, una cosa es lo que me viene bien a mí y otra cosa es lo que te podría venir bien a ti. Así que mejor vamos a ver primero qué encontramos en la evidencia científica y luego pasaremos al sentido común, y evaluaremos qué opción podría ser la mejor para ti.

Si hablamos de aumento muscular y de fuerza, algunos estudios en el pasado, como el de Sedliak y compañía del año 2008 (1), nos han demostrado que podría ser mejor entrenar por la tarde. Esto podría tener sentido de acuerdo a nuestros ritmos circadianos, ya que según la literatura científica el entrenamiento tiene una mayor eficacia entre la una y las seis de la tarde. Tiempo durante el cual tenemos mayor coordinación, mejor velocidad de respuesta y máxima eficiencia cardiovascular y muscular.

Por otra parte, un estudio más reciente del mismo Sedliak (2) ha comprobado que a largo plazo podríamos adaptarnos a un entrenamiento por la mañana y tener el mismo rendimiento que podríamos tener por la tarde; así lo comprobé cuando pasé de entrenar por la tarde a hacerlo por la mañana.

En ese primer estudio de Sedliak (1) en el que había demostrado que entrenar por la tarde podría ser mejor, lo hicieron comparando a dos grupos de personas durante 11 semanas. Un grupo que acostumbraba a entrenar con pesas por la mañana y otro grupo que lo hacía por la tarde. En los resultados se encontraron diferencias en cuanto a ganancias musculares y de fuerza. Por lo que pareciera que entrenar por la tarde tendría más sentido. Pero su estudio más reciente (2) evidencia que es cuestión de tiempo para que nuestro cuerpo se adapte al horario matutino y no nos veamos afectados, al menos en lo que a fuerza se refiere. De hecho, esta disminución en la fuerza durante los entrenamientos por la mañana tiene nombre y apellido: déficit neuromuscular matutino. Aun así, este déficit se podría eliminar por completo entrenando de forma constante en ese horario.

Con respecto al aumento muscular, podría haber mejores adaptaciones al entrenar por la tarde. No obstante, la evidencia científica no deja muy claro esas diferencias en cuanto al aumento muscular y el horario de tu entrenamiento. A corto plazo sí que pareciera importar el horario en las ganancias de fuerza y musculares, pero nuestro cuerpo pareciera adaptarse rápidamente a los cambios y a largo plazo pudieran disiparse esas diferencias.

Ten en consideración que en el estudio de Sedliak y colaboradores de 2018 (2), ambos grupos mejoraron y vieron ganancias en fuerza y en hipertrofia muscular de forma significativa. Es decir, no significa que como entrenar por la tarde pudiera ser mejor que entrenar por la mañana, en este último no vayas a ver resultados. Independiente de cuando entrenes, si es un entrenamiento efectivo, vas a ver resultados. En cambio, la fuerza sí que podría disminuir entre un 5-20 % cuando se entrena por la mañana en comparación a cuando se hace por la tarde, según concluyó el mismo Sedliak con su estudio anterior (1). Déficit de fuerza que disminuye a largo plazo según se demostró en su estudio más reciente (2), lo que podría llevarte a ganancias musculares similares que si entrenaras por la tarde.

🛒 Para llevar

Quédate con que una cosa es la teoría, los estudios y la ciencia, y otra muy distinta es la práctica. Si tienes que entrenar por la mañana porque es lo que tu horario y estilo de vida te permite, no tienes que preocuparte por una posible disminución en la fuerza. Solo necesitarás de unas 5 semanas, aproximadamente, para disipar ese posible déficit, esas sensaciones de debilidad o de cansancio, hasta que tu cuerpo se acostumbre.

Ahora bien, sí sueles cambiar a menudo de horarios en tus obligaciones y quehaceres y en ocasiones entrenas por la mañana, la recomendación podría ser que hagas sesiones un poco más ligeras en tus horarios matutinos. De hecho, sería recomendable ser más flexible en cuanto a la intensidad de las sesiones si no te sientes al máximo de tu rendimiento cuando elijas entrenar por la mañana.

La idea es siempre buscar lo que cree mayor adherencia, porque por muy óptimo que pudiera parecer un entrenamiento por la tarde, de acuerdo a la evidencia científica, si tu horario no te lo permite simplemente no vas a poder llevarlo a cabo y no conseguirás los resultados que buscas. Intenta siempre adaptar tus entrenamientos a tu estilo de vida, y no al revés. Podría ser la diferencia entre ir a entrenar y no hacerlo. Ya lo decía Mark Zuckerberg, creador y fundador de Facebook: "Hecho es mejor que perfecto".

2 | No te estás esforzando

Recuerdo que durante mis inicios en el gym mi entrenador siempre me decía y me repetía constantemente: "David si no hay dolor no hay gloria". Una frase que si bien no es cierta y ha hecho mucho daño en el mundo del fitness haciendo creer que hay que llegar al fallo para ver resultados, tiene algo de verdad. Porque si no te estás esforzando, es probable que no consigas resultados o al menos no los que deseas. Si la intensidad de tu entrenamiento no es la correcta, entonces no vas a lograr tu objetivo.

Pero, cómo podrías realmente saber si te esfuerzas lo suficiente cuando entrenas, si ya desde las primeras repeticiones el ejercicio cuesta e incluso puede llegar a doler. Y como tu cuerpo prefiere la comodidad y quiere que sobrevivas, tu cerebro te va a pedir abandonar en el momento en el que empiece a hacerse incómodo el ejercicio. Por eso la mayoría de las personas, así lo hemos comprobado en nuestro Centro Total de Entrenamiento

Online (CTE), abandona el ejercicio cuando empieza a sentir esa sensación molesta de quemazón en el múscu- lo que está siendo estimulado, quedando muy lejos del fallo muscular, haciendo que la serie y el entrenamiento no sea efectivo.

Entonces, ya sabemos que el esfuerzo y la intensidad a la cual realizas cada serie es una variable fundamental para que el entrenamiento sea efectivo y puedas con- seguir un aumento de masa muscular y de fuerza. Es decir, cuando quieres progresar. Y que entrenar a altas intensidades, cercano al fallo muscular, es necesario a la hora de buscar dichas adaptaciones. Sin embargo, ten en cuenta que estoy hablando de entrenar cerca del fallo, no hasta el fallo, porque la evidencia actual ya ha demostrado que llegar propiamente al fallo de forma frecuente no sería lo adecuado por la fatiga y el daño muscular que genera a largo plazo, ya que pudiera des- mejorar el rendimiento y las adaptaciones (3). En otras palabras, no solo vas a rendir menos a la larga, si estás constantemente entrenando al fallo, sino que pudieras retroceder en tus posibles ganancias musculares, au- mentando incluso el riesgo de lesión.

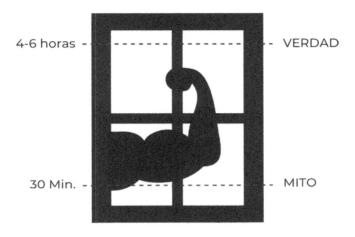

4-6 horas - ------------- - VERDAD

30 Min. - ------------- - MITO

En fin, ya sabemos que entrenar al fallo no es lo más recomendable. Lo que sí es recomendable, y más que recomendable es fundamental, es entrenar cerca de ese fallo muscular para conseguir los mejores resultados. Por el contrario, también sabemos que entrenar muy lejos de ese fallo, aun cuando entrenes muy a menudo y dedicando un buen volumen de entrenamiento a cada grupo muscular, pudieras ser incapaz de lograr los mejores resultados posibles. Estarías muy lejos de conseguir las mejores adaptaciones musculares que pudieras lograr si entrenaras a intensidades más altas.

Ahora bien, qué pasaría si crees estar entrenando cerca del fallo, que sería lo óptimo si tu objetivo es aumentar masa muscular, pero en realidad estás entrenando a intensidades muy inferiores. Pudiera darse el caso de que estés sobreestimando el esfuerzo que realizas durante el entrenamiento. Es decir, que creas estar entrenando duro y no lo estés haciendo.

Es por ello que un estudio realizado en 2021 (4) se propuso determinar si entrenamos realmente a la intensidad que creemos hacerlo. La investigación se centró en un grupo de 160 hombres que habían realizado pesas por al menos 6 meses y se propusieron comprobar si en realidad estaban entrenando a altas intensidades, debido a que el 76 % de los participantes del estudio dijo que su objetivo era el aumento muscular, y ya sabemos que para conseguir ese objetivo hay que entrenar cercano al fallo muscular. Por eso se propusieron identificar la cantidad máxima de repeticiones que estos hombres podían hacer con el peso que comúnmente usaban para hacer 10 repeticiones en sus entrenamientos de press de banca para pecho plano. Se supone, que si es el peso que generalmente usaban para hacer un ejercicio, estarían cerca del fallo, buscando justamente alcanzar ese esfuerzo máximo para lograr las ganancias de masa muscular esperadas, ¿cierto?

La hipótesis de los autores era que esta carga, que usualmente usaban los sujetos en sus rutinas, estaría muy lejos de la carga máxima que podrían haber utilizado a 10 repeticiones máximas. Dicho en otras palabras, estarían entrenando muy lejos de su fallo muscular y, por lo tanto, no estarían exprimiendo al máximo cada serie de su entrenamiento. Las series no estarían siendo efectivas.

Los resultados son bastante llamativos e incluso alarmantes, porque en promedio los sujetos del estudio realizaban 16 o incluso más repeticiones para llegar al fallo muscular con el peso que estaban utilizando para hacer 10 repeticiones en su entrenamiento habitual. Es decir, en su rutina, con la carga que usaban para el press banca, estaban realmente entrenando a una intensidad media-baja, muy lejos de ese fallo muscular. Debido a esto, muy probablemente, no estarían obteniendo los resultados esperados porque, como te he comentado antes, se requiere cierto esfuerzo para conseguir adaptaciones en fuerza y ganancias musculares.

🛒 Para llevar

Lo primero, es saber que necesitas entrenar duro para lograr los mejores resultados posibles pero eso no significa que tenga que doler ni tampoco que tengas que estar constantemente llegando al fallo muscular, aunque podrías meter alguna llegada al fallo de forma estratégica. Lo segundo, es que entrenar al fallo de forma frecuente tiene más desventajas que ventajas y podría terminar perjudicando tu rendimiento y tu progreso (4). No te lo recomiendo. Si quisieras experimentar lo que sería llegar al fallo muscular, te aconsejo que lo programes en tu entrenamiento de forma muy puntual y únicamente en ejercicios analíticos y no multiarticulares. Lo tercero y último, es que generalmente creemos estar entrenando muy duro cuando en realidad no es así.

Una estrategia para saber si realmente estás entrenando a un esfuerzo alto es meter alguna llegada al fallo muscular en algún ejercicio puntual, solo a forma de experimentación. Esto es debido a que es probable que nunca hayas experimentado lo que es llegar al fallo muscular. Y si no sabes cuál es tu máximo o tu tope, nunca podrás saber si realmente estás cerca de él.

Hay otras estrategias que podrían ayudarte a esforzarte más en una serie, como la de buscar un compañero de entrenamiento que vigile tu técnica y te motive a darlo todo en cada serie. O apoyarte en aplicaciones, como la nuestra del CTE, para que un profesional del entrenamiento pueda asegurarse de que estés teniendo una buena técnica y una buena intensidad en tus ejercicios. Con el tiempo, la práctica y la experimentación, serás más consciente de tus capacidades ante un determinado peso, y te harás más preciso determinando la intensidad de tus series (5). Porque como dijo Plinio el Joven, "La práctica es un maestro excepcional".

Para ampliar esta información, escanea este QR y lee el artículo del blog de la web de FullMúsculo "Intensidad de entrenamiento para aumentar músculo" donde Jonathan Pérez, Técnico Superior de Actividades Físicodeportivas, te cuenta sobre el tema.

3 | Más veces no siempre es mejor

Al día de hoy seguimos viendo en redes sociales a personas haciendo entrenamientos verdaderamente absurdos. No solo en la forma sino también en la cantidad, creyendo erróneamente que más es mejor. Y cuando digo cantidad me refiero a las series que realizan por cada grupo muscular, algunos necesitando incluso hasta 3 horas de entrenamiento para poder finalizar una rutina.

Esto es, en parte, lo que mantiene a mucha gente alejada de los gimnasios y de los entrenamientos de fuerza. Les han hecho creer que tienen que dedicarle muchas horas al gym para poder ver resultados y no hay nada más alejado de la realidad. Si los profesionales del entrenamiento se dedicaran a compartir únicamente sus rutinas de ejercicio reales y efectivas, las redes sociales serían bastante aburridas. No verías todas esas rutinas disparatadas que vemos hoy en día, que solo buscan llamar la atención para generar interacción y tener un mayor alcance. A nadie le gustaría entrar a las redes sociales y ver todos los días como el mismo tipo hace dominadas, peso muerto, sentadillas, press de banca y poco más.

Entonces, ya sabemos que meter más series por grupo muscular no siempre es mejor, pero ¿será que repetir más veces a la semana un mismo grupo muscular nos podría ayudar a ver mejores resultados?, ¿qué pasaría si a un mismo volumen de entrenamiento le cambias la frecuencia del entrenamiento? Es decir, una misma cantidad de series por grupo muscular la distribuyes de forma tal que, en lugar de entrenarlas solo una vez por semana, las entrenas dos veces por semana. ¿Cuáles serían los efectos a nivel de rendimiento y de composición corporal?

Un estudio de Yue y compañía (6) se encargó de responder estas interrogantes, comparando a dos grupos de atletas (18 hombres en total) los cuales durante 6 semanas entrenaron en igualdad de volumen pero con frecuencias diferentes. Un grupo entrenó 2 sesiones por semana y el otro 4 para unos grupos musculares (pecho, espalda y hombros), y al mismo tiempo, hacían 1 sesión y 2 sesiones (respectivamente) para otros músculos (bíceps, tríceps, piernas).

Los resultados arrojaron que no hubo diferencia en cuanto a rendimiento ni composición corporal. Es decir, mientras esté igualado el volumen de entrenamiento, parece no haber diferencia si haces 4 sesiones o sólo 2 por semana para cada músculo. Esto siempre y cuando se haga a una frecuencia mínima de 2 veces por semana, porque a pesar de que más frecuencia no siempre es mejor, los meta análisis, como el de Schoenfeld y colaboradores del año 2016 (7), ya habían concluido que una frecuencia de 2 es superior a entrenar una sola vez por semana cuando tenemos como objetivo el aumento muscular.

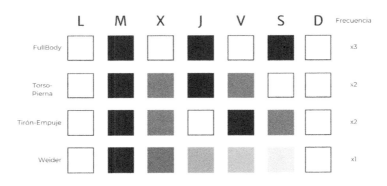

🛒 Para llevar

Enfócate en entrenar con el volumen adecuado, dicho de otro modo, trabajar con una cantidad óptima de series por grupo muscular a la semana. Y, también, dedícate a trabajar cada grupo muscular dos veces por semana, distribuyendo las series que correspondan en dos sesiones. Si eres experimentado podrían beneficiarte frecuencias más altas para poder manejar un mayor volumen de entrenamiento. Pero si aún eres principiante, o intermedio, mejor quédate en una frecuencia de 2 o 3.

4 | ¿Cómo entrenar cuando estás empezando?

Cuando empecé a entrenar fuerza hace 20 años, tuve el lujo de contar con un entrenador personal, pero no todo el mundo cuenta con esa oportunidad. Y digo lujo porque, empezar en el mundo del entrenamiento de fuerza y entrar por primera vez en un gimnasio puede ser bastante abrumador, intimidante e incluso ensordecedor. Al menos para mí lo fue. Entrar allí y ver por un lado un montón de máquinas gigantes y complejas, que no sabías ni por dónde agarrarlas o en dónde sentarte, y por otro, gente enorme (yo pesaba menos de 60 kilos con los 175 cm de estatura que tengo) gritando a todo pulmón y dejando caer las pesas contra el suelo tan fuerte, que lo hacían temblar. Eso intimida a cualquiera. Así que verte acompañado de alguien que sabe, que tiene la información y las herramientas para guiarte es importante; esos primeros meses, e incluso años, serán la base de tu cuerpo y de tu entrenamiento para el resto de tu vida.

Sin embargo, a muchos les da vergüenza decir que son principiantes, y buscar ayuda dentro o fuera del gym. Si eres un principiante, tienes que saber que es cuando más rápido puedes progresar, y si no estás progresando, entonces es porque algo estás haciendo mal.

Si estás empezando a entrenar lo primero es aprender a moverte, porque probablemente no te hayas movido mucho hasta ahora, al menos así lo muestran las estadísticas sobre el sedentarismo. Por eso, es importante practicar primero con el peso de tu cuerpo en ejercicios de empuje y tracción, tales como las flexiones, las sentadillas y los remos. Una vez tengas dominado eso, puedes pasar a las máquinas guiadas, donde el riesgo de lesión es menor. A partir de ahí, sí que podrías meterte con los pesos libres.

Ten en cuenta que al principio lo que vas a conseguir son adaptaciones neuromusculares. Es decir, tu cuerpo aprenderá los patrones de movimiento de los ejercicios y tardarás entre uno y tres meses en empezar a ver ganancias musculares, de forma visible. Por eso hay que ser constantes y tener paciencia.

En cuanto a la intensidad de tu entrenamiento, es importante que te estés esforzando en cada serie (como te lo comentaba en un par de scoops atrás). Con una intensidad media de 5-6 sobre 10 tendrías suficiente al empezar.

Al principio vas a mejorar con cualquier cosa si te sucede como a mí que yo nunca antes había ni siquiera olido unas pesas (es un decir). Así que puedes enfocarte solo en mejorar la técnica y tener una buena intensidad. Y no metas demasiadas series por cada grupo muscular, para no acumular tanta fatiga. Lo principal es que domines la técnica de los ejercicios. porque será la base de tus entrenamientos y de tu progreso en el futuro.

🛒 Para llevar

Una buena estrategia para empezar si eres principiante sería una rutina de tipo full body (cuerpo completo) de 3 veces por semana, con un día de descanso de por medio. Como la que puedes encontrar dentro de nuestra plataforma de FullMúsculo. De esta forma podrás entrenar entre 2 y 3 veces por semana cada grupo muscular. Es decir, una frecuencia de 2 o 3, que de acuerdo a una revisión de Brad y compañía (8) ha demostrado ser superior a entrenamientos con frecuencia 1, como el tipo de entrenamiento Weider, en el que solo se trabaja un grupo muscular por día. Este tipo de rutina suele ser el más común entre los que se inician en el gym. El típico lunes de pecho y tríceps, martes de espalda y bíceps, miércoles de hombros, jueves de pierna y viernes de brazos o cualquiera de sus variantes. Yo, de hecho, fui de esos que entrenaba un solo grupo muscular por día a la semana, pensando que era lo mejor porque era "lo que todo el mundo hacía".

Después de 2 o 3 meses entrenando con una rutina de tipo fulbody puedes enfocarte en dejar menos repeticiones en recámara, o lo que sería lo mismo: subir la intensidad o RPE. Aumentar progresivamente de esa intensidad de 5 o 6 de 10 hasta alcanzar ese rango óptimo de entre 7 y 9 de 10. Las máquinas guiadas pasarían a un segundo plano y una vez que estés a una intensidad de 7-9 sobre 10, puedes ir subiendo el peso hasta que toques el rango inferior de repeticiones recomendada para hipertrofia que sería de 6, 8 o 15 repeticiones, dependiendo de si el ejercicio es multiarticular o de aislamiento (de esto hablaremos en el próximo scoop).

En rangos más bajos de repeticiones puedes dejar más reps en recámara: 4-5. Dicho de otro modo, si estás haciendo 6 u 8 repeticiones de un ejercicio multiarticular, pudieras hacerlo a una intensidad menor, de 5 o 6 sobre 10. En cambio, en rangos más altos de repeticiones, digamos de unas 12 o 15, se pueden dejar menos en recámara: 2-3, o lo que sería lo mismo, una intensidad de entre 7 u 8 sobre 10. Es decir, jugar con la intensidad según el rango en el que estés entrenando.

Después de varios meses de tener la intensidad controlada, y que estés entrenando cerca del fallo muscular, puedes pensar en meter volumen. Esto es aumentar la cantidad de series efectivas por grupo muscular a la semana. Cuando no queda más volumen que puedas meter en una rutina de 3 días de tipo fullbody, entonces podrías cambiar a una rutina de tipo torso-pierna o empuje-tracción de 4 días a la semana con frecuencia 2. Como las que puedes conseguir en FullMúsculo. En este punto podrías ir aumentando volumen mes a mes, en vez de semana a semana, a medida que vas progresando. También puedes ir programando descargas de entrenamiento estratégicas cada 4-6 semanas, que se podrían extender hasta 8 semanas, dependiendo de la fatiga acumulada. Las descargas no son más que semanas donde entrenas a una menor intensidad o con menos volumen de entrenamiento para recuperar y seguir progresando.

5 | Multiarticulares vs Aislamiento

omencemos por destacar que la principal ventaja de los ejercicios multiarticulares es que te permite entrenar más músculos en menos tiempo. Con el ejercicio de aislamiento te enfocas solo en un músculo, pero con uno compuesto puedes trabajar más músculos en la misma cantidad de tiempo. Esto sin duda alguna te va a permitir meter más volumen de entrenamiento (más series por grupo muscular). Pero, ¿qué tipo de ejercicio es mejor cuando se quiere aumentar masa muscular?

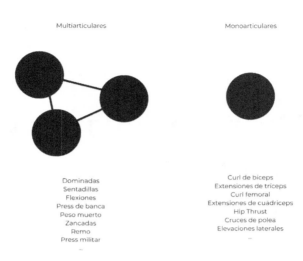

Multiarticulares

Monoarticulares

Dominadas
Sentadillas
Flexiones
Press de banca
Peso muerto
Zancadas
Remo
Press militar
...

Curl de biceps
Extensiones de tríceps
Curl femoral
Extensiones de cuadriceps
Hip Thrust
Cruces de polea
Elevaciones laterales
...

Si hacemos la misma cantidad de series para un mismo músculo con un ejercicio multiarticular y lo comparamos con el de aislamiento, se pueden obtener mejores resultados a nivel de fuerza con el primero. Sin embargo, los cambios a nivel de composición corporal son mejores cuando se realiza un entrenamiento multiarticular siempre y cuando lo estemos comparando con un entrenamiento con ejercicios analíticos, o monoarticulares, con el mismo volumen de entrenamiento. Es decir, con la misma cantidad de series efectivas.

Así lo pudo comprobar un estudio de Paoli y colaboradores (9) en un estudio realizado con 36 hombres sin experiencia previa en entrenamiento. Estos estuvieron entrenando durante 8 semanas con el propósito de comparar los efectos en fuerza y composición corporal entre un entrenamiento monoarticular vs uno multiarticular con un mismo volumen de entrenamiento. Los autores pensaban que las ganancias en fuerza y musculares serían similares si se dedicaba la misma cantidad de series con ambos tipos de ejercicios.

Durante la investigación, se dedicó una fase inicial de adaptación de 4 semanas para luego dedicar de lleno las 8 semanas a los entrenamientos en el que un grupo realizaba de manera exclusiva ejercicios de aislamiento, mientras el otro grupo dedicaba su entrenamiento únicamente a ejercicios compuestos.

Entre los resultados se encontró que ambos grupos perdieron grasa, aumentaron su masa muscular y ganaron fuerza, sobre todo en algunos tipos de ejercicios como la sentadilla, el press de banca y las extensiones de rodilla. No obstante, el grupo que se dedicaba exclusivamente a realizar ejercicio multiarticulares, perdió más grasa y aumentó más músculo que el otro grupo.

Hay evidencia previa que demuestra que el entrenamiento multiarticular ofrece resultados similares, en cuanto al aumento de masa muscular, que los ejercicios monoarticulares (10, 11, 12). Lo que aún no se había puesto a prueba era qué sucedía si se igualaba el volumen de entrenamiento.

🛒 Para llevar

Ninguno es mejor que otro. Con cualquiera de los dos vas a progresar. Aun así, debes tomar en cuenta que el foco de tu entrenamiento debe estar en los ejercicios multiarticulares. Sin embargo, eso no significa que no debamos, o podamos, incluir ejercicios analíticos en nuestra rutina.

Incluir ejercicios monoarticulares puede ser de mucha ayuda, sobre todo, cuando queremos entrenar alguna debilidad, y pueden ser usados en conjunto con los compuestos para mejorar nuestras ganancias musculares. Esto quiere decir que tu entrenamiento debe estar conformado principalmente por ejercicios multiarticulares y tendrá que ser complementado con ejercicios monoarticulares.

Para ampliar esta información, escanea este QR y escucha el episodio 50 del Podcast de FullMúsculo "Ejercicios multiarticulares vs monoarticulares", en el que junto al entrenador Alberto RJ conversamos sobre el tema.

6 | ¿Poco peso y muchas repeticiones para definir?

E s bastante común escuchar, sobre todo en mujeres, que entrenan con poco peso y muchas repeticiones para definir o para "tonificar". Esto es algo habitual en mujeres, pero también hay hombres que entrenan en un rango de altas repeticiones con poco peso buscando, supuestamente, mejorar la definición corporal. Comencemos por saber qué significa la palabra tonificar y qué es lo que realmente quieren tanto hombres como mujeres cuando dicen que ese es su objetivo. De acuerdo a la Real Academia Española, tonificar significa fortalecer el organismo. Sin embargo, cuando las mujeres expresan su objetivo físico con esa palabra, generalmente, se refieren a que quieren conseguir buena masa muscular, sin llegar a verse musculosas, y reducir la grasa corporal para tener una mejor definición muscular.

Entonces, ¿podría ser un entrenamiento con altas repeticiones y poco peso realmente efectivo para lograr ese objetivo? La evidencia actual (13, 14) nos demuestra que se puede lograr un aumento muscular en distintos rangos de repeticiones, siempre y cuando, estemos entrenando con una alta intensidad. Es decir, con series cercanas al fallo muscular (como lo hemos visto en el scoop #2). No obstante, lo que hasta ahora no se tenía muy claro es si la fatiga de entrenar a muy altas repeticiones podría tener alguna repercusión en nuestros resultados.

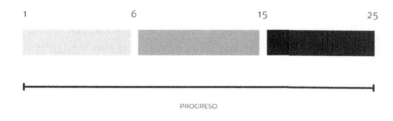

Si bien tenemos claro que entrenar con poco peso puede usarse para estimular el crecimiento muscular al igual que hacerlo con entrenamiento pesado, debes tener en cuenta que con el primero la fatiga generada podría persistir por más tiempo. En otras palabras, la fatiga que generamos con ese tipo de entrenamiento podría permanecer mucho más tiempo, por lo que podría afectar, y limitar, la frecuencia a la que entrenamos un grupo muscular y a su vez, limitar nuestro volumen de entrenamiento (15).

🛒 Para llevar

Un entrenamiento con poco peso y un rango alto de repeticiones puede ser una estrategia bastante útil cuando no tienes la posibilidad de entrenar con más peso en un rango intermedio de repeticiones, aunque no deberías basar tu entrenamiento en esa estrategia. Quizá durante alguna excepción puedas basarte en ese esquema, pero debes tener en cuenta que tendrás que disponer de algunos días extras para poder recuperarte.

7 | Más te mueves, menos apetito tienes

L o normal es ver a la pérdida de peso como una consecuencia de la alteración de nuestro balance energético. Dicho de otro modo, la pérdida del equilibrio entre la energía que ingieres a través de los alimentos vs la energía que se gasta a través del movimiento y el ejercicio físico. Cuando ese balance es negativo hay un déficit energético entre las calorías que entran y las calorías que salen y entonces se produce una pérdida de grasa corporal exitosa, ¿cierto? Pues no del todo, porque la pérdida de grasa no es solo una cuestión de suma y resta (eso ya lo veremos más adelante). Sin embargo, muy poco se ha visto cómo influye parte de ese balance, en este caso de la salida de la energía a través del ejercicio y/o actividad física, sobre el peso corporal y el apetito.

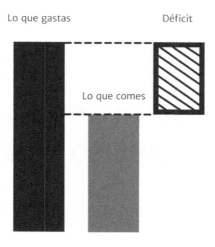

La actividad física por sí sola pareciera ser una herramienta realmente efectiva para controlar el deseo de comer. De hecho, cuando combinas una persona con un alto porcentaje de grasa corporal con sedentarismo, el apetito se suele descontrolar. Así como también se descontrola la señal que nos debería dar nuestro cerebro cuando estamos saciados al comer.

El apetito y la saciedad son dos factores fundamentales a la hora de intentar perder peso y el ejercicio o actividad física pareciera ayudar tanto para aumentar el gasto energético diario como en la regulación del apetito. Esta misma regulación también puede contribuir a aumentar el déficit, disminuyendo la entrada de energía a través de nuestra dieta. Es decir, a promover la pérdida de grasa haciendo que comamos menos al tener menos apetito y mayor saciedad.

Una revisión de Beaulieu (2018) y compañía (16), se propuso explorar justamente esa relación entre la actividad física y el apetito. Y es que, la actividad física puede representar entre un 5 y un 40 % del gasto energético total. Recuerda que ahí también interviene el gasto que se requiere para convertir los alimentos en energía, y todos los requerimientos energéticos cuando estás en estado de reposo. Pero, como he mencionado antes, la actividad física no solo afecta la salida de la energía hasta en un 40 % sino que también podría estar afectando la entrada de la misma a través de la regulación del apetito y la saciedad. Si bien el aumento de actividad física pudiera incrementar el deseo de comer también pareciera aumentar la respuesta de saciedad a las comidas, paradójico, ¿no? Por lo que, a mayor actividad física, tu cuerpo autorregula por medio del apetito y la saciedad tu ingesta energética.

Moverte más podría hacerte tener más hambre pero no necesariamente vas a comer más de lo que deberías. Sin embargo, lo contrario sí que ocurre, es decir, mientras menos te muevas más apetito vas a tener. Ser sedentarios amenaza nuestra salud y nuestro estado físico por múltiples frentes. Al moverte menos sin duda vas a gastar menos energía, pero también suprimes tu saciedad haciéndote comer más a medida que te mueves menos. Y esto te hará tomar peores decisiones al momento de elegir qué comer.

En fin, esa sería la fórmula perfecta para terminar con problemas de sobrepeso y obesidad, y así aumentar tu riesgo de padecer todas las enfermedades relacionadas a ellos (cáncer, diabetes, enfermedades cardiovasculares y respiratorias, etc.).

Combinar sedentarismo con una mala alimentación te lleva directo por la ruta de la enfermedad.

Así pues, para que la actividad física pueda ser una herramienta útil para hacer frente a un porcentaje de grasa corporal elevado, debe formar parte de un estilo de vida saludable que incluya también un descanso profundo, un entrenamiento efectivo y una alimentación densa en nutrientes.

🛒 Para llevar

Podríamos concluir que tanto la actividad física como el ejercicio, son muy útiles y necesarios para perder grasa corporal de forma efectiva pero no solo por el aumento del gasto energético sino también por la disminución de la ingesta a través de la regulación del apetito y la saciedad. Esto hace que sea mucho más fácil adherirse a un proceso de pérdida de peso cuando se combinan la actividad física con una alimentación saludable.

8 | Duermes más y recuperas mejor

Es posible que estés de acuerdo conmigo en que el sueño importa. De hecho, importa tanto como la alimentación y el entrenamiento, independientemente del objetivo que tengas. Aun así, a pesar de que en muchos casos le damos la importancia que merece, nos olvidamos de las estrategias para mejorarlo.

Según la evidencia actual, se puede afirmar que dormir y descansar de una forma adecuada por las noches, al menos entre 7 y 9 horas, mejora el rendimiento. Pero ojo, puede ser que esta recomendación de la cantidad de horas óptimas de sueño sea diferente según tu nivel de actividad física, estilo de vida, etc.

Entonces, quiere decir que podríamos invertir muy poco tiempo y esfuerzo en mejorar nuestro sueño y como consecuencia nuestro rendimiento en el entrenamiento.

¿Cuáles serían esas estrategias que podemos incluir en nuestro estilo de vida con la finalidad de dormir mejor?

Antes de responder esta pregunta es importante mencionar que mucha gente suele darle menos importancia al descanso de la que merece sobre todo cuando son personas activas, porque dormir significa justamente lo contrario a lo que buscan. Dormir es sinónimo de inactividad, de descanso y de cero productividad. Pudiera darse incluso el caso de que piensen que es un desperdicio de tiempo, diciendo frases típicas como: "Ya tendré tiempo para descansar cuando muera". Sin embargo, también es mucha la evidencia que existe en cuanto a los efectos negativos de privarte del sueño y de un buen descanso profundo. Así que por ahora quédate con el hecho de que dormir y descansar bien por las noches es fundamental si quieres salud.

Dicho eso, vamos con las posibles estrategias que pudieran hacerte mejorar tu descanso, según la evidencia científica. Ese fue el propósito de una revisión realizada por Bonnar y compañía (17) en 10 estudios en los que fue tomada en cuenta una población de entre 6 y 84 sujetos en edades comprendidas de 18 a 24 años. Uno de los estudios fue desarrollado con un grupo de jugadores de baloncesto en el que se aumentó el tiempo habitual promedio de descanso nocturno en casi dos horas. Luego de este cambio se pudo evidenciar un mejor rendimiento en el sprint y mayor precisión en el tiro libre, y en el tiro de tres, por casi un 10 %. También hubo mejor tiempo de reacción y menos fatiga.

En otros dos estudios (18, 19) se examinó el efecto de la siesta en la recuperación. Incluso, hubo algunos estudios que compararon directamente modificando los hábitos antes de irse a la cama, como las luces apagadas y el evitar algún tipo de hidratación 15-30 minutos antes de acostarse. En fin, se analizaron múltiples estudios en busca de esas estrategias que realmente pudieran ayudar a mejorar la recuperación, el descanso y como consecuencia, el rendimiento.

🛒 Para llevar

Como conclusión te puedes llevar que nada le gana a dormir lo suficiente. No importa qué estrategia uses, si no duermes lo suficiente difícilmente vas a poder disfrutar de los beneficios que he mencionado antes. Esa fue la estrategia más importante de todos los casos analizados. Y la segunda más importante fue la de mejorar los hábitos al acostarnos: tener la habitación oscura, a buena temperatura, en silencio, sin aparatos electrónicos y con un horario para acostarnos y levantarnos cada día. Del resto, estrategias como la siesta parecen ser bastante mediocres en cuanto a resultados, sobre todo cuando lo anterior no se cumple. No puedes pretender compensar una mala noche con una siesta a media tarde.

9 | Así evitas las tentaciones

Las metas que te hayas propuesto a largo plazo, como por ejemplo la de perder X cantidad de kilos, van a entrar en conflicto cuando se te presente la tentación de un placer inmediato. Principalmente porque poder resistirte a dicha tentación va a requerir que tengas cierto autocontrol. Es decir, que poseas la capacidad de dar prioridad y anteponer tus objetivos (que en este caso sería el de perder peso) a las posibles recompensas inmediatas que te puede ofrecer el caer en la tentación. En el caso de un dulce, o bollería, esa recompensa no es más que la de satisfacer tu paladar por algunos segundos. No pasa de allí, de unos pocos segundos de satisfacción instantánea, puedes comprobarlo por ti mismo

Entonces, ¿cómo es posible que seamos capaces de rendirnos tan fácilmente ante una tentación que solo tendrá unos segundos de recompensa, comprometiendo nuestros propios intereses y objetivos?

Para que entiendas un poco más de cómo funciona esto debes conocer los dos sistemas que intervienen. Primero contamos con el sistema impulsivo, que es ese más inmediato, que procesa la información que tenemos enfrente de nosotros de forma automática, ahorrándonos así recursos y tiempo. Y segundo contamos con un sistema reflexivo, ese que nos permite planificar y sobre todo valorar las posibles consecuencias de la conducta que estamos por llevar a cabo.

Si quieres comprobar que funcionamos de ese modo, te invito a que hagas un experimento. Ve a un día al supermercado a realizar la compra con el estómago lleno y vuelve a ir otro día, pero esta vez con el estómago vacío. Las decisiones que tomas son distintas y puedes comprobarlo con la cuenta que vas a pagar y con los alimentos o productos que habrás elegido. Ahora, ¿por qué podría estar sucediendo esto sí seguramente tienes tus metas claras y muy bien trazadas? Puede que tengas una vaga idea de lo que quieres lograr pero ¿realmente te identificas con esos objetivos?, ¿tienes un plan preciso para lograrlos?, ¿has sido capaz de desglosarlo en objetivos más pequeños que puedas ir cumpliendo a corto plazo? Mientras más claros, intensos y concretos sean tus objetivos, y mientras mejor sea el trabajo reflexivo, mucho más fácil será para ti reconocer qué conductas o comportamientos atentan contra lo que quieres alcanzar.

En los años setenta del siglo XX, el psicólogo Walter Mischel, de la Universidad Stanford en California, y sus colaboradores (20), comprobaron bajo qué condiciones lo niños de primaria eran capaces de rechazar un premio menor pero asequible de inmediato con tal de acceder a una recompensa mayor, aunque más costosa, en el futuro. Los investigadores observaron que cuando ocultaban la primera golosina, la recompensa inmediata, la espera del otro premio les resultaba más llevadera. Debes tener en cuenta que si estás bajo tensión, presión psicológica, estrés o incluso efectos del alcohol, tu capacidad para autocontrolarte disminuye. Y ¿por qué ocurre esto? Básicamente porque tu capacidad de autocontrol necesita de energía mental, que se agota, de la misma forma que lo hace tu fuerza muscular cuando haces ejercicio.

Te pongo un ejemplo. Supongamos que te han llamado para una entrevista de trabajo, una llamada que seguramente tenías tiempo esperando y finalmente llega; pero resulta que esa entrevista la tendrás poco tiempo antes de tu hora de comer. Cuando sea el turno de almorzar, luego de haber realizado la entrevista, te resultará más complicado resistirte al aroma del carrito de los dulces o de unas papas fritas que si hubieras estado en casa mucho más tranquilo y relajado. Esto sucede porque los impulsos repercuten mucho más en ti y en tu conducta si tus recursos de autocontrol están agotados. En este ejemplo, este impulso se debe a la situación de estrés que habrás vivido durante esa importante entrevista de trabajo. En cambio, si dispones de suficientes recursos es mucho más probable que actúes acorde a tus objetivos.

Sin embargo, que te dejes o no llevar por esos impulsos también va a depender de tu personalidad. Están quienes tienen una fuerza de autocontrol enorme y pueden contenerse sin problema, y están quienes se rinden a la primera. Ahora, si te encuentras mentalmente agotado serán los impulsos quienes tomen el mando. Pero ¿por qué hay quienes caen en esas tentaciones tan rápido y sin pensarlo? Probablemente porque no conocen las consecuencias, y efectos negativos que les puede traer esa conducta en el futuro.

Te pongo otro ejemplo para que nos entendamos bien: pasar la mayor parte del día sentado y que no conozcas todos los riesgos y posibles consecuencias que esto te puede traer a mediano y largo plazo. Consecuencias como enfermedades cardiovasculares, mayor riesgo de padecer ciertos tipos de cáncer, diabetes, depresión, ansiedad, migrañas, etc. Mientras más de cerca conozcas las consecuencias del sedentarismo, es más probable que tomes acciones para cambiar tu conducta. No obstante, aun cuando tomes consciencia de esos riesgos y si no estás o te sientes lo suficientemente motivado, o no tienes una planificación para alcanzar tus metas a largo plazo, es posible que continúes rindiéndote a los impulsos en repetidas ocasiones.

Si es tu caso, te será de ayuda dividir esos objetivos en acciones más pequeñas que puedas ir realizando cada día y que te pongan un paso más cerca de conseguirlas. La idea es que al tener muy claro lo que quieres lograr y cómo vas a conseguirlo, puedes recordarte a ti mismo esos propósitos cuando estés en una situación crítica para que sepas tomar la mejor decisión. Por eso es tan importante introducir nuevos hábitos saludables que desplacen esas acciones adversas que atentan contra ti y tus metas.

La repetición de esos nuevos hábitos va a permitir que en situaciones críticas tu sistema impulsivo tome la mejor decisión y podrás apalancarte con hábitos saludables que ya tengas en tu vida para introducir esos otros nuevos que te van a ayudar a conseguir tus objetivos.

Lo que ya haces

Lo que te gustaría hacer

🛒 Para llevar

A continuación, te dejaré algunas estrategias que te pueden ayudar a controlar y evitar las tentaciones:

1. Sé consciente de los riesgos y consecuencias negativas que puede traer a lo largo del tiempo ese mal hábito o la conducta indeseada. Todo tiene un precio a pagar.

2. Aumenta tu compromiso personal, explicando, por ejemplo, cuáles son tus objetivos a tus amigos y familiares. Si conocen tus objetivos es más fácil que te apoyen y te comprendan.

3. Transforma los objetivos abstractos en pequeñas etapas que tienes que cumplir.

4. Alégrate de los logros parciales y la consecución de las etapas. Celebra cada paso que des.

5. Elabora propósitos del tipo «si-entonces». Es decir, busca darte una recompensa si has conseguido alguno de tus pequeños objetivos antes. Pero no lo hagas con comida, no eres una mascota.

6. Sustituye las antiguas costumbres por otras nuevas. Es más fácil si te aprovechas de otros hábitos saludables que ya tengas para apalancarte de ellos.

7. Modifica tus impulsos mediante la asociación del aspecto externo de las tentaciones (una botella de cerveza) con estímulos negativos (borrachera y dolor de cabeza).

8. Reflexiona sobre qué situaciones representan un gran riesgo para ti y, en la medida de lo posible, trata de evitarlas (beber cerveza y manejar pone en peligro tu vida y la vida de quienes estén contigo).

9. Procura realizar suficientes pausas y momentos de descanso con el fin de restaurar tus recursos cognitivos. Es necesario a veces parar y descansar.

10 | Dale descanso a la dieta

Muchas personas, queriendo perder peso, se inician en dietas restrictivas. Es decir, con un déficit energético. Sin embargo, veo con preocupación como en muchos de esos casos las sostienen durante mucho tiempo aun cuando no ven los cambios físicos que quisieran ver. Por una parte, pudiendo ser por objetivos poco realistas y por otra, por ser la única estrategia que usan para conseguir su objetivo, cuando lo hacen, por ejemplo, sin acompañar esa restricción energética con un entrenamiento de fuerza efectivo, un descanso profundo y otras estrategias necesarias para una pérdida de peso saludable y sostenible a largo plazo, como apostar por la densidad nutricional, la exposición al sol, sincronizar los ritmos circadianos, etc. Si bien únicamente con un déficit podrías perder peso, seguramente perderás también algo de músculo en el camino y muy posiblemente la salud.

Por eso es un grave error querer perder peso únicamente enfocándose en calorías y en el peso que marca la báscula. La obesidad y el sobrepeso tienen múltiples causas, y no solo va de suma y resta de calorías que entran y calorías que salen (de esto te hablaré más adelante).

Aun así, suponiendo que esa fuese tu única estrategia para conseguir tu objetivo, es importante que sepas que darle un respiro a tu cuerpo de ese estrés que es el déficit energético podría ser una estrategia interesante. Y es que a medida que pierdes peso, ocurren en tu cuerpo una cascada de cambios hormonales para evitar que pierdas demasiada masa corporal o que mueras de hambre, como por ejemplo, un incremento del apetito, fatiga, reducción del gasto energético, etc. Todas estas reacciones pueden hacer que te estanques en tu proceso y que sea más difícil adherirse a una dieta restrictiva a largo plazo.

Por eso es que una recomendación bastante habitual es la de hacer descansos de la dieta, porque así como tu cuerpo necesita descansar para recuperarse del entrenamiento, reparar y crecer, pareciera que lo mismo sucede con la alimentación. De hecho, hay algunos estudios, como el de Byrne y colaboradores (21), que demuestran como el descansar por algunos días de una dieta restrictiva en calorías podría ayudarte incluso a mejorar los resultados a largo plazo. Es decir, a perder más grasa.

Fue Lyle McDonald en su libro "Una guía para dietas flexibles" quien parece haber popularizado estas pausas en la dieta, pero a día de hoy hay cada vez más evidencia científica sobre el tema, tanto a favor como en contra. Y aunque parezca contradictorio pensar que descansar del déficit podría traerte mejores resultados a largo plazo que no hacerlo, eso es exactamente lo que sucede. Pero ojo, que aquí no estoy hablando de los famosos cheat meals, o días trampa, en los que te comes en una cena todo lo que no te has comido en la semana y arruinas así todo tu progreso. Me estoy refiriendo a descansar por un tiempo relativamente corto de entre 10 y 14 días del balance negativo en tu dieta. Durante ese período se aumenta la ingesta energética hasta niveles de mantenimiento aportando más carbohidratos. Esto permite reducir la sensación de hambre, aumentar el metabolismo, incrementar el gasto energético y recuperar parte de la fuerza perdida. También te pondrá en un mejor lugar a nivel físico y psicológico para retomar tu déficit energético después del tiempo de descanso.

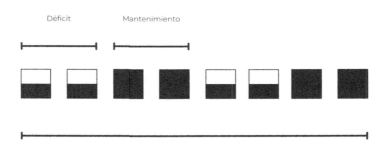

En el estudio de Byrne, los participantes de un grupo que tomaban descansos de 2 semanas, después de estar en déficit por 2 semanas, podían ver los mismos o mejores resultados que los del grupo que no hacía un descanso. Había un grupo de personas que hacían dieta con déficit calórico de forma continua, sin interrupciones, y había otro grupo que hacía dieta con déficit también, pero haciendo descansos de 2 semanas, cada 2 semanas. La sorpresa fue que el grupo con los descansos perdió hasta un 50% más de peso en comparación con los participantes del grupo que hacían una dieta con déficit energético de manera ininterrumpida.

Pero no todo lo que brilla es oro, porque al grupo que vio mejores resultados haciendo descansos le tomó casi el doble de tiempo igualar al otro grupo porque se buscaba equiparar la cantidad de semanas que pasaban ambos grupos en déficit. Aun así, perder más peso no fue el único beneficio porque a los participantes del grupo que tomaba descansos de la dieta no se le redujo tanto el gasto energético en estado de reposo. De hecho, solo se le redujo a la mitad de lo que experimentaban los del otro grupo. Es decir, quemaban más calorías cuando estaban en estado de reposo que los participantes del grupo sin descansos y es posible que esta haya sido la diferencia que permitió que perdieran más peso mientras hacían descansos cada dos semanas y a su vez les ayudó a mantener más fácilmente el peso perdido que a los del otro grupo una vez terminada la dieta.

El problema es que la mayor parte de la investigación que parece mostrar beneficios de los descansos en la dieta eran escasos y estaban realizados con personas sedentarias con sobrepeso. Eso cambió en 2021 cuando Peos y compañía publicaron el primer estudio de descansos de la dieta en hombres y mujeres entrenados (22). Los investigadores encontraron que hacer pausas durante la dieta no era más efectivo que una dieta continua para aumentar la pérdida de grasa, preservar la masa muscular o mantener el gasto energético en reposo. Sin embargo, la pausa en la dieta sí que pareció disminuir el impulso de comer debido a una mayor saciedad.

En este sentido, en 2023 se ha publicado un nuevo estudio (23) que vuelve a revisar el tema de los descansos, pero esta vez en un grupo de mujeres jóvenes entrenadas. En este estudio las pausas de la dieta tampoco hicieron diferencia alguna. No hubo diferencias significativas entre los grupos en la composición corporal, la tasa metabólica en reposo o siete de las ocho variables de conducta alimentaria medidas, incluida la facilidad para adherirse a la dieta, el hambre y la motivación para seguir. Sin embargo, el grupo que hizo descansos en su dieta sí que experimentó menos hambre y el deseo de comer a lo largo del estudio, mientras que el grupo sin descanso observó un incremento de este parámetro. Una explicación probable es que las personas que hacen descanso de la dieta tienen la posibilidad de comer más o meter comidas más densas en energía, que no serían posibles en una dieta de restricción energética continua, lo que reduce el deseo de comer en el período en el cual están en dieta. Algo que podría ayudar sin duda al mantenimiento del balance energético y el peso perdido a largo plazo.

🛒 Para llevar

Entonces, mi recomendación es que si quieres hacer que el proceso sea sostenible a largo plazo apliques descansos a tu dieta de entre 1 o 2 semanas. Pareciera ser que hacer estos descansos pudieran ayudarte a mejorar los resultados a largo plazo, sobre todo si sufres de obesidad o sobrepeso. Pero tal vez no sea lo más conveniente hacerlas cada dos semanas, como lo han hecho en el estudio de Byrne, sino más bien cada 4 a 8 semanas, haciendo una o dos semanas de mantenimiento antes de retomar el déficit energético.

Esto no significa que hacer dieta con un déficit de forma sostenida en el tiempo no vaya a funcionar. Los estudios demuestran que funciona exactamente igual. Lo que quiere decir es que si quieres perder grasa y mantener tu nueva condición física con más facilidad a largo plazo, y que el proceso no sea tan sufrido, entonces dale un respiro a tu dieta. También nos demuestra que si planificamos nuestros descansos, y no nos dejamos llevar por la ansiedad y los antojos para romper la dieta luego de períodos de restricción, podemos ver mejores resultados y así hacer que el proceso de pérdida de grasa sea más eficiente, agregando descansos intermitentes planificados.

Finalmente, ten en cuenta que la frecuencia con la que haces esos descansos es bastante subjetiva porque va a depender del déficit y de tu porcentaje de grasa corporal. Podríamos decir que mientras menos grasa vayas teniendo, con más frecuencia podrás meter los descansos en la dieta.

Para ampliar esta información, escanea este QR y escucha el episodio 106 del Podcast de FullMúsculo "CHEAT MEAL, Descansos de la dieta y RE-FEED", en el que junto a la nutricionista Verónica Dudamel conversamos sobre el tema.

11 | El mejor pre-entreno

Yo cada mañana, sin falta, me tomaba una buena taza de café para comenzar el día. Lo necesitaba para "tener fuerzas" y en ocasiones también tomaba alguna taza antes de hacer ejercicio o algún tipo de actividad física para "rendir más" durante el entrenamiento. A día de hoy ya no lo tomo porque entendí que no la necesito y que en realidad estaba enmascarando problemas hormonales que me hacían sentir cansado y sin energía. Me costaba despertarme por las mañanas, mantenerme activo y enfocado durante el día, y al final de la jornada tenía un bajón brutal de energía. No era por falta de café, era por mi estilo de vida de mierda.

Esto es más común de lo que piensas. De hecho, hay muchas personas que sin su cafecito diario "no son personas". No son capaces de afrontar el día sin haber metido un estimulante del sistema nervioso al despertarse. Sea en forma de café, té o con alguna bebida energizante.

De hecho, muchas personas lo consumen también antes de entrenar porque quieren potenciar el rendimiento en sus entrenamientos. Pero, ¿hay realmente evidencia de que el café mejore la fuerza en el entrenamiento? Y de ser así ¿cuál sería la dosis ideal?

A pesar de que sabemos que la cafeína aumenta nuestro estado de alerta y excitabilidad, pareciera que en cuanto a la fuerza no está todo muy claro. Según un estudio de Mikulic y colaboradores (24), pareciera que la cafeína puede ayudarte a mejorar la fuerza máxima en tus entrenamientos de piernas más que en los de tren superior. Es más, en el estudio se demostró que la cafeína mejoraba incluso el desempeño en la fuerza máxima en sentadillas. Así que probablemente estarás más fuerte para tus squats si previamente has tomado cafeína, pero no tanto para hacer un curl de bíceps.

La dosis óptima para lograr los efectos deseados parece ser de 6 mg/kg de peso corporal, 1 hora antes de comenzar el entrenamiento. Que para una persona de 70 kg estaríamos hablando de unos 400 mg de cafeína. Ten en cuenta que una taza de café puede aportar entre 95 y 400 mg según el tipo de café. Mi recomendación sería dejarla para esos entrenamientos más demandantes, como podrían ser los de pierna. Pero ojo que más cafeína no es mejor. Una dosis mayor puede producir desorientación e incluso perjudicar tu rendimiento. En caso de que la dosis que te he recomendado genere algún efecto secundario negativo debes reducir la cantidad.

🛒 Para llevar

El mejor pre entreno es el que no se toma. Tu cuerpo tiene la capacidad de rendir a tope durante el entrenamiento si tienes una alimentación densa en nutrientes, un descanso profundo y una planificación de un entrenamiento efectivo. Intentar compensar cualquiera de esos factores con un suplemento o una bebida sencillamente no va a funcionar. Puede que a corto plazo funcione, pero lo único que estás haciendo es enmascarar el problema y a la larga solo te traerá peores consecuencias porque tu cuerpo de algún modo tendrá que recuperarse.

Utilizar cafeína o cualquier pre entreno todos los días no es una buena opción si tu prioridad es tu salud. En cambio si tu prioridad no es esta entonces vale todo. Pero si has comprado este libro es porque quieres conseguir un físico saludable y sostenible en el tiempo. En ese caso el mejor pre entreno que puedes tener es un buen descanso profundo (de lo cual hablaremos más adelante), una buena alimentación densa en nutrientes y una buena programación de un entrenamiento efectivo. No hay suplemento en el mercado que pueda ganarle a eso.

Para ampliar esta información, escanea este QR y escucha el episodio 92 del Podcast de FullMúsculo "Los Peligros del café que nadie te cuenta" en el que junto al entrenador Juan Bola estuvimos conversando sobre el tema.

12 | El orden de los ejercicios no altera el producto

En scoops anteriores te he hablado de las variables fundamentales del entrenamiento que afectan nuestros resultados: el volumen de entrenamiento, como cantidad de series por grupo muscular, la frecuencia, como las veces que repites un mismo músculo a la semana y la intensidad, como el esfuerzo en cada serie. A esto habría que sumarle la selección de los ejercicios, es decir, los ejercicios que eliges al realizar la rutina de entrenamiento, los cuales pasarían a un segundo plano si no se tiene en cuenta las variables anteriores

Dicho de otro modo, no debería preocuparte si un ejercicio es mejor que otro, si tu volumen de entrenamiento no es el óptimo, si tu frecuencia no es la ideal o si tu intensidad no es la correcta. La variedad de ejercicios en el mundo del entrenamiento es enorme y cualquier estímulo, siempre y cuando sea efectivo, te va a ayudar a progresar. Que la cantidad de opciones que tienes para elegir no te distraiga ni tampoco te paralice. Elige el que puedas hacer con el material que tengas disponible. Tu cuerpo no entiende ni de espacios ni de equipamientos, sino de estímulos. Y el estímulo se lo puedes dar con una mancuerna, unas poleas, una banda de resistencia, una garrafa de agua o incluso con tu propio peso.

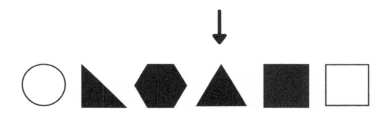

Pero una cosa es el ejercicio que elegimos y otra muy distinta es el orden en el que lo hacemos. Entonces, la interrogante sería si el orden de esos ejercicios que elegimos en nuestra rutina podría afectar nuestro rendimiento y los resultados.

En un scoop anterior (scoop #5) ya te he comentado de la importancia de los ejercicios multiarticulares por encima de los monoarticulares, como estos deberían tener cierta prioridad en el orden de los ejercicios que elegimos y deberían ser la base de nuestro entrenamiento. Esto se debe a que el orden de los ejercicios pareciera afectar las ganancias de fuerzas, pero no las ganancias de masa muscular. Sin embargo, pudiera ser porque la fuerza depende del peso que levantas, pero el aumento muscular no; por lo que si un ejercicio es realizado entre los primeros, seguramente tendrás mayor capacidad para mover más peso y esto podría significar una mejora en cuanto a cargas de ese ejercicio. Aunque cuando hablamos de aumento muscular pareciera que el menor rendimiento no afecta el estímulo que se lleva el músculo, pero la fatiga que generas con los primeros ejercicios si que termina por afectar el resto de tu rutina.

Por lo tanto, el ejercicio que decidas realizar de primero y darle prioridad te va a generar cierta fatiga que afectará tu rendimiento en ejercicios posteriores, no solo para ese mismo músculo sino también para el resto, lo que termina por afectar nuestras ganancias musculares.

Un estudio de Brandão y colaboradores (25) propuso comparar el efecto que tendrían usar ejercicios compuestos y analíticos de forma aislada o juntos y variando el orden. Los participantes se dividieron en 4 grupos, uno que hacía solo un ejercicio multiarticular, el otro solo un ejercicio monoarticular y los otros dos hacían ambos, pero en distinto orden.

Según los resultados del estudio, se pudo notar que los ejercicios multiarticulares parecieran no ser suficientes para promover el aumento muscular en el músculo agonista, es decir, hacer press de banca para aumentar masa muscular en el tríceps. Pero ojo, eso no quiere decir que no puedas potenciar el estímulo que se lleva el tríceps incluyendo ejercicios multiarticulares, como el press de banca plano que enfoca el trabajo principalmente en el pectoral. En cuanto al orden de los ejercicios, parece afectar más a los ejercicios multiarticulares que a los más analíticos.

🛒 Para llevar

Al principio de tu entrenamiento deberías meter los ejercicios que van a trabajar el músculo que quieres desarrollar. Pero debes evitar meter ejercicios monoarticulares antes de algún ejercicio multiarticular que puede terminar por perjudicar tu rendimiento en este último, como sería, por ejemplo, meter series en curl de bíceps antes de unas dominadas. Lo que harás es perjudicar tu rendimiento en las dominadas por la fatiga acumulada en los bíceps durante las series de curl. Lo que sí te debe quedar bastante claro es que los ejercicios multiarticulares deben ser la base de tus entrenamientos y que los monoarticulares sirvan de complemento. Del resto, el cielo es el límite. Puedes combinar los ejercicios como quieras, siempre y cuando respetes lo antes comentado.

Para ampliar esta información, escanea este QR y lee el artículo de la web de FullMúsculo "¿Cuáles ejercicios elegir para aumentar la masa muscular?" en el que Aitor Zabaleta, experto en ciencias de la actividad física y el deporte, explica sobre el tema.

13 | ¿Estirar o no estirar antes de entrenar?

Aún veo mucha gente, tanto a principiantes como a los más experimentados, que dedican un tiempo considerable a estirar antes de entrenar en un intento por mejorar su rendimiento. Yo también lo hacía. Pero, ¿podría esta práctica realmente mejorar tu rendimiento, ganancias musculares y de fuerza?

Empecemos por definir a qué me estoy refiriendo con un estiramiento. Esto no es más que realizar un estiramiento estático hasta el límite de lo que pueda parecer cómodo, estirando el músculo, en ese estado de reposo, hasta cierta posición y manteniendo la postura por una cantidad de tiempo determinada, los cuales suelen ir desde los 5 hasta los 20 segundos.

Sin embargo, esos estiramientos estáticos que piensas que te podrían estar ayudando a mejorar el rendimiento en tu entrenamiento podrían estar haciendo justamente lo contrario y podrían afectar tus ganancias musculares.

En otras palabras, el estiramiento antes de entrenar parece que hace que reduzcas la carga del volumen del entrenamiento y como consecuencia no obtienes los resultados óptimos que en otras condiciones sí obtendrías. Pero eso es en cuanto al aumento muscular. Respecto a las ganancias de fuerzas pareciera no tener un mayor impacto.

Son muchas las personas que incluyen el estiramiento como parte de su rutina, pero cada vez hay más evidencia de que solo estarían afectando su rendimiento. Podrías incluso estar perjudicando la cantidad de repeticiones que haces con una determinada carga cuando entrenas inmediatamente después de haber estirado. Hasta ahora parece quedar claro que los estiramientos disminuyen el ritmo con que ganas músculo y fuerza. Ahora analizaremos qué dice la evidencia científica sobre el tema.

Existe un estudio de Junior y colaboradores (26) bastante interesante que se realizó a lo largo de 10 semanas, en el que los participantes realizaban un ejercicio a una pierna que implicaba solo el cuádriceps, sin haber estirado. De igual forma hacían el mismo ejercicio para la otra pierna solo después de una sesión de estiramiento. Resulta que el cuádriceps que no pasaba por la rutina de estiramiento tuvo un mayor crecimiento, pero el rango de movimiento de la rodilla que sí estiraba era mayor después de las 10 semanas. En cuanto a ganancias en fuerza, fueron bastante similares.

🛒 Para llevar

¿Estirar o no estirar antes de entrenar? Esa es la pregunta que seguramente te estarás haciendo ahora mismo. Si tu objetivo es aumentar la fuerza y la flexibilidad, podría ser conveniente estirar previo a tu entrenamiento. No obstante, si tu objetivo es el de aumento muscular y quieres realizar estiramientos estáticos, no los hagas justo antes de comenzar tus series efectivas. En ese caso, haz tus estiramientos estáticos, complementa con estiramientos dinámicos y luego algunas series de calentamientos, o de aproximación, para disipar esos posibles efectos negativos sobre tu desempeño físico y aumento muscular. Más adelante, en otro scoop, volveremos a los estiramientos y te quedará más claro si debes o no debes hacerlos antes del entrenamiento.

Para ampliar esta información, escanea este QR y escucha el episodio 101 del Podcast de FullMúsculo "¿Estirar o no estirar?", en el que junto al entrenador personal Jorge Trigueros conversamos sobre el tema.

14 | ¿Son seguras las dietas altas en proteína?

En este punto deberías tener bastante claro la importancia de la ingesta de tus requerimientos proteicos, independientemente de tus objetivos. Es un macronutriente esencial para construir masa muscular pero también juega un papel fundamental en el crecimiento, desarrollo, reparación y mantenimiento de otros tejidos corporales.

De acuerdo a la Universidad de Harvard:

"La proteína se encuentra en todo el cuerpo: en los músculos, los huesos, la piel, el cabello y prácticamente en cualquier otra parte o tejido del cuerpo. Constituye las enzimas que impulsan muchas reacciones químicas y la hemoglobina que transporta el oxígeno en la sangre. Al menos 10.000 proteínas diferentes te hacen ser lo que eres y te mantienen así. La proteína está hecha de más de veinte bloques de construcción básicos llamados aminoácidos. Debido a que no almacenamos aminoácidos, nuestro cuerpo los produce de dos maneras diferentes: ya sea desde cero o modificando otros. Nueve aminoácidos (histidina, isoleucina, leucina, lisina, metionina, fenilalanina, treonina, triptófano y valina) conocidos como aminoácidos esenciales deben provenir de los alimentos."

Por esa razón es importante asegurarte de que estés cubriendo esos requerimientos proteicos que necesitas de acuerdo a tu peso, edad, nivel de actividad física, etc., a través de la alimentación. Pero una cosa es comer lo suficiente y otra muy distinta sería comer demasiado.

1.2 gr/kg/dia   3 gr/kg/dia

Un estudio de Jose Antonio y compañía (27), se propuso precisamente evaluar qué tan seguras eran las dietas altas en proteínas, de más de 3 gramos de proteína por kg de peso corporal al día. La idea era evaluar si presentaban algún efecto adverso en la función del riñón o hígado después de la intervención.

Luego entraremos en detalles sobre los resultados del estudio, pero es interesante ver cómo, durante años, la dosis de proteína recomendada ha sido una controversia tanto dentro del mundo fisicoculturista como fuera. Las recomendaciones van desde 1.8 gramos de proteína por kilo de peso corporal al día, hasta muy por encima de los 2.5 g/kg/día. Pero, a pesar de la controversia que pueden seguir generando estas altas recomendaciones, son muy pocos los estudios que examinan si pudieran ser nocivas estas ingestas tan altas.

En el estudio mencionado (27), 12 hombres sanos y bien entrenados con un promedio de 7.6 años de experiencia en el mundo del entrenamiento, fueron observados durante un período de 16 semanas, evaluando al inicio, y después de dos períodos de intervención de 8 semanas (es decir, dieta habitual y dieta rica en proteínas), su composición corporal, analíticas de salud (lípidos en sangre, panel metabólico integral) y rendimiento.

Los 12 participantes consumieron en promedio durante la fase normal unos 2.6 gramos de proteína por kilo de peso corporal al día, y durante la fase alta en proteínas unos 3.3 g/kg/día. Su composición corporal se mantuvo y no hubo cambios significativos en los marcadores de salud en ninguno de los grupos. Tampoco hubo efectos secundarios relacionados al alto consumo de proteínas en lípidos en sangre, glucosa, función renal, etc. Es decir, las funciones de sus órganos bajo revisión se mantuvieron dentro de los niveles normales. Por lo que parece ser que las dietas altas en proteína son seguras en cuanto al funcionamiento de riñones e hígado. De hecho, es poco probable que ingestas por encima de los 2.6 g/kg/día durante un periodo de 4 meses, causen efectos negativos en la salud de los órganos que estuvieron bajo evaluación.

🛒 Para llevar

Mi recomendación es que calcules tus requerimientos proteicos diarios de acuerdo a tu estilo de vida, nivel de actividad física, objetivos, etc., y vayas ajustando en el camino. Un buen punto de partida serían 1.2 gramos de proteína por kilo de peso corporal al día.

Para ampliar esta información, escanea este QR y prueba gratis la calculadora de proteínas y macronutrientes de la web de FullMúsculo y ¡arma una dieta según tus objetivos!

15 | Con tomarte un descanso no pasa nada

El proceso de ganar masa muscular suele parecer bastante largo, especialmente cuando nos estamos iniciando en el mundo del entrenamiento. Y si las cosas no se hacen bien, puede parecer incluso eterno. Pero una vez que logramos resultados (o parte de ellos) nos da terror perderlos, en particular cuando pasamos períodos largos de desentrenamiento, como el de unas vacaciones, una lesión o cualquier otro compromiso que nos impida durante un tiempo determinado mantener cierta constancia en el entrenamiento. Es allí donde la memoria muscular pareciera ayudar.

Nuestros músculos cambian después de tan solo una sesión de entrenamiento y siguen su transformación con la continuación del mismo. Muchos de estos cambios que ocurren son retenidos, incluso, hasta después de 7 semanas sin entrenar. No obstante, estamos hablando de cambios a nivel epigenético que parecieran permanecer pese a perder masa muscular y fuerza después de esos largos períodos de desentrenamiento. Por esa razón, pareciera ser más fácil recuperar el músculo que desarrollarlo inicialmente. Todo gracias a la memoria de tus músculos.

Seguramente tú, como cualquier otra persona que entrena fuerza (sea en el gym, en un parque o en la sala de tu casa) con cierta regularidad, en algún momento de su vida se habrá tomado una pausa o un tiempo libre del entrenamiento por alguna razón o circunstancia, y durante ese período alejado del estímulo del entrenamiento, habrás experimentado pérdida de masa muscular y de fuerza, y al retomar el entrenamiento te recuperas más rápido de lo que hubieras pensado, ¿cierto?

De hecho, es posible que incluso después de un año sin entrenar, con solo uno o dos meses ejercitando, recuperes récords personales previos. Esto se debe a que nuestro cuerpo desarrolla patrones motores durante el entrenamiento, que podrían "oxidarse" un poco cuando lo abandonamos, pero nuestro organismo tiene la habilidad de retener la memoria muscular, lo que ayuda a recuperar la masa muscular y la fuerza luego de períodos de desentrenamiento. Por esa razón debo acotar que no por ver resultados tan rápidos, cuando retomamos después de una larga ausencia de las pesas, significa que el entrenamiento ha sido muy efectivo. Lo que sucede es que ya nuestro cuerpo tenía las herramientas para recuperar terreno en menos tiempo, sin importar tu planificación.

🛒 Para llevar

No tengas miedo de permanecer un tiempo alejado de las pesas. Si lo necesitas por la razón que sea, puedes tomarte un tiempo libre o de descanso. Cualquier posible pérdida de masa muscular y de fuerza podrás recuperarlos cuando retomes el entrenamiento. Solo será cuestión de tiempo y paciencia.

Para ampliar esta información, escanea este QR y lee el artículo de la web de FullMúsculo "Pérdida de masa muscular y qué hacer para recuperarla" en el que Paúl Lucín, Entrenador Personal Online, habla sobre el tema.

16 | Conecta tu mente con el músculo

Seguramente ya has escuchado hablar de la conexión mente-músculo, de enfocarte en el músculo que trabajas durante el entrenamiento. Pero a pesar de que se ha recomendado por años, la evidencia no dejaba muy claro los beneficios, hasta ahora.

Resulta que han encontrado nueva evidencia científica en la que se ha demostrado que mantener ese enfoque interno entre tu mente y el músculo que estás entrenando genera un crecimiento mayor, en comparación a cuando simplemente te enfocas en realizar repetición tras repetición. Sin embargo, esta diferencia que ocurre al conectar la mente con el músculo que se trabaja pareciera que solo funciona para unos grupos musculares, pero para otros no. También hay evidencia que indica que enfocarse en el resultado del movimiento, en vez de poner nuestra atención en el propio músculo, podría mejorar la técnica. Entonces, ¿dónde debemos poner nuestra atención: en el músculo o en el movimiento?

En un estudio de Schoenfeld y colaboradores (29), se comparó justamente esto con dos grupos. La mitad de los participantes se enfocaba en el músculo y la otra mitad lo hacía en el recorrido del movimiento para cada repetición. El resultado fue que, para el bíceps, vieron mejores resultados quienes mantuvieron la conexión mente-músculo. Pero en el caso de los cuádriceps, ambos grupos tuvieron incrementos en fuerza y masa muscular.

🛒 Para llevar

Quédate con que pudiera valer la pena mantener esa conexión mente-músculo en ejercicios monoarticulares, como un curl de bíceps o unas extensiones de tríceps, por ejemplo. Ahora, para los ejercicios compuestos, o multiarticulares, pudiera ser una mejor opción el enfocarte en el recorrido del movimiento y en las señales externas, como por ejemplo, visualizar el empuje de la barra en un press de banca, o en el tirón de la polea en unos jalones al pecho.

Puedes mejorar esa activación y esa conexión con el músculo que trabajas apretando el músculo durante el día a modo de práctica. Lo más importante es estar enfocado en el ejercicio que estás realizando y no estar pensando en todas las cosas que tienes que hacer después.

17 | ¿Cuánto peso es muy poco peso?

Hay muchos estudios que demuestran que se puede crecer de forma similar entrenando tanto con cargas bajas, como con cargas altas, pero, ¿pudiera existir algo como muy poco peso? Es decir, ¿cuánto sería lo mínimo que pudieras usar como carga para aumentar tu masa muscular?

Tenemos claro que podemos lograr un crecimiento muscular similar con 40, 60 y 80 % de tu 1RM (Repetición máxima) siempre y cuando, la cantidad de series (volumen de entrenamiento) sea el mismo (30). Sin embargo, un entrenamiento con un 20 % del 1RM ofrece peores resultados que los anteriores. Entonces, a pesar de que puedes tener un crecimiento similar con distintas cargas, debes tener en cuenta que las cargas más altas ofrecen mayores ganancias en fuerza.

Por lo tanto, ¿se puede o no entrenar con cargas bajas? De poder, podrías, pero seguramente tendrías que llegar a rangos de repeticiones muy altos para lograr una buena intensidad, lo que termina por acumular mucha fatiga y perjudicar tu rendimiento y recuperación, así como lo hemos visto en el scoop #6. Entrenar con un 30-40 % de tu 1RM te puede traer resultados similares a entrenar con un 60-85 % pero posiblemente no sería lo óptimo para ver los mejores resultados.

Si quieres realizar un entrenamiento a cargas bajas porque la situación te obliga a ello, asegúrate de que no sea demasiado baja y de que no sea una estrategia que uses por mucho tiempo.

🛒 Para llevar

Puedes entrenar en un rango de 30-40 % de tu 1RM, sobre todo en ejercicios monoarticulares, y ver resultados similares a que si entrenaras con cargas más altas. Ahora, si reduces mucho la carga, y te vas por debajo de ese 30 %, terminarás por llevarte igualmente todo el dolor del entrenamiento pero solo una parte del aumento muscular.

18 | Entrena a cuerpo completo

En el scoop #4 te comentaba que la mejor forma de empezar a entrenar cuando eres principiante no es con la típica rutina de un grupo muscular al día, como hice yo en su momento: lunes de pecho y triceps, martes de espalda y tríceps, etc. Te explicaba, con base científica, cómo una rutina de tipo full body, o de cuerpo completo, podría ser la mejor alternativa para ti si estás empezando, o incluso si ya tienes algo de experiencia. Sin embargo, hay algunas cosas que te podrían estar preocupando si ya llevas un programa de entrenamiento de cuerpo completo, o quisieras empezar con uno.

Por un lado, sería cuánto tiempo debe persistir la fatiga generada después de una sesión de entrenamiento. Es decir, qué tiempo necesitarías para poder recuperarte de un día de entrenamiento y poder afrontar el siguiente. Por otra parte, cómo podrías evitar la fatiga dentro de una misma sesión para que puedas rendir en todos los ejercicios de los distintos grupos musculares, teniendo en cuenta que estarías trabajando gran parte de los músculos que conforman tu cuerpo en una misma sesión. Eso es justamente lo que pretendo responder aquí en este scoop.

Lo primero que debes tener en cuenta es que al diseñar cualquier rutina de entrenamiento necesitas ser capaz de balancear suficientes series por grupo muscular con una recuperación adecuada. Esto de forma tal que puedas recuperarte de una sesión anterior para poder darlo todo en la siguiente. Ahora, hay algunos detalles que podrían parecer lógicos, pero que vale la pena resaltar. El primero podría ser el hecho de que no puedes hacer todas las series de tu rutina al fallo y pretender estar recuperado en menos de 48 horas. Más adelante sabrás por qué entrenar al fallo no es lo óptimo en caso de que tu objetivo sea el de aumentar masa muscular. Por ahora quédate con que, si hicieras todas tus series al fallo, probablemente necesites algo más de 48 horas para poder estar recuperado para un próximo entrenamiento que involucre los mismos grupos musculares. Pero esto no significa que no te debes esforzar. Te debes esforzar lo suficiente, tal como lo vimos en el scoop #2, para que cada serie cuente y sea efectiva.

Puede que una rutina de cuerpo completo te resulte ventajosa para repetir más veces un mismo grupo muscular a la semana, pero es probable que debas meter menos series por cada músculo porque sería más complicado agrupar la misma cantidad de ejercicios si tu rutina estuviese separada por grupo muscular, como sucede en una de tipo Weider.

En un estudio de Marshall y compañía (31), el cual justamente se dedicó a analizar la fatiga y el daño muscular después de un entrenamiento de cuerpo completo, determinó que te puedes recuperar dentro de un plazo de 48 horas después de una sesión de entrenamiento. Es decir, necesitarías de un día de por medio para poder recuperar y afrontar otra rutina de entrenamiento de tipo full body y volver a darlo todo. Entonces, podríamos decir que pudieras perfectamente cumplir con una frecuencia de entrenamiento de 2 y hasta de 3 veces por semana para cada grupo muscular con una recuperación apropiada, si llevas una programación de cuerpo completo. Por ejemplo, puedes entrenar cuerpo completo los días lunes, miércoles y viernes, dejando martes y jueves para la recuperación. Esto, siempre y cuando trabajes con un volumen de entrenamiento relativamente bajo. Si vas a trabajar con un volumen de entrenamiento más alto, tal vez te conviene buscar alguna alternativa de 4 días a la semana, tipo una rutina de torso-pierna o tirón y empuje, que te permitirá meter más series por grupo muscular a la semana. Entendiendo que más no siempre es mejor. En otras palabras, que meter más series no necesariamente te traerá mejores resultados.

🛒 Para llevar

Si vas a usar un entrenamiento de tipo cuerpo completo, lo primero que debes tomar en cuenta es que luego de una sesión de entrenamiento, donde trabajas gran parte de los grupos musculares de tu cuerpo, necesitas tiempo para recuperarte. Probablemente en torno a las 48 horas, siempre que el entrenamiento haya sido efectivo.

Otra recomendación a tomar en cuenta sería escalonar entre los ejercicios básicos, para que la fatiga acumulada durante el entrenamiento no afecte tu rendimiento. Por ejemplo, los días que realizas sentadillas y peso muerto con mucho peso, busca hacer un press de banca más ligero. Si intentas hacer press de banca después de la sentadilla e intentas hacerlos ambos con cargas altas el mismo día, entonces el volumen de entrenamiento del press se verá afectado en algún momento.

Por último, que sepas que no por entrenar más tiempo, con más series o con más esfuerzo (hasta el fallo), vas a ver mejores resultados. La clave está en hacer que cada serie cuente y que cada sesión de entrenamiento sea efectiva.

 Para ampliar esta información, escanea este QR y lee el artículo de la web de FullMúsculo "Rutina full body o de cuerpo completo", en el que Ángel López, entrenador personal certificado, te explica sobre el tema.

19 | ¿Más cargas excéntricas o está sobrevalorado?

¿Sabías que tu cuerpo puede con más peso en la fase excéntrica de un ejercicio? O sea, en esa fase cuando te dejas vencer por la carga en comparación a la fase cuando debes contraer el músculo para mover la carga. En el caso de la sentadilla, por ejemplo, la fase concéntrica es cuando subes con el peso y la fase excéntrica es cuando desciendes. Ahora bien, ¿meter más peso en la fase excéntrica del ejercicio podría suponer un mayor aumento de fuerza, músculo y potencia? Seguramente en algún momento habrás visto en las redes sociales a algún influencer o entrenador realizando repeticiones con mayor carga en la fase excéntrica, como por ejemplo, realizando sentadillas con mayor peso en la bajada y liberando peso para la subida. Pero, ¿se traduce eso en un mayor incremento en masa muscular? Veremos.

Se dice que la fuerza en la fase excéntrica puede llegar a ser un 50 % mayor que la fuerza en la fase concéntrica y a pesar de que se ha promovido como un método para mejorar las ganancias en fuerza, potencia y aumento muscular pareciera que, en la práctica, el entrenamiento de cargas excéntricas acentuadas no produce mejoras más grandes en cuanto a aumento muscular y fuerza, en comparación con un entrenamiento tradicional de fuerza. Por eso, si quieres incorporarlo a tus entrenamientos, se conservador.

🛒 Para llevar

En redes sociales la novedad siempre gana, es lo que más vende. Si los profesionales del entrenamiento se dedicaran a compartir sus verdaderas rutinas de entrenamiento cada día, las redes sociales serían bastante aburridas. Lo que te quiero decir con esto, es que lo básico es lo que mejor funciona. Si quieres incorporar una fase excéntrica con más carga a tus ejercicios, intenta ser conservador para mantener una buena técnica en tus entrenamientos y no aumentar el riesgo de lesión. La mejor forma de aumentar masa muscular y ganar fuerza es, sin duda alguna, con un entrenamiento donde cada serie cuente y sea efectiva. Dicho de otro modo, un entrenamiento con un volumen adecuado, una frecuencia óptima y la intensidad correcta. Las 3 variables más importantes a tener en cuenta en toda rutina de entrenamiento.

20 | ¿Cómo recuperarte de un entrenamiento efectivo?

Vemos a deportistas y profesionales del entrenamiento haciendo uso de masajes, inmersión en agua fría, prendas de compresión, etc., para, supuestamente, recuperarse después de una rutina de entrenamiento. De hecho, futbolistas como Cristiano Ronaldo, más de una vez se han dejado ver en sus redes sociales tomando un baño de agua helada como parte de su proceso de recuperación post-partido. Son muchas las estrategias que hoy día vemos allí fuera que se usan para recuperarse después del entrenamiento, pero, ¿cuáles son esas que realmente funcionan y que pudieras implementar para mejorar la recuperación después de tu entrenamiento?

Según un metaanálisis de Dupuy y colaboradores (33), la mejor opción para reducir el dolor muscular y la fatiga parecieran ser los masajes. No obstante, la realidad es que suelen ser bastante costosos y no todos podríamos permitirnos hacernos uno cada vez que salgamos de un entrenamiento. En esos casos tendríamos otras dos alternativas que parecen ser bastante efectivas: la inmersión en agua y las prendas de compresión. Eso sí, con ninguna de estas estrategias que te hemos mencionado vas a poder compensar la falta de alguno de los principios fundamentales como son la densidad nutricional, un descanso profundo y mucho menos un entrenamiento efectivo. Sin embargo, sí que pudieran ayudar a que recuperes más rápido y a aumentar la tolerancia al volumen de entrenamiento, es decir, que tengas la capacidad de meter más series por semana para cada grupo muscular.

Hay un viejo dicho que dice: "Deberías entrenar duro y recuperarte aún más duro".

En otras ocasiones, como en el scoop #8, te he mencionado la importancia de la recuperación y el descanso para meter más series por grupo muscular, porque sabemos que el volumen de entrenamiento es el protagonista principal cuando quieres aumentar masa muscular y es de gran influencia cuando se quiere ganar fuerza. Ahora bien, incrementar la cantidad de series para cada grupo muscular por semana no te supondrá ningún beneficio si no eres capaz de recuperarte de tu entrenamiento. Por eso es fundamental asegurarte de tener una buena programación de entrenamiento del cual puedas recuperarte y acompañarlo siempre de un descanso óptimo, densidad nutricional y que estas estrategias que te he mencionado sean solo un añadido.

🛒 Para llevar

Si tienes la capacidad de hacerte algún masaje ocasional, podrías agendarlo para esos entrenamientos que suelen ser más intensos de lo normal. Otras alternativas, mucho más asequibles y económicas, podrían ser la de usar prendas de compresión o darte una ducha si tu objetivo es reducir el dolor muscular y la percepción de la fatiga después del entrenamiento. Pero nada supera a un buen descanso profundo (ver scoop #8), una alimentación densa en nutrientes y una buena programación de un entrenamiento efectivo. Todo de lo que nos aseguramos en nuestro CTE.

21 | Visualiza y lo lograrás

Desde hace mucho tiempo se sabe que la visualización puede ayudarte a conseguir tu objetivo. Si quieres lograr algo en tu vida deberías empezar por visualizarlo como si ya fuese tuyo, porque muchas veces es la mente la que puede ser tu mayor limitante y no el físico. Así lo demostró el británico Roger Bannister, quien en una mañana de 1954 hizo lo que hasta ese entonces parecía imposible, algo que el propio *The Daily Telegraph* describió como el "Everest del deporte" ya que Bannister fue el primer hombre que logró correr una milla (1.6 kilómetros) por debajo de los 4 minutos. Este fue un logro de la humanidad, que hasta ese entonces se pensaba que podía poner en riesgo la salud del deportista. Todo eso cambió el día en que Bannister logró conseguir el tan ansiado objetivo: superar la barrera de los 4 minutos y romper una barrera mental colectiva. A partir de allí, decenas de corredores lograron la misma hazaña que Bannister.

¿Cuál fue la diferencia de Bannister con respecto al resto? Él creía que era posible y probablemente lo había visualizado antes de conseguirlo.

Otros atletas en el pasado, como Michael Phelps, ganador de 23 medallas de oro en las olimpiadas, han comentado el poder que tiene la visualización en el deporte. Pero, ¿qué hay en cuanto al rendimiento del entrenamiento?, ¿podría la visualización ayudarnos a mejorar?, si es así ¿qué tanta visualización sería necesaria?

La evidencia científica nos demuestra que visualizar un entrenamiento nos puede ayudar a aumentar la fuerza, en comparación con quien no lo hace, de acuerdo a una revisión sistemática y un meta análisis de Paravlic y compañía (34). No obstante, una visualización nunca va a ser mejor que un entrenamiento físico. No hay forma de que te vuelvas un futbolista de élite como Messi solo con visualizarlo, eso no va a suceder. Necesitas salir allí fuera y tocar balón, practicar día a día y entrenar si quieres llegar a ser el mejor, pero sin duda acompañarlo con la visualización podría ayudar.

Si quisieras incorporar estos entrenamientos de visualización mental pudieras hacerlo 2 a 3 veces por semana, 2 a 3 series de levantamientos imaginarios por sesión. Es decir, imagínate a ti mismo realizando el entrenamiento a una intensidad alta, cercano al fallo muscular. La evidencia que hay detrás de los beneficios de la visualización nos hace ver que el poder de la mente es mayor del que creíamos y que juega un papel fundamental no solo en las cosas que hacemos en nuestro día a día, en las decisiones que tomamos y cómo las enfrentamos, sino también en la consecución de nuestros objetivos físicos y deportivos.

🛒 Para llevar

A partir de hoy debes considerar seriamente incluir la visualización no solo como parte de tus entrenamientos, sino como parte de tu vida. Integrarla como parte de tu entrenamiento solo te llevará algunos minutos. Invierte ese tiempo visualizando aquellos movimientos en los que quieres mejorar.

Para ampliar esta información, escanea este QR y escucha el episodio 136 del Podcast de FullMúsculo "El poder de la mente para conseguir tus objetivos", en el que junto a Miguel Camarena, Licenciado en ciencias del deporte, autor de un Best Seller, conferencista internacional y atleta, conversamos a profundidad sobre este tema.

22 | Olvídate del fallo muscular

L egas al gym y escuchas que alguien grita al otro lado de la sala de máquinas: "¡Hasta el fallo o no cuenta!". Luego te pasas por las redes sociales y ves la típica imagen que dice: "Sin dolor no hay gloria". Entonces ahí es cuando te empiezas a cuestionar, si hay que entrenar hasta llegar al fallo muscular o no hace falta realmente.

Empecemos por entender qué es el fallo muscular, el cual se podría definir como el punto en el que los músculos activados por el ejercicio son incapaces de completar en su rango de recorrido una repetición más sin que haya algún tipo de asistencia.

Entendido el concepto de fallo muscular vamos a ver, según un estudio de Martorelli y compañía (35), cuáles podrían ser las diferencias, si es que las hay, de entrenar al fallo y entrenar sin alcanzarlo, siempre que se mantenga una misma cantidad de series para cada grupo muscular a la semana, es decir, con un mismo volumen de entrenamiento. De acuerdo al estudio, parece ser que si estás dedicando la misma cantidad de series efectivas no necesitas llegar hasta el fallo muscular si quieres mejorar en fuerza, resistencia y aumentar masa muscular. Sin duda, motivarte a llegar al fallo en una serie pudiera tener beneficios, como ese sentimiento de logro o autorrealización. Sin embargo, también hay un mayor grado de dificultad, porque la técnica empeora a medida que estás más cerca del fallo, por lo tanto, aumenta el riesgo de lesión y disminuye el estímulo.

🛒 Para llevar

Si tienes poca experiencia dentro del mundo del entrenamiento te recomiendo que ni te lo pienses y por ahora mejor olvídate del fallo muscular. Preocúpate más por dominar la técnica de los ejercicios básicos, de mejorar tus hábitos alimenticios y de estar descansando bien. Allí es donde debería estar tu foco. Con eso, ya tienes mucho margen de mejora. Te tomará tiempo tenerlo todo a punto y exprimirlo al máximo.

En caso de que quieras probar en una u otra serie una llegada al fallo, asegúrate de tener a alguien cerca, algún compañero o compañera, que te pueda ayudar y asistir en esa serie. Además, es importante que esas llegadas al fallo estén planificadas y se hagan de forma puntual puesto que hacerlo repetidamente puede poner en riesgo las ganancias de la potencia muscular.

Para ampliar esta información, escanea este QR y lee el artículo de la web de FullMúsculo"¿Qué es el fallo muscular?".

23 | Pero, ¿qué tan lejos del fallo?

Como te decía antes, llegar al fallo no es necesario para aumentar masa muscular. Incluso pudiera ser hasta peligroso si no cuentas con buena técnica de entrenamiento, las medidas de seguridad o el apoyo necesario. En realidad, pareciera ser más importante quedar cerca de ese fallo, o llegar a él, cuando no tienes experiencia con las pesas que cuando sí la tienes. Aunque no lo creas. Esto se debe a que es esta adaptación al entrenamiento de fuerza pesado el que te va a permitir el reclutamiento de todas las fibras musculares. Te lo traduzco para que me entiendas mejor. A medida que te vas fatigando a lo largo de una serie, tu cuerpo va requiriendo más fibras musculares y para contraer dichas fibras necesita de más unidades motoras, por lo que va reclutando más ayuda para levantar el mismo peso. Es como si tuvieras que mover una caja muy pesada y vas de a poco llamando a tus amigos para que te ayuden a empujar porque te vas agotando. Seguramente terminarás por llamarlos a todos para poder empujar la caja y ponerla en su lugar. Lo mismo pasa con nuestros músculos. Vas terminar reclutando a todas las fibras para vencer la resistencia.

Entonces, lo que sucede es que al llegar al fallo muscular estaríamos reclutando todas las unidades motoras. Algo que también puede suceder a pocas repeticiones de llegar a este. Pero, en el caso de personas con experiencia, es probable que puedan reclutar todas esas unidades motoras antes que los que no tienen experiencia. Así lo ha demostrado el estudio de Carroll y colaboradores (36), donde el propósito era comparar los resultados de una programación del entrenamiento con repeticiones máximas (llegando al fallo muscular) o la intensidad relativa. Por lo tanto, los pesistas con experiencia pueden beneficiarse de parar mucho más lejos del fallo. En cambio, podría ser una estrategia interesante para principiantes programar llegadas al fallo puntuales con ejercicios de aislamiento para promover ese reclutamiento de todas las fibras musculares.

Ya sabes que llegar al fallo no es necesario, sin embargo, seguramente ahora te estarás preguntando qué tan lejos del fallo debes quedar. Si permaneces muy lejos del fallo, como lo hemos visto en el scoop #2, vas a ser incapaz de conseguir los mejores resultados y si llegas constantemente a él, ya sabes que puede pasar. Por tanto, es entre el equilibrio de ambos, el fallo muscular y esa intensidad media-baja, donde tendríamos nuestro *"sweet spot"*.

El "sweet spot" es "el punto dulce" o punto justo en la intensidad del entrenamiento donde nos debemos ubicar en cuanto al esfuerzo que hacemos en una serie para conseguir el mejor estímulo, sin excedernos en la fatiga acumulada y evitando el riesgo de lesión. Estaríamos hablando de que debemos alcanzar una intensidad entre 7 y 9 de 10 en la escala de Borg. Menos de 7 te daría muy poco estímulo, y más de 9, que sería el fallo muscular, te podría generar mucha fatiga, menos estímulo y podría aumentar el riesgo de lesión.

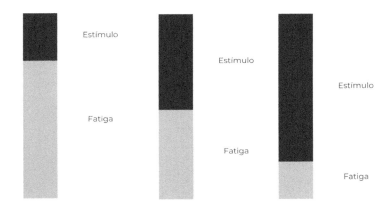

🛒 Para llevar

Si bien puedes llegar de forma puntual y planificada al fallo muscular, te recomendaría dejarlo para los ejercicios monoarticulares y hacerlo de una forma programada y puntual. En ejercicios compuestos pesados, como los squats o el peso muerto, lo mejor sería parar unas repeticiones antes del fallo. Aun parando antes, es posible que no te estés perdiendo ningún beneficio en cuanto al crecimiento muscular.

24 | Keto para ganar músculo: ¿Verdad o mito?

Constantemente en las redes sociales se habla de cuál es la mejor dieta para aumentar la masa muscular y entre todas las opciones, la dieta cetogénica siempre parece quedar de última. Esto se debe a que se cree que para aumentar la masa muscular debemos garantizar necesariamente un superávit energético. Es decir, consumir más energía de las que gastamos y no siempre es así,

Sin embargo, si piensas así, no estás solo. Yo también pensaba que había que estar en superávit para ganar músculo y que, para alcanzar ese superávit, había que meter una cantidad absurda de carbohidratos, en su mayoría provenientes de procesados y ultraprocesados, que aportan solo calorías vacías y poco o nada de nutrientes. Y es que al intentar hacerlo aportando solo carbohidratos saludables que ofrecen algo de valor nutricional y saciedad, resulta una misión casi imposible. Si no me crees, inténtalo. Por eso muchos profesionales de la nutrición terminan por recomendar erróneamente galletas, cereales y comida chatarra porque de lo contrario se hace cuesta arriba.

Uno de los estudios que más se mencionan cuando se relacionan la ganancia muscular y la dieta cetogénica (para hablar mal de ella) es el de Vargas y compañía (37). Dicha investigación no deja muy claro si el grupo que experimentó con keto durante el estudio tuvo un excedente energético. Según los resultados arrojados pareciera que el grupo en keto ha perdido más grasa, pero ha ganado menos masa muscular cuando se le compara con un grupo que estaba en superávit, pero no en cetogénica. Sin embargo, cuando se revisa más a detalle este estudio se puede observar que en realidad el grupo keto no tuvo un excedente, razón por la cual parece haber perdido más grasa en promedio que el otro grupo y que no haya tenido cambios significativos en la masa muscular.

Esto quiere decir que ese estudio no es buena referencia para asegurar de que la dieta cetogénica no sea efectiva de cara a aumentar masa muscular. Básicamente porque estuvieron comparando un excedente energético (no keto) con un grupo que posiblemente no haya estado en superávit (keto).

🛒 Para llevar

Si quieres ganar masa muscular no necesitas necesariamente de un superávit energético. Todo va a depender del contexto. Si a pesar de tus esfuerzos y tu peso la masa muscular no parece aumentar, evalúa la posibilidad de que no estés aportando suficientes proteínas, de que el estímulo no esté siendo efectivo o tu descanso no sea el óptimo, antes de ir corriendo a meter más energía provenientes de comida chatarra. Si haces esto último, podrías terminar acumulando mucha más grasa corporal que ganancias musculares. Grasa que luego vas a tener que eliminar si quieres mejorar tu definición muscular.

Puede que en principio parezca que una dieta cetogénica no sea lo óptimo para aumentar músculo, pero eso no quiere decir que no sea posible. Estudios como el de Jacob y compañía del año 2014 (38), parecen demostrar que una dieta cetogénica podría ser superior a una dieta tradicional cuando queremos aumentar masa muscular y perder grasa corporal.

Si tu objetivo es aumentar masa muscular hay 3 cosas que debes garantizar:

1. Suficiente aporte de proteínas provenientes de una alimentación densa en nutrientes.

2. Un buen estímulo de un entrenamiento de fuerza efectivo.

3. Un descanso profundo cada noche.

Para ampliar esta información, escanea este QR y escucha el episodio 103 del Podcast de FullMúsculo "¿Cómo iniciarte en la dieta keto?", en el que junto al Farmacéutico y Coach, Phil Lugo, conversamos sobre el tema.

25 | Más series tampoco es mejor

Un estudio de Schoenfeld y sus colegas (39), ha demostrado que hacer más series por grupo muscular tenía como resultado un mayor aumento de masa muscular. Ahora, antes de que salgas corriendo a meter más series a tus entrenamientos vamos a ver algunos detalles sobre este tema. En el estudio se dividieron a los hombres entrenados en 3 grupos. El primero realizaba entre 6-9 series por grupo muscular a la semana, el otro hacía entre 18-27 y el último le tocaba realizar 30-45 series. Todos trabajaron en un rango de 8 a 12 repeticiones hasta el fallo muscular y aumentaban el peso cada semana cuando era posible, hacían un descanso de 2 minutos entre cada ejercicio y de minuto y medio entre cada serie. Hasta ahí todo bien, ¿cierto?

Los resultados muestran un aumento de fuerza similar para los 3 grupos, pero el aumento muscular fue mayor en los grupos de más series por grupo muscular.

Sabemos por otros estudios que trabajar entre 10 y 20 series por grupo muscular a la semana pareciera dar los mejores resultados, cuando esas series son efectivas. Sin embargo, cuando estás estancado y todo el resto de las variables ya han sido optimizadas, aumentar esa cantidad de series o volumen pudiera ser la estrategia adecuada. Pero, ¿cuánto volumen es mucho volumen? Porque ya sabemos que más de 10 series por grupo muscular a la semana nos va a dar mejores resultados que 1-4 o 5-9. Pero decirte "más de 10" sería un rango muy amplio para saber cuántas series meter, porque podríamos estar hablando de 12 o de 25 y no querrás meter demasiadas series de las que después no serás capaz de recuperarte. Por eso aquí lo ideal sería empezar por bajo y a partir de allí ir escalando.

Máximo Volumen Recuperable

Máximo Volumen Adaptativo

Mínimo Volumen Efectivo

Volumen de Mantenimiento

Siempre empieza por debajo y recuerda que, si eres principiante, tienes todas las variables a tu favor. No necesitas estar metiendo más series a tu entrenamiento. Enfócate en que cada serie sea efectiva y que tengas una buena técnica de entrenamiento. Una buena técnica y una correcta intensidad son la base de tu entrenamiento y la clave para el progreso.

En caso de que seas principiante, podrás progresar con muy poco. De 1 a 3 series a la semana por grupo muscular sería suficiente para empezar y a medida que vas agarrando confianza en los ejercicios, dominando la técnica y progresando en la intensidad, puedes apuntar a unas 6 a 10 series semanales por grupo muscular y así seguir enfocándote en trabajar la técnica. Solo con eso tienes mucho margen para mejorar.

🛒 Para llevar

Empieza por un rango bajo de series por grupo muscular a la semana y a partir de allí puedes empezar a subir. No deberías pensar en aumentar el volumen de entrenamiento si antes no has optimizado tu alimentación, el descanso, el estrés y todas las variables que pueden influir en tu entrenamiento. Cuando hayas optimizado todo esto y estés estancado en tu progreso, entonces será momento para progresar en cuanto al número de series por grupo muscular a la semana. Antes no. Aumentar el volumen es tu última opción.

Para ampliar esta información, escanea este QR y lee el artículo de la web de FullMúsculo "Volumen de entrenamiento para aumentar masa muscular", en el que Ernesto de la Vega, Licenciado en ciencias de la actividad física y el deporte, explica sobre el tema.

26 | Qué tanto estás entrenando?

Cuando empecé en el gym, hace ya más de una década, recuerdo que todos los ejercicios los hacía a 4 series. No importaba cuál era el ejercicio, ni el músculo que fuese a trabajar, siempre eran 4 series de 12 o de 15 repeticiones. El entrenador daba la impresión que sabía lo que hacía, pero a día de hoy creo que era una forma de no tener que cuantificar el volumen de entrenamiento cada semana para cada grupo muscular de todos los clientes que tenía (yo incluido). Vamos, que se facilitaba su trabajo y su vida. Al final, si metes 4 series de cada ejercicio y agregas 3 ejercicios por grupo muscular, te estás garantizando 12 series efectivas de trabajo a la semana. Eso si solo trabajas un mismo grupo muscular una vez por semana, como lo hacía yo porque tenía una rutina de tipo Weider. En un scoop anterior ya te he explicado por qué razón no es la mejor rutina si estás empezando o si tienes poca experiencia (ver scoop #4).

Sin embargo, mucho se habla de volumen de entrenamiento (cantidad de series que realizas a la semana para cada grupo muscular) como medida sine qua non para saber qué tanto trabajo estás metiendo a un grupo muscular. Ahora, ¿es esta la forma correcta para cuantificar el volumen de entrenamiento? ¿simplemente contando las series de trabajo que dedicamos a cada músculo por semana? Pues pareciera que sí es una forma efectiva de conocer el trabajo que realizas en una semana para un músculo en específico, de acuerdo a una revisión sistemática de Eneko y colaboradores (40). Esto siempre y cuando estemos hablando de al menos 6 repeticiones y que cada serie sea efectiva, es decir, que estemos cerca del fallo, a 3 repeticiones o menos del fallo muscular (ver scoop #2).

🛒 Para llevar

Puedes simplemente contar las series efectivas para saber el trabajo que le dedicas a cada grupo muscular por semana. Sin embargo, debes garantizar que estés en un rango de 6-20 repeticiones por serie y que quedes cerca del fallo, a un RPE de 7 sobre 10. Si estás cumpliendo con ambas condiciones, entonces contar las series es una buena forma de cuantificar tu volumen de entrenamiento.

27 | Estirar para recuperar o mejor evitarlo?

Recuerdo como en mi niñez, después de las clases de educación física, nos ponían sesiones de estiramiento para supuestamente disminuir el riesgo de lesión y recuperarnos mejor. Al menos eso era lo que nos decía el profe. Cuando terminábamos la hora de deporte y educación física allí estábamos todos en círculo, estirando cada músculo, sosteniéndolos durante varios segundos en posiciones verdaderamente incómodas antes de poder irnos a casa.

Con el pasar de los años, muchas de estas recomendaciones han sido refutadas por la evidencia científica. Una gran cantidad de investigaciones parecen haber demostrado que el estiramiento no te ayuda a recuperarte mejor. La clave pareciera estar en la intensidad de dichos estiramientos (sin olvidarnos de una buena alimentación densa en nutrientes, un buen descanso profundo y una correcta planificación de un entrenamiento efectivo). Así lo demostró un estudio de Apostolopoulos y sus colegas (41) en el que se compararon estiramientos de baja intensidad, con estiramientos de alta intensidad y un grupo sin estiramientos en pesistas entrenados, y así saber cómo les afectaba su recuperación después del entrenamiento.

Resulta que cuando realizaron un estiramiento de baja intensidad, mejoró la recuperación en comparación al grupo que no estiraba. Pero por lo visto esta mejoría se debe a que el estiramiento de baja intensidad modula el flujo sanguíneo, sin causar más estrés muscular, efecto que parece mitigarse si el estiramiento es de mayor intensidad.

🛒 Para llevar

Si lo disfrutas y te gusta hacerlo entonces hazlo, pero a baja intensidad para que pueda ayudarte con la recuperación y a mitigar el dolor después de tu entrenamiento. En cambio, si no lo disfrutas no pasa nada si no incluyes una sesión de estiramiento al final de tus rutinas.

28 | Proteína para ellas

La mayor parte de los estudios que se encargan de analizar cuánta proteína se debe consumir se hacen en hombres, pero, ¿esas mismas recomendaciones generales aplican para las mujeres?

A pesar de que los estudios realizados en hombres parecen dominar la evidencia científica, en cuanto al tema de la ingesta de proteínas, los que hay indican que el requerimiento proteico es bastante similar en los dos.

Esto fue justo lo que se planteó comprobar una investigación realizada por Malowany y compañía (42), en el que estudiaron los requerimientos proteicos de 8 mujeres sanas que tenían un año de experiencia entrenando con pesas. Los resultados fueron bastante similares al de los hombres. En su caso, la cantidad de proteína requerida puede ser un poco más alta debido a que los hombres tienen mayor proporción de masa corporal magra. Es decir, las mujeres tienen más grasa corporal y por eso podrían necesitar menos. Pero la diferencia parece ser mínima.

🛒 Para llevar

En el caso de una mujer, la recomendación en la ingesta de proteína estaría entre 1.5 y 1.9 gramos de kg de peso corporal al día cuando están en mantenimiento. No obstante, es importante que recuerdes que los requerimientos proteicos varían según el nivel de actividad física que realices. No vas a necesitar la misma cantidad de proteínas si te la pasas todo el día sentada que si te mueves bastante durante tu jornada diaria y además entrenas fuerzas.

29 | Mentalidad de campeón

Siempre estamos hablando de números: volumen de entrenamiento, frecuencia, intensidad, etc. Pero, ¿qué papel juega la mente en el logro de los objetivos?, ¿tiene alguna capacidad extraordinaria un medallista olímpico?, ¿alguna ventaja genética? ¿o es la forma en la que piensan, el modo en el que ven la vida, lo que les permite estar un peldaño por encima del resto? Esto es justamente lo que intentó analizar un estudio de Burns y colaboradores (43) en el que se entrevistaron a 10 medallistas de oro olímpicos, paralímpicos y del campeonato mundial para conocer qué creen ellos que ha contribuido al éxito que han tenido en sus carreras profesionales.

Entre las respuestas no se ha conseguido nada fuera de lo normal o fuera de este mundo. Lo más común fue la motivación intrínseca, la confianza en sí mismos, su actitud, autorregulación, aprovechar las oportunidades que se les presenten, rutinas diarias, fe, disciplina y conocimientos. En fin, cosas que tú y yo pudiéramos poner en práctica cada día si así quisiéramos.

Todo atleta toma decisiones basadas en sus creencias y esas creencias tienen que estar alineadas con su propósito u objetivo. Por esa razón, si tus creencias te limitan nunca podrás conseguir resultados distintos o mejores a los que has conseguido hasta ahora porque son tus creencias las que definen tus pensamientos, que a su vez determinan tus acciones y te permiten conseguir un resultado. Por ese motivo, no importa que tanto te esfuerces, si tus creencias te limitan no conseguirás los resultados que estás buscando.

Los atletas entrevistados para el estudio le atribuyen su éxito a la forma en que ven las cosas y su fortaleza mental. Tienen una forma de ver la vida muy distinta al resto. Aun así, no basta con talento o una forma de pensar distinta. Lo que hace falta es trabajo duro, esfuerzo y también un entorno que te motive. Para estar en la élite del deporte necesitas tener un círculo de personas a tu alrededor que te apoye, necesitas contar con las estrategias adecuadas para llegar allí. Hay que añadir que estos atletas medallistas son capaces de mantener el foco en el aquí y el ahora para dedicarle el tiempo necesario al trabajo duro en el presente, pero también deben ser capaces de proyectar su carrera hacia el futuro.

🛒 Para llevar

El esfuerzo físico sin duda juega un papel fundamental, pero la parte mental te tiene que acompañar en todo momento. Te lo comentaba al inicio de este libro, la mayor limitante para conseguir tus objetivos puedes ser tú mismo y también tu entorno. De allí que sea más fácil cambiar cuando tienes un círculo de amigos, familiares o compañeros que te apoya, te acompaña y te motiva. Si tu círculo no se ve o no se siente así y te limita, entonces lo que tienes es una jaula. Con esto no quiero decir que tengas que descartar a todo tu entorno para poder progresar, pero tendrás que luchar contra corriente si quieres diferenciarte del resto de las personas que te rodean. Ante esto, te recomiendo buscar apoyo en comunidades online, como la de nuestro Centro Total de Entrenamiento online en el que ya son cientos de personas con objetivos similares al tuyo que están allí apoyándose en nuestro equipo, y en el resto de los socios, para alcanzar sus metas.

Para ampliar esta información, escanea este QR y visita nuestro Centro Total de Entrenamiento Online de Full-Músculo.

30 | Primero lo primero y lo segundo va después

Hay muchos mitos que se siguen repitiendo dentro de los gimnasios que todos sabemos que son mentira. Del mismo modo hay muchas "verdades" que se dicen y no sabemos de dónde provienen, o cuáles son los datos que las respaldan. Ambos casos son igual de malos, porque ninguno tiene base en la evidencia científica. Solo que los primeros sabemos que son falsos aun cuando se siguen repitiendo y los otros decidimos creerlos, incluso cuando no sabemos cuál es la evidencia científica que hay detrás. Esto sucede, básicamente, porque somos muy perezosos como para buscar más información al respecto e investigar. Nos fiamos ciegamente dependiendo de quién nos lo diga.

Esto sucede mucho a día de hoy por el llamado efecto halo, uno de los sesgos cognitivos que más podemos observar en las redes sociales y en la vida cotidiana. Este va de hacer un juicio previo, según una característica o contexto, y a partir de eso inferimos el resto de sus características. Por ejemplo, cuando ves una persona con bata blanca o muchos títulos universitarios colgados en la pared y das por hecho que es una persona inteligente. Sin embargo, el título, o la bata, no es sinónimo de conocimiento. Además, es importante que lo sepas desde ahora: nadie tiene la verdad absoluta. Todos tenemos nuestros sesgos y a partir de ellos, compartimos lo que sabemos. Esto sucede, en parte, porque no somos capaces de ver la realidad tal y como es. Siempre estaremos limitados por nuestros sentidos y es allí, en función de lo que percibimos, desde donde hacemos las inferencias que luego comunicamos a nuestro entorno.

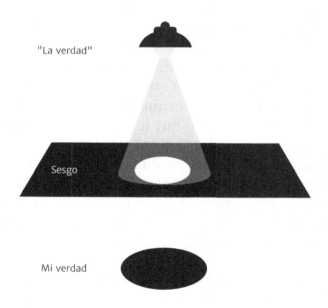

Es por eso que un mito no va a depender de quién te lo diga, ni cómo o dónde te lo diga, sino en si tiene o no evidencia científica sólida que lo respalde. Por ejemplo, ¿cuántas veces no has escuchado que debes meter primero en tu rutina los ejercicios básicos o los que trabajan más grupos musculares? Yo lo he escuchado en muchas ocasiones, incluso de profesionales del entrenamiento, y hasta ahora lo daba por verdad absoluta, aun cuando no sabía si tenía evidencia detrás. Hasta que me encontré con un estudio de Avelar y sus colegas (44), el cual buscaba justamente determinar si el orden en el que realizas ejercicio multiarticulares y analíticos (monoarticulares) en una misma sesión es importante o no en cuanto al aumento muscular.

Durante 6 semanas, un grupo hacía entrenamientos con ejercicios multiarticulares al inicio de sus rutinas y el otro grupo lo hacía con ejercicios monoarticulares. A decir verdad, los resultados no muestran un claro ganador. Al parecer no hay mayor beneficio en cuanto al aumento muscular si incluyes los multiarticulares al inicio o si los dejas para el final de tu entrenamiento. No obstante, debes tener en cuenta que hacer ejercicios monoarticulares al principio de la rutina sí que podría comprometer la cantidad de series que puedes meter luego en tus ejercicios compuestos. Aunque esto podrías contrarrestarlo aligerando la carga que uses y añadiendo una serie adicional.

🛒 Para llevar

La diferencia en cuanto a aumento muscular no parece ser significativa. Sin embargo, meter los multiarticulares al inicio podría ser más seguro si quieres garantizar esas ganancias máximas de hipertrofia. Aunque una vez más, como siempre debe primar la adherencia. Si te gusta y prefieres meter primero ejercicios analíticos, puedes hacerlo. Ahora, te recomiendo que no siempre lo hagas. Pero sí que podrías hacerlo sin preocuparte de no estar maximizando esas ganancias musculares.

Para ampliar esta información, escanea este QR y visita la sección de ejercicios de la web de FullMúsculo donde podrás escoger los mejores ejercicios para cada músculo y así armar tu rutina.

31 | ¿Pesas o cardio para quemar más calorías?

Cuando entras a un gimnasio, es usual ver más máquinas de cardio ocupadas que las de la sala de musculación. En su mayor parte las primeras suelen estar ocupadas por personas que quieren perder peso, en búsqueda de quemar más "calorías". Pero déjame decirte que, si tu objetivo es el de perder grasa corporal, hacer cardio no es el único modo de lograrlo. De hecho, pudiera ser el menos óptimo.

Podría parecer paradójico que te esté diciendo que el cardio no es lo mejor que puedes hacer para conseguir tu objetivo de perder grasa corporal y quemar calorías ¿cierto? Pero qué opinas si te digo que puedes invertir todo ese tiempo que le dedicas al ejercicio cardiovascular, en el entrenamiento de fuerza y de esa forma quemar calorías. Seguro te preguntarás qué tan efectivo podría ser y cuánto quemarías al entrenar con pesas. Pues básicamente va a depender de tu entrenamiento: la cantidad de series que hagas, la frecuencia, la intensidad, etc.

Pero hoy estás de suerte, porque eso fue justamente lo que buscó identificar un estudio de Lytle y compañía en 2019 (45). Los investigadores quisieron determinar cuántas calorías se queman en un entrenamiento de pesas con las siguientes características: una rutina de entrenamiento de cuerpo completo que constaba de 7 ejercicios con 2 a 3 series, en un rango de 8 a 12 repeticiones con un 70 % de 1RM (Intensidad). En este caso, estaríamos hablando de un RPE7 con 8 repeticiones o un RPE10 con 11 repeticiones. Es decir, cerca del fallo muscular. En esas condiciones, la cantidad de calorías quemadas iban desde unas 75 hasta las 300 calorías por entrenamiento.

Para que tengas una idea: haciendo cardio en una bicicleta estacionaria podrías quemar entre unas 200-300 calorías en media hora de ejercicio, de acuerdo a la Harvard Medical School. En principio podría parecer que la opción de la bici es más efectiva, pero no es así. Tu cuerpo gasta calorías incluso estando sentado, como seguramente estarás ahora mismo leyendo esto, y ese efecto se potencia con los entrenamientos de pesas.

Así que podrías pensar que durante esa media hora de cardio vas a quemar más calorías que si invirtieras ese mismo tiempo en un entrenamiento de fuerza, pero la evidencia científica dice otra cosa. Un estudio de Greer y colaboradores (46) encontró que el entrenamiento de resistencia aumentaba la cantidad de calorías gastadas después del ejercicio (EPOC) en una mayor medida que el trabajo aeróbico estacionario, lo que indica que el entrenamiento de fuerza puede ser más eficaz para aumentar el gasto energético diario total que el ejercicio aeróbico.

🛒 Para llevar

Por lo tanto, si tu objetivo es perder grasa, tu foco debería estar en las pesas y no en las máquinas de cardio. Además, debes tener en cuenta que el gasto energético durante y después de tu entrenamiento va a depender de la cantidad de trabajo total que hayas realizado. Ahora, esto no quiere decir que no puedas hacer cardio. Puedes incluir sesiones de cardio o de HIIT, preferiblemente después de tus entrenamientos de fuerza del tren superior o en sesiones distintas.

Para ampliar esta información, escanea este QR y lee el artículo de la web de FullMúsculo "¿Cardio antes o después de las pesas?", en el que Moreno Arena, entrenador personal, habla sobre el tema.

32 | El mejor suplemento para ganar músculo

He sido de los que pensaba que para ganar masa muscular solo hacía falta comer más, entrenar más fuerte y meter algún suplemento. ¡Qué equivocado estaba! Anteriormente ya te he comentado qué es lo que hace falta en realidad para aumentar masa muscular (scoop #24). Sin embargo, poco se toma en cuenta la importancia del descanso en toda esta fórmula para ganar músculo. El problema es que siempre te verás lastrado por aquello que tengas más olvidado. En otras palabras, aquello a lo que menos le prestas atención es lo que seguramente está evitando que progreses y la mayoría de las veces suele ser el descanso.

Entonces, debes comprender dos cosas. Lo primero, es que con tus hábitos cotidianos puedes mejorar o empeorar tu descanso, y un mal descanso puede afectar tu progreso y tus ganancias musculares. Lo segundo, es que debes ser capaz de reconocer cuáles son esos hábitos que están empeorando tu descanso. Uno que seguramente ya conozcas, o del que ya has oído hablar, es la luz azul. Esa luz artificial que emiten las pantallas de los dispositivos electrónicos como los teléfonos móviles, los televisores, computadores, tablets, etc.

Para que te hagas una idea de por qué razón estar expuestos a esta luz artificial nos afecta, te pongo en perspectiva. Si pudiéramos resumir nuestro tiempo de vida como especie en el planeta tierra en un plazo de 24 horas, estaríamos hablando que nuestra vida moderna (bajo las luces artificiales y la luz azul) estaría representada solo por unos 6 minutos. Lo que significa que tu organismo ha evolucionado expuesto a la luz del sol, la luna y las estrellas (también del fuego en un período más reciente). Pero no lo ha hecho bajo las luces artificiales, ni las pantallas de dispositivos electrónicos. No hemos tenido suficiente tiempo para que nuestro cuerpo se adapte a todas esas fuentes de luz que han aparecido los últimos años, durante esos 6 minutos de vida moderna, y esa exposición continua a la luz azul durante todo el día es probablemente uno de los mayores riesgos que tenemos para nuestra salud. Porque si bien antes estábamos expuestos al sol, que también es fuente de luz azul, estaba limitado por el tiempo que hay desde que amanece hasta que anochece. En cambio, a día de hoy, estamos siendo iluminados por fuentes artificiales durante todo el día (y la noche).

Nuestro cuerpo usa esa luz para regular sus ritmos, en este caso el del sueño. La melatonina que secretamos de forma endógena, quien se encarga de regular nuestro ciclo de sueño y vigilia, se ve afectada por la exposición constante a la luz azul y va generando una disrupción en nuestros ritmos circadianos y, como consecuencia, en la arquitectura de nuestro descanso. El tipo de luz que menos suprime la secreción de la melatonina es la luz de una vela, seguida por la bombilla incandescente de toda la vida.

Un estudio de Jabekk y compañía del 2020 (47), demostró cómo con solo educar a los participantes en cuánto a la salud del descanso para mejorar el patrón del sueño, podrían aumentar sus ganancias musculares en un 30 % y perder casi el doble de grasa. Esto durante las 10 semanas que duraba la intervención. Algo que ningún suplemento del mercado te podrá ofrecer nunca jamás, y sin coste alguno.

🛒 Para llevar

Debes tomar conciencia sobre la exposición a este tipo de luz azul cuando no proviene de su fuente natural, el sol. Pero no únicamente porque nuestras ganancias musculares se pueden ver reducidas, o nuestro progreso en pérdida de grasa corporal se pueda ver perjudicado, sino porque directamente afecta nuestra salud.

En mi caso, uso aplicaciones como f.lux (gratuita), tanto en el ordenador como en el móvil, para modificar la luz que emiten las pantallas. Eso lo suelo acompañar con una luz más cálida por las noches (con bombillas led regulables) y exposición a la luz solar durante el día.

Para finalizar este scoop, me gustaría que te lleves algunas recomendaciones basadas en evidencia científica para mejorar tu descanso nocturno:

- Ponte horarios para despertarte y para irte a la cama. Incluso durante los fines de semana.

- Evita las luces intensas, tanto de bombillas como de pantallas, desde las 10:00 P.M. hasta las 4:00 A.M.

- Duerme en total oscuridad, sin ruidos ni música y con buena temperatura.

- Evita los dispositivos electrónicos al menos una hora antes de irte a dormir.

- Haz tu última comida al menos 2 y 3 horas antes de irte a la cama.

- Evita la cafeína o cualquier otro estimulante a partir de las 3 de la tarde.

- Intenta aumentar tu exposición solar durante el día.

- Exponte al menos a 10-30 minutos al sol durante el amanecer o durante las primeras horas que estés despierto, y también en horas del atardecer.

- Usa una agenda para dejar por escrito tus preocupaciones antes de acostarte a dormir.

- Medita al menos 10 minutos cada día o haz sesiones de tipo NSDR o de yoga nidra para antes de dormir.

Para ampliar esta información, escanea este QR y escucha el episodio 119 del Podcast de FullMúsculo "El peligro de la luz azul y la importancia de la exposición solar", en el que junto a la nutricionista, María del Mar Molina, conversamos sobre el tema.

33 | La tortuga contra la liebre

La mayoría quiere llegar a su objetivo lo más pronto posible, pero por ejemplo, cuando hablamos de pérdida de peso ya sabemos que querer alcanzar el objetivo muy rápido nos puede llevar a perder más músculo que grasa. Esto hace que el proceso sea menos efectivo a corto plazo y poco sostenible a la larga.

Con un objetivo de aumento muscular pareciera ocurrir algo similar. Si bien un superávit energético mayor pudiera llevarnos a ganar más masa muscular en comparación con un superávit menor, también podría llevarnos a acumular mucha grasa corporal. Grasa que después vas a tener que perder, y seguramente te llevará más tiempo conseguir una buena definición muscular. Esto es como la carrera entre la tortuga y la liebre, donde es la tortuga, con su paso lento pero firme, quien termina por ganar la carrera.

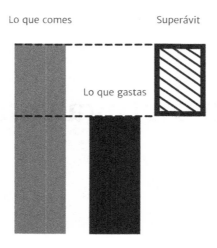

Un estudio de Ribeiro y colaboradores (48) se planteó comprobar, con 11 hombres culturistas, los efectos de distintas ingestas energéticas en combinación con un entrenamiento de fuerza sobre la composición corporal, es decir, grasa y músculo. Los participantes se dividieron en dos grupos, unos que consumían más y otros que consumían menos, pero ambos en superávit energético con el objetivo de ganar músculo. El resultado fue que ambos terminaron ganando masa muscular de manera significativa. Pero fue el grupo que llevaba un superávit mayor quien terminó ganando más grasa corporal. Aunque, debemos resaltar que fue este mismo grupo el que ganó más masa muscular, obteniendo el doble que el grupo que tuvo menor ingesta. Estaban ganando músculo y grasa en una proporción de 4 a 3, es decir por cada 4 partes de masa muscular ganada estaban aumentando 3 partes de grasa. Es como si te gustara la torta de chocolate, pero odiaras la vainilla, y cada vez que vas a comprar torta de chocolate tengas que llevarte 3 trozos de vainilla por cada 4 de chocolate que quieras comprar. Los trozos de vainilla, que no te vas a comer porque no te gustan, tendrás que botarlos en algún momento. Lo mismo pasa con toda esa grasa que acumulas, tendrás que eliminarla. Mientras mayor sea ese porcentaje graso, más tiempo vas a tener que pasar luego en una etapa para definir.

¿Qué hay de la fuerza? Pues resulta que en cuanto a la ganancia de fuerza no hubo diferencias en ambos grupos.

🛒 Para llevar

Puede que una estrategia con un superávit mayor pudiera ser interesante, sobre todo en casos de personas principiantes muy delgadas que se pueden permitir acumular más grasa de la deseada. Sin embargo, en el caso de un atleta sería óptimo usar un superávit moderado que le evite tener que pasar muchas veces por una dieta de definición para eliminar el exceso de grasa que ha estado acumulando.

34 | El descanso óptimo entre series

Donde sea que entrenes verás dos tipos de personas: aquellos quienes van de una serie a otra sin prácticamente nada de descanso o quienes se pasan en el móvil tanto tiempo entre series, que luego se olvidan qué ejercicio estaban haciendo o cuántas series habían realizado. En el pasado, era bastante común ver recomendaciones de 30 segundos a máximo un minuto y medio de descanso entre series. Tiempo muy justito para a penas tomar un respiro. Recuerdo perfectamente, durante mis inicios en el entrenamiento de fuerza, que mi entrenador en cuanto me veía medio distraído hablando con alguien gritaba desde el otro lado del gym y me mandaba de regreso a la máquina o a las pesas para la próxima serie. "Menos cháchara y más entrenamiento" me decía.

A día de hoy, las recomendaciones son distintas. Se habla de descansos mucho más largos, incluso por encima de los 2 minutos. Especialmente cuando quieres maximizar tus resultados en cuanto a fuerza y aumento muscular. Ahora, yo me pregunto: ¿hasta qué punto más descanso podría ser mejor? ¿será que esas personas que se pasan un montón de tiempo viendo el móvil entre series están obteniendo mejores resultados que el resto?

Un estudio de Hernández y colaboradores del año 2020 (49), quiso comparar el resultado de entrenar 4 series hasta el fallo muscular en press de banca con distintos períodos de descanso entre cada serie. Los períodos variables de descanso fueron de 2, 5 y 8 minutos entre series. El resultado podría parecer obvio: mientras más descanses, más repeticiones vas a hacer. Con descansos de 8 minutos se obtenían más repeticiones que con 5 y que con 2 minutos. Lo que significaba un mayor volumen de entrenamiento, es decir, más series efectivas para cada grupo muscular. Lo que me lleva a pensar, y seguramente a ti también, que mientras mayor sea el descanso, más repeticiones vas a meter y más volumen de entrenamiento vas a poder realizar. Esto se traduciría en un mayor aumento muscular debido a que, como hemos visto antes, a mayor volumen mejores ganancias, ¿no? Pues no. Porque lo óptimo no siempre será lo mejor. Solo calcula cuánto tiempo te tomaría entrenar si hicieras descansos de 8 minutos. Una eternidad. Y si tenemos en cuenta que la base de todo entrenamiento es la adherencia, entonces te puedo asegurar que no estarás mucho tiempo entrenando con descansos tan largos porque te quitaría demasiado tiempo de tu día.

🛒 Para llevar

Los descansos más largos te van a permitir meter más repeticiones en tu entrenamiento y como consecuencia, tendrás un mayor volumen de entrenamiento. Esa ha sido la idea que hasta ahora se tenía de los descansos entre series. Pero, por el momento, el descanso más largo que se ha puesto a prueba es de 8 minutos. No obstante, y a pesar de que la evidencia científica se inclina por descansos más largos para mejores resultados, más no siempre es mejor. En este caso por un tema de tiempo y practicidad.

La mayoría de nosotros, me incluyo, no tiene todo el día para entrenar. Si el entrenamiento te va a tomar toda o gran parte de tu jornada laboral, creo que no irías ni un día por semana. Por lo tanto, lo que es óptimo en el papel, no siempre es lo mejor para la práctica.

Si tienes cierta flexibilidad en tu día, podrías moverte en un rango de entre 2 y 5 minutos de descanso entre series. Pero si vas corto de tiempo podrías bajar incluso a 1 minuto o minuto y medio. Ten en cuenta que es mejor recortar los descansos y meter más series cuando haga falta, que no ir a entrenar porque estás falto de tiempo.

35 | ¿Te aburres entre series?

Si estás aplicando mis recomendaciones en cuanto al descanso entre series, y habías estado acostumbrado a descansar muy poco, puede que ahora te estés aburriendo con tanto tiempo libre entre cada serie. Esto también me sucedió a mí cuando pasé de descansar escasos 30 segundos a descansar entre 2 y 5 minutos porque, a menos que estés haciendo uso de técnicas avanzadas todo el rato (que tampoco es lo más recomendable), es mayor el tiempo que vas a pasar descansando que el que pasarás entrenando.

En mi caso, lo que hago es caminar durante mis descansos entre series para sumar pasos a mi día. De este modo intento compensar parte del tiempo que paso sentado en mi trabajo frente al computador. Pero veamos qué dice la ciencia para saber qué sería lo óptimo y qué podría ser lo mejor para ti.

Un estudio de Latella y compañía (50) se planteó averiguar qué hacer con todo ese tiempo libre que pasamos descansando para mejorar tu sesión de entrenamiento. Seguramente ya se te habrá pasado por la cabeza hacer estiramientos y ese tipo de cosas, porque es lo que estamos acostumbrados a ver que hacen otros. Terminan la serie y se ponen a estirar un poco. Pero ya sabemos que el estiramiento en combinación con el entrenamiento de fuerza no tiene la mejor reputación. Aun así, los estiramientos antagonistas parecieran ayudar a mantener un mejor rendimiento en las series siguientes. Un buen ejemplo sería el de estirar isquios si estás haciendo extensiones de cuádriceps. La otra opción, que parece funcionar muy bien, es simplemente sentarse a descansar. Pero aquí debes tener en cuenta que el tiempo es relativo. Es decir, dependiendo de lo que hagas durante ese tiempo sentado mientras descansas puede cambiar tu percepción del tiempo que has usado para recuperarte entre series. Usar el móvil, por ejemplo, podría hacerte sentir que estás descansando muy poco. Mi recomendación es que te enfoques en el tiempo de descanso, sin distracciones que puedan hacerte sentir que el tiempo que has pasado sentado descansando ha pasado demasiado rápido.

🛒 Para llevar

Sentarte y descansar es sin duda la mejor opción, especialmente cuando estás haciendo ejercicios compuestos para tren inferior y terminas realmente agotado de cada serie. Sin embargo, la que para mí es la mejor opción sería la de moverte y caminar mientras descansas. Esa es una buena estrategia, sobre todo cuando la serie no ha sido tan exigente.

Muchas veces nos quejamos de no tener suficiente tiempo para caminar o para movernos a lo largo de nuestro día, cuando el tiempo que descansamos en el gym es tiempo muerto que pudiéramos utilizar para sumar pasos al día. Ten en cuenta que por cada 30 segundos aproximadamente que puede durar una serie descansas de 2 a 4 minutos. Trata de invertirlos en movimiento en vez de pasarlos deslizando en redes sociales.

36 | Sé específico, pero no tanto

Antes solía pensar que los futbolistas solo practicaban fútbol y que los beisbolistas solo jugaban béisbol. Pero no es así. Al menos no todo el tiempo. Los futbolistas además de jugar al fútbol también dedican tiempo al trabajo en la sala de musculación en el gimnasio, al igual que los beisbolistas y demás deportistas, pero cada uno de ellos lo hace de forma distinta.

Por ejemplo, el entrenamiento de fuerza de Michael Jordan fue diferente cuando jugaba para los Bulls, al que tuvo en su paso por el béisbol. De hecho, a Michael se le hizo cuesta arriba volver al básquetbol después de su paso fugaz por el béisbol justamente por eso, porque tuvo que re-adaptarse a pesar de haber practicado el básquet prácticamente toda su vida. Pero, ¿por qué para Michael sería distinto esa segunda vez en el básquet si él ya lo había practicado antes? Aquí es donde entra el llamado principio de especificidad, el cual nos dice que debemos entrenar cualidades físicas concretas que necesitamos según el objetivo que tengamos o el deporte que practiquemos. Es decir, hacer que los entrenamientos se parezcan en algunos aspectos a la competición.

Seguramente te estarás preguntando: ¿realmente importa tanto ese principio o simplemente le estamos dando más relevancia de la que merece?, ¿podría haber vuelto Michael Jordan a las canchas sin haber pasado por un proceso de readaptación después de haber dejado el béisbol?

Un estudio de Suárez y sus colegas realizado en 2019 (51) durante 7 meses con 9 levantadores de pesas universitarios competitivos se planteó justamente verificar que las adaptaciones tendían a ser específicas al bloque de entrenamiento. Dicho de otra manera, si entrenaban fuerza, mejoraban fuerza y si entrenaban para hipertrofia, entonces aumentaban masa muscular. Lo que demuestra la importancia del principio. Ahora, qué sucedía con la fuerza cuando entrenaban con alto volumen y qué pasaba con el tamaño de los músculos cuando entrenaban fuerza. Resulta, que perdían fuerza durante el bloque de entrenamiento de alto volumen y perdían tamaño muscular durante los bloques centrados en aumentar la fuerza. Eso no quiere decir que no puedas entrenar para aumentar masa muscular cuando tu objetivo es ganar fuerza, por ejemplo. Por razones mecánicas y prácticas tendría sentido incluir un trabajo no específico a tu entrenamiento. Lo importante es saber priorizar nuestras rutinas, e intentar mantener cierta apariencia de especificidad durante esas fases de volumen si tu objetivo es la fuerza.

🛒 Para llevar

Quédate con la idea de que, si quieres aumentar masa muscular debes entrenar para hipertrofia. Así como si quisieras ser futbolista, tendrías que practicar al fútbol. Pero eso no quiere decir que no puedas incluir alguna otra práctica deportiva que te permita mejorar otras habilidades que puedan ser totalmente transferibles al deporte o entrenamiento que tengas específico para tu objetivo.

37 | El alcohol te está lastrando

Para alguien fanático del vino o la cerveza y del entrenamiento, probablemente la idea de tener que elegir entre sus ganancias musculares y el alcohol sea un gran problema. En mi caso no lo es, porque prefiero decidir por mi salud. Total, como dice mi amigo Jonatan Pérez, entrenador personal: "Los muertos no hipertrofian". Si no tienes salud, poco te va a importar si tus bíceps están más grandes hoy que la semana pasada. Cuando tienes salud, puedes tener muchos sueños y objetivos. En cambio, cuando la enfermedad toca a tu puerta solo tienes un objetivo en mente: recuperar la salud. Entonces, la pregunta aquí sería si debemos elegir entre uno y el otro. Si podemos tener ganancias musculares pudiendo disfrutar del alcohol de forma ocasional o debemos elegir y quedarnos solo con uno, el aumento muscular o el alcohol.

Eso es justamente lo que se ha decidido a comprobar Lakićević y sus colaboradores con su estudio (52), porque en el pasado ya se han realizado investigaciones que no han conseguido efectos significativos del consumo excesivo de alcohol en la recuperación muscular. Los estudios que sí muestran que el alcohol podría afectar la recuperación suelen hacerse en hombres, con entrenamientos duros y extenuantes, con dosis relativamente altas de alcohol. Aun así, hay que tener en cuenta que independientemente que te pueda preocupar la recuperación a corto plazo, abusar del alcohol tiene efectos adversos para tu salud. Según la CDC, que son los Centros para el Control y la Prevención de las Enfermedades, dice que los riesgos a largo plazo del consumo de alcohol son: alta presión arterial, enfermedad cardiaca, accidentes cerebrovasculares, enfermedad del hígado y problemas digestivos. Cáncer de mama, boca, garganta, laringe, esófago, hígado, colon y recto. Problemas de aprendizaje y memoria, como demencia y bajo rendimiento escolar. Un sin fín de enfermedades que no quisieras padecer. Pero eso no es todo, a nivel muscular afecta la síntesis de proteínas, esos bloques de construcción muscular necesarios para las ganancias musculares. Impacta negativamente en la calidad del sueño, ya que afecta nuestro rendimiento y nuestras decisiones de cara a la alimentación. Asimismo, tiene efectos desfavorables sobre algunas hormonas, como el cortisol y la testosterona, entre otras consecuencias graves en la salud.

Si tu prioridad por encima de cualquier otro objetivo físico o estético es la salud, entonces el alcohol es un mal camino a elegir. Este no es más que una droga, una droga social que hemos normalizado durante muchísimo tiempo a pesar de que sabemos todos los riesgos que tiene para la salud.

🛒 Para llevar

Si tu prioridad es la salud, la respuesta es bastante clara. Busca la forma de abandonar el alcohol y limita su ingesta solo para ocasiones especiales, teniendo siempre presente de que no tiene ningún beneficio y todo son efectos adversos. Si quieres mantener tu hábito de beber de forma regular, entonces ten en cuenta que, en dosis bajas de alcohol, menores a 0.5 g por kg de tu masa corporal, no pareciera afectar tu recuperación del entrenamiento. Sin embargo, dosis más altas sí que podrían tener efectos negativos en tu recuperación muscular. En fin, si te gusta y lo disfrutas en buena compañía, aprende a disfrutar del alcohol de buena calidad y con moderación.

38 | ¿Qué vino primero, la fuerza o el aumento muscular?

Esta es como la pregunta del huevo y la gallina. ¿Quién vino primero, la fuerza o la hipertrofia?, ¿necesitamos hacernos más fuertes primero para luego ganar masa muscular?, ¿o tendríamos que ganar músculo para luego tener más fuerza? Este es un debate que no es nuevo y tiene años sobre la mesa.

Desde mis inicios en el gym, por allá en 2002, se repetía constantemente la frase: "Para crecer hay que levantar pesado", pero, ¿qué tan cierto es esto? En un estudio de Carvalho y compañía (53) se demostró que era mejor hacer un mesociclo de fuerza antes de hacer uno de hipertrofia, ya que de esta forma se obtuvieron mejores resultados que al hacer únicamente un bloque de entrenamiento enfocado en el aumento muscular. En otras palabras, al final de un período de 8 semanas, quienes hacían primero 3 semanas de fuerza y luego hipertrofia, ganaban más masa muscular que quieres dedicaban sus 8 semanas solo a aumento muscular. Sin embargo, curiosamente durante esa primera fase de fuerza para el primer grupo, no hubo mayores ganancias a nivel muscular. Pero al finalizar el período total del estudio eran superiores las ganancias musculares en el protocolo que incluía el bloque de fuerza de 3 semanas.

🛒 Para llevar

Si tu objetivo es aumentar masa muscular pareciera obvio que tu entrenamiento debería estar plenamente orientado a ese objetivo. Ahora, pasar un periodo de tiempo entrenando con menos volumen para luego pasar a un bloque de hipertrofia podría tener mejores resultados que simplemente hacer un mesociclo destinado al aumento de masa muscular.

39 | Dale hasta abajo

Las sentadillas, o squats, son probablemente el ejercicio más popular, junto con el press banca, dentro de los gimnasios. El problema es que rara vez vas a ver a alguien haciendo una sentadilla correctamente y mucho menos vas a ver personas haciendo sentadillas profundas. Con una movilidad normal del tobillo ya es bastante difícil hacerlas bien hasta un ángulo de 90 grados. Así que mejor ni pensar en bajar hasta los 140 grados.

Pero, ¿es necesario hacer una sentadilla profunda o vale quedarse con una media sentadilla? Un estudio de Kubo y colaboradores en 2019 (54) se propuso comparar los efectos de ambos tipos de sentadilla en el volumen muscular de los cuádriceps, isquios, glúteo máximo y los aductores de cadera. Para ello, llevaron a cabo un experimento con 17 sujetos desentrenados que fueron divididos al azar para entrenar en dos grupos: unos con sentadillas completa y otros con media sentadilla. Durante 10 semanas estuvieron haciendo squats 2 veces por semana y realizaban 3 series en cada sesión al 80-90 % de su 1RM. La carga de entrenamiento se aumentó en 5 kg una vez que los sujetos pudieron realizar 3 series de 8 repeticiones. A raíz de esto, los investigadores encontraron que quienes hicieron los squats profundos, hasta los 140 grados, lograron obtener más masa muscular en glúteos y aductores, en comparación con el otro grupo. En cuanto a los isquiosurales, ningún grupo vio cambios significativos.

Esto confirma dos cosas. La primera, que los aductores se ven bastante involucrados en las sentadillas. Y segundo, que los squats no son el mejor ejercicio para aumentar masa muscular en los isquios. Vendría mejor hacer unos curl de femoral para trabajarlos de forma aislada si ese fuese tu objetivo.

🛒 Para llevar

Si tu objetivo es el aumento muscular en piernas y glúteos, probablemente te conviene ir hasta abajo en tus squats para maximizar las ganancias. En el caso de querer aumentar masa muscular en los isquios, lo mejor es que no te fíes de los squats. Es mejor que elijas movimientos que se enfoquen en extensión de cadera y flexión de rodilla, como el peso muerto romano y el curl de bíceps femoral.

Para ampliar esta información, escanea este QR y lee el artículo de la web de FullMúsculo "¿Cómo realizar Squats (sentadillas) de la manera correcta?".

40 | Comer procesados te hace comer más procesados

Siempre hay alguien en tu círculo de amigos o en la familia que prefiere las cosas dulces y se define a sí mismo como "dulcero". Pero déjame decirte que si esa persona "dulcera" no puede dejar de comerlos, entonces tiene un problema. Eso, por un lado. Por el otro, ponerse una etiqueta hace más difícil que cambies o dejes este comportamiento. Sencillamente porque así te has definido y no puedes perder ese rasgo o esa característica que forma parte de quien eres o de cómo te muestras de cara a las demás personas. Por eso es tan difícil cambiar.

Peor aún, cuando pierdes la libertad de decidir si hacerlo o no, tienes una adicción. El problema es que esta adicción se retroalimenta con cada dulce que comemos. Mientras más dulces comas, más vas a querer. Es como la pescadilla que se muerde la cola. Ahora, ¿es esto realmente un problema para una persona que quiere perder peso?

En el mundo de la salud y de la nutrición se suele pensar que mientras el aporte energético y de nutrientes coincidan con los requerimientos diarios de acuerdo a un objetivo, poco importan los procesados (aquí entrarían todos los dulces y la bollería). Pero entonces ¿qué impacto pueden llegar a tener esos alimentos procesados en nuestra alimentación, en la elección de alimentos y en la ingesta energética total? Eso es justo lo que ha decidido comprobar Hall y compañía (55) en un estudio con un grupo de 20 adultos a los cuales se les presentaron dos tipos de dieta: una sin procesados y otra que consistía en alimentos procesados. Ambas estaban igualadas en aporte energético, nutrientes, azúcar, grasa y fibra. Durante 2 semanas cada participante podía comer tanto como quisiera. Ahora, ¿qué crees que ocurrió? Pues que, como tu amiga la "dulcera", mientras más procesados comían, más procesados querían. Comían aproximadamente 500 calorías más durante la dieta procesada que cuando hacían la dieta con alimentos sin procesar, lo que trajo como consecuencias un aumento de peso y de grasa corporal. En cambio, cuando hacían la dieta sin procesados, perdían peso y grasa corporal.

Seguramente en este momento te estarás preguntando por qué comemos en exceso los alimentos procesados. Principalmente, porque se comen más rápido, son más palatables (sentimos más placer al comerlos), suprimen menos el apetito, dan menos saciedad y necesitas comer mucho más para lograr un aporte similar de proteínas, en comparación con alimentos no procesados. Además, es más "barato" comer mal y llevar una alimentación rica en procesados, que basar la alimentación en comida real. Y lo pongo entre comillas porque, como dice el dicho, al final lo barato sale caro.

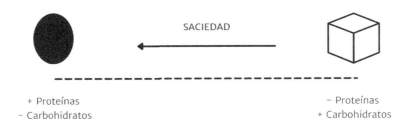

+ Proteínas
– Carbohidratos

– Proteínas
+ Carbohidratos

De acuerdo con un estudio realizado por Kumar y sus colegas en los Estados Unidos (56), el costo promedio total de atención médica directa para pacientes con enfermedad cardiovascular es de $18,953 por paciente al año. Y esto es tan solo el costo que te podría suponer una de las enfermedades relacionadas con el consumo de ultraprocesados. Ahora, tú me dirás si comer de forma saludable es caro o es barato.

🛒 Para llevar

Si quieres llevar una alimentación que te ayude a mejorar tu composición corporal y tu salud, debes elegir alimentos que sean más densos a nivel nutricional. Esto tiene como consecuencia una mayor saciedad, un mayor aporte nutricional por calorías y menor densidad energética. Así que ya puedes ir diciéndole a tu amiga "la dulcera", que ese ciclo vicioso solo lo puede romper cambiando su alimentación, tomando mejores decisiones y quitándose la etiqueta.

41 | Compensando el sedentarismo

Ya éramos bastante sedentarios y parió la abuela, así es el refrán, ¿no? Todos los días pasamos de la cama al comedor, del comedor al auto, del auto a la oficina y de vuelta. Eso en un día normal en el que toca salir de casa para ir a trabajar. Si tienes que quedarte en casa porque trabajas en remoto o lo que sea, sería aún peor.

Para que te hagas una idea, un día que no salgo a caminar, que no salgo a hacer ejercicio y me quedo en casa trabajando, me muevo un máximo de 1,000 pasos. Como mucho. Cuando lo recomendable es hacer un promedio de 10,000 pasos al día, teniendo en cuenta que un adulto joven saludable puede dar entre 4,000 y 18,000 pasos al día (57) y que moverse menos de 5,000 te pone en peligro de padecer hasta 35 enfermedades graves, al ser sedentario. Pero aquí no hablaré de los riesgos del sedentarismo, sus graves consecuencias y las estrategias para evitarlo. Si quieres saber más del tema, al final de este scoop te dejaré un episodio del podcast para que puedas ampliar la información. Aquí quiero hablarte sobre cómo podríamos "compensar" el sedentarismo con entrenamiento diario. Y te lo pongo entre comillas, porque la verdad no me gusta esa palabra. No creo que algo para lo que esté hecho nuestro cuerpo, como es el moverse, se pueda compensar.

Nuestro cuerpo está lleno de bisagras que están hechas para moverse, de allí a que se oxiden, o mejor dicho, que se atrofian cuando no las usamos. Afortunadamente, los ratos de actividad física pueden contrarrestar algunos de los efectos negativos de estar sentado tanto tiempo. Y digo que pasamos sentados mucho tiempo porque así lo comprobó un metaanálisis realizado por Ekelund y colegas (58), en el que se determinó que el tiempo medio que pasamos sentados va desde unas 8 horas y media, hasta las 10 horas y media. Esto sin contar las horas que duermes, durante las cuales tampoco te mueves. Dicho de otro modo, estamos pasando en promedio entre 16 y 18 horas, de las 24 que tiene el día, sin movernos. Eso si calculamos que estamos durmiendo unas 8 horas diarias en promedio. De esas horas restantes solo nos movemos, de forma moderada a vigorosa, entre 8 y 35 minutos.

A mí esto me parece sumamente alarmante. No sé si tú piensas lo mismo o no. Según el metaanálisis, quienes tenían mayor actividad física de moderada a vigorosa disminuían esa asociación entre el tiempo sentados y el riesgo de muerte, pero lo interesante es que no la eliminan por completo. Esto sugiere que aumentar nuestra actividad física podría compensar parte de ese riesgo que se asocia al sedentarismo. Por otro lado, quienes pasaban menos tiempo al día haciendo actividades entre moderadas y vigorosas, aumentaban su riesgo de muerte independientemente de la cantidad de tiempo que pasaban sentados.

🛒 Para llevar

Quédate con que, mientras más tiempo pasas sentado, mayor es tu riesgo de muerte. Sin embargo, ese riesgo podría compensarse, al menos de forma parcial, con 30 o 40 minutos de actividad física moderada a vigorosa por día.

Para ampliar esta información, escanea este QR y escucha el episodio 72 del Podcast de FullMúsculo "El peligro del sedentarismo y cómo combatirlo", en el que junto a José Carlos Ramos, dietista y nutricionista, conversamos sobre el tema.

42 | Un mal descanso tiene consecuencias

El título dice poco, lo sé, pero si has llegado hasta aquí en la lectura seguramente ya sabrás que el descanso juega un papel muy importante en nuestra salud en general.

Estudios recientes nos han demostrado que tanto la duración como la calidad del sueño afecta el rendimiento de nuestros entrenamientos y también la composición corporal. Siempre lo he dicho, y lo repito: no puedes entrenar de 10 si no descansas 10. Lo mismo sucede con la alimentación, si no te nutres bien tu rendimiento se verá afectado. Es como la pescadilla que se muerde la cola, donde todo es causa y consecuencia al mismo tiempo.

Descansar mal afecta no solo tu rendimiento en el entrenamiento y la forma en la que te alimentas, sino tu salud en general.

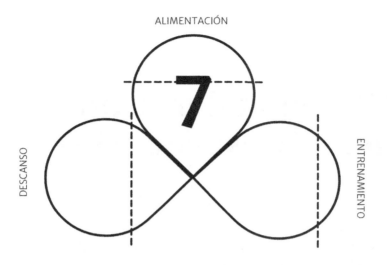

También tenemos información que demuestra que no dormir lo suficiente resulta en una pérdida mayor de masa muscular en períodos de restricción energética. Periodos en los cuales deberíamos proteger al máximo nuestra masa muscular. Es tu bien más preciado.

Sin embargo, en esta oportunidad me gustaría que viéramos el efecto que tiene el mal descanso en la síntesis de proteína a nivel muscular, porque si queremos aumentar masa muscular la proteína cumple un rol fundamental al ser los bloques de construcción de nuestros músculos.

Para comprobar justamente eso, Saner y compañía realizaron un estudio (59) en el que compararon el efecto de 3 intervenciones distintas del sueño en la síntesis de proteína de 24 jóvenes sanos, los cuales fueron divididos en 3 grupos: un grupo con restricción de sueño, otro grupo durmiendo normal y un último grupo con restricción y la adición de entrenamiento de alta intensidad por intervalo. A los dos grupos que les fue restringido el descanso se les limitó a dormir solo 4 horas cada noche, mientras que al grupo con descanso normal se le permitió dormir las 8 horas completas. El resultado fue que tanto el grupo con su descanso completo, como el grupo con el descanso restringido, pero con la adición del entrenamiento, experimentaron una síntesis de proteína similar.

Esto, lo que nos demuestra es que el entrenamiento de alta intensidad podría servir para contrarrestar, en cierto modo, los efectos negativos de la restricción del descanso a corto plazo en cuanto a la síntesis de proteínas. Lamentablemente, en el estudio no hubo un grupo que durmiera sus 8 horas y también entrenara. Seguramente hubiese obtenido un mejor resultado que el grupo que tenía la restricción de sueño con el entrenamiento adicionado.

Para llevar

Quédate con el hecho de que descansar bien y hacer ejercicio te traerá los mejores resultados. Pero, en caso de que hayas tenido una mala noche o un descanso incompleto, podrías beneficiarte de esa adición del entrenamiento para que tu síntesis proteica no se vea tan afectada.

43 | ¡Cuidado con el ayuno!

Hasta hace algunos años la gran mayoría de los aficionados al fitness, los profesionales del entrenamiento y los de la nutrición, iban de tupper en tupper con sus 5 y hasta 6 recipientes de comida para "maximizar la síntesis proteica" a lo largo del día. Incluso podías ver cómo algunos ponían una alarma despertadora para hacer una comida en plena madrugada y no "catabolizar". De locos. El miedo a perder masa muscular era real, pero el peligro era infundado. Ahora nos reímos de esas locuras que se hacían en el pasado, y te aseguro que más de algún profesional se debe sentir avergonzado por haber promovido semejante aberración contra la salud. Sin embargo, era la norma por aquel entonces y los raritos éramos quienes no lo hacíamos.

Hoy en día las cosas han cambiado y hay una tendencia por el ayuno que está ocasionando que muchos se pregunten si una menor ingesta de comidas podría estar limitando su crecimiento muscular. Y digo tendencia y no moda, porque el ayuno se ha practicado desde nuestros inicios como especie, ya sea por necesidad, al no haber conseguido alimentos que comer, o como parte de alguna práctica espiritual o religiosa. Aun así, a muchos les preocupa que restringir el tiempo en el que se alimentan les impida ganar fuerza y aumentar masa muscular. Para resolver la duda habría que comparar los efectos, tanto fisiológicos, como a nivel de rendimiento con y sin restricción de tiempo para las comidas.

Este propósito lo tuvo un estudio de Tinsley y colaboradores (60) en el que participaron 40 mujeres entrenadas en fuerza de entre 18 y 30 años, que fueron asignadas aleatoriamente en dos grupos con una dieta específica para cada uno. El primero consumía todas las calorías entre las 12:00 p.m. y las 8:00 p.m., mientras que el otro grupo comía regularmente desde el desayuno hasta el final del día. Como resultado se obtuvo que con una ventana de alimentación de 8 horas, no se veían afectadas las ganancias musculares ni el rendimiento. Resultados muy similares a estos fueron obtenidos en un estudio anterior del mismo autor, que fue realizado en hombres (61), lo que nos indica que esta es una estrategia viable tanto para hombres como para mujeres. Ahora, estos resultados no necesariamente nos permiten concluir que con ventanas más cortas de alimentación sucedería lo mismo.

Comes

No comes

🛒 Para llevar

Si tu objetivo es aumentar masa muscular y mejorar tu rendimiento pero te preocupa que el ayuno pueda estar inhibiendo los resultados, entonces limítate a un protocolo de 16/8. Es decir, que tienes un plazo de 8 horas en tu día para consumir toda la proteína y energía que necesites. También es importante que te asegures de que tus músculos se están llevando el estímulo correcto a través de una buena planificación de un entrenamiento efectivo. Cuando de fuerza y ganancias musculares se trata, cumplir tus requerimientos proteicos pareciera tener más importancia que el tiempo que le dediques a tus comidas. Teniendo en cuenta eso, puedes disfrutar de todos los beneficios del ayuno sin tener que preocuparte por afectar tu progreso.

Para ampliar esta información, escanea este QR y escucha el episodio 113 del Podcast de FullMúsculo "Ayuno intermitente como estilo de vida" en el que junto al psiconeuroinmunólogo clínico, Nestor Sánchez, abordamos el tema.

44 | ¿Beber refresco de dieta para perder peso?

Si te gustan los refrescos habré captado tu atención y estarás leyendo esto. Puedes estar tranquilo, que no te estoy intentando engañar con el título para decirte que lo mejor es el agua con gas. Pero sí, es mejor el agua con gas (y un chorrito de limón) que cualquier refresco del mercado, sin importar que no contenga calorías, ni azúcar o edulcorantes.

Para quienes tienen la adicción de beber refrescos, cambiarse a uno de dieta podría ayudarte a perder peso. Pero antes de explicarte cómo es esto posible, quiero decirte que si no puedes abandonar un mal hábito tienes un problema. Como ya te lo he dicho antes, cuando pierdes la libertad de decidir se convierte en una adicción, y no, no vale el típico: "lo dejo cuando quiera". Dicho esto, veamos qué nos dice la ciencia con respecto al uso de los refrescos de "dieta" cuando queremos perder peso. Que por algo se llamarán así, ¿no?

Un estudio de Maloney y compañía (62) tuvo el propósito de determinar si los refrescos de dieta, bajos en calorías, ayudan a controlar nuestros antojos. Compararon en distintas situaciones cuánta era la ingesta de comida a voluntad, después de que se estimulara un antojo dándoles una barra de chocolate que tenían que abrir y oler durante un período de tiempo determinado. Más que un estímulo sería una tortura para algunos, pero vamos, que eso quedará en la conciencia de los investigadores. Broma aparte, por otro lado, estaba el grupo control, a quienes se les daba un bloque de madera con la misma forma y el mismo tamaño que la barra de chocolate.

Se hicieron dos experimentos: el primero se realizó entre un grupo que no acostumbraba a beber ese tipo de refrescos versus un grupo que si los consumía de forma frecuente. El segundo experimento se hizo entre dos grupos consumidores de refrescos de dieta, pero dependiendo de la disponibilidad de la bebida. Los resultados fueron que, en el primer experimento, quienes no eran bebedores asiduos de estos refrescos comieron más después de la exposición al estímulo en comparación a un grupo control. En cambio, los consumidores frecuentes comieron menos que el grupo control. En el segundo experimento, pasó lo esperado. Quienes tenían disponibles los refrescos de dieta comían menos que quienes no tenían los refrescos a su disposición. Seguramente porque no tenerlos a su disposición les hubiese generado ansiedad que les haría comer más.

Hasta aquí los refrescos de dieta parecieran ser una herramienta útil cuando estás en un período de pérdida de peso y tienes una adición con estos. Pero ojo, esto no va de salud sino de adherencia. Los refrescos de dieta pudieran ayudarte a que tu proceso de pérdida de peso sea sostenible en el tiempo. Ahora, con esto no quiero decir que sea saludable beberlo ni mucho menos, porque a día de hoy, no se sabe a ciencia cierta cuál es el daño que pudieran causar los edulcorantes artificiales que se usan en este tipo de bebidas a largo plazo en nuestra microbiota (63). Todavía se necesita más investigación al respecto. Queda de tu parte decidir si los sigues bebiendo hasta que se descubra si tienen o no consecuencias en tu salud, o aplicar el principio de precaución y dejar de beberlas hoy mismo.

🛒 Para llevar

Si estás en un proceso de pérdida de peso y tienes la costumbre de beber refrescos, entonces mejor cámbialos por los de dieta. Ese simple cambio pudiera ayudarte a comer menos cuando se te presente un antojo. Sin embargo, úsalo solo como un primer paso para abandonarlos del todo. Si lo que buscas es salud tu objetivo tendría que ser dejarlos por completo, y para eso una buena alternativa a tus refrescos es beber agua con gas y un chorrito de limón.

45 | La ventana anabólica

Terminas tu entrenamiento y aun cuando corre esa última gota de sudor por tu rostro, vas y buscas tu batido de proteína y lo engulles lo más rápido posible para no "catabolizar". Esto lo hacía yo cada día después de mi rutina. El catabolismo muscular es la pesadilla de todo aficionado al fitness que ama su masa muscular más que a sí mismo y quiere proteger el tamaño de sus bíceps de su degradación. Este es el proceso inverso al de la creación muscular, en el cual nuestro cuerpo degrada el músculo para llevar nutrientes a la sangre. Quiero que sepas que este es un proceso normal, porque nuestro cuerpo está constantemente construyendo y remodelando el músculo, pero también degradándose. Es el balance de estos dos procesos lo que permite que ganes o pierdas masa muscular. De hecho, se sabe que nuestros músculos se degradan después de un entrenamiento de fuerza (64). De ahí a que en el pasado existiera la creencia de que teníamos que comer inmediatamente después de entrenar porque si no se perdía masa muscular.

¿Cuántos nos creímos ese cuento de que si no comías media hora después de haber entrenado perdías masa muscular por la supuesta ventana anabólica? Me declaro culpable, su señoría. Sin embargo, hoy ya sabemos que la famosa ventana anabólica de los 30 minutos es un mito. Ese tiempo limitado después del entrenamiento para optimizar las adaptaciones musculares relacionadas con el ejercicio puede durar entre 4 y 6 horas (65). Así que aquí nos centraremos en ver cómo podemos proteger nuestra masa muscular de dicha degradación después de un entrenamiento y promover su crecimiento.

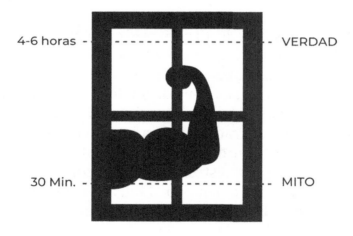

Para esto, vamos a analizar el estudio de Kume y colaboradores (66) realizado con 8 hombres jóvenes y sanos, que realizaban entrenamiento de fuerza de tipo full body de 1 hora por la mañana. Para la investigación, los sujetos fueron divididos en 3 grupos, con un escenario diferente para cada uno. El primer grupo comía 1 hora y media antes de irse a entrenar, otro comía justo después de haber entrenado y el último grupo esperaba hasta el almuerzo. Se hicieron mediciones para determinar la degradación muscular en todos los grupos y los resultados indicaron que hacer una comida rica en proteínas, densa en nutrientes, inmediatamente después del entrenamiento de resistencia en lugar de 1 hora y media antes o esperar hasta la hora del almuerzo, resultó en una menor degradación de proteínas musculares por la mañana. Ahora, que esto mejore el crecimiento y la recuperación muscular, no queda del todo claro. Así que no vayas a salir corriendo todavía a comer justo al haber terminado tu rutina.

🛒 Para llevar

Quédate con que hacer una comida post entrenamiento no es tan importante como se solía creer. No tienes que salir corriendo a buscar tu tupper o tu batido de proteína cuando hayas terminado tu entrenamiento por miedo a perder masa muscular. Sin embargo, puede que hacer una comida de calidad post entrenamiento, rica en proteínas y densa en nutrientes, tenga más sentido cuando entrenas en ayuna.

46 | Confunde y vencerás

Cuántas veces te han dicho o has escuchado que hay que confundir al músculo para hacerlo crecer. A mí me lo han dicho muchas veces, porque aún persiste el mito de que cambiar los ejercicios de forma frecuente es la clave para conseguir mejores resultados. Hoy, sabemos que eso no es así. Pero, ¿qué pasa con el resto de variables de entrenamiento? Carga, volumen y descanso ¿conseguimos mejores resultados si las mantenemos constantes en el tiempo o será mejor si variamos el estímulo de forma regular? Por ejemplo, cambiar el rango de repeticiones en el que estás trabajando de una sesión a otra para un mismo grupo muscular. Algo como pasar de hacer 6 repeticiones un día, a pasar a hacer unas 12 repeticiones en lugar de mantenerte en el mismo rango. ¿Podría esto hacerte conseguir mejores resultados?

Un estudio de Damas y compañía (67) se propuso buscarle respuesta a esa pregunta. Querían saber si cambiar las variables del entrenamiento de forma regular ofrecía mejores ganancias musculares que cuando estas se mantenían de forma constante. 20 hombres con experiencia en entrenamiento realizaron ambas pruebas en sí mismos. Con una pierna mantenían las variables y con la otra las cambiaban con regularidad. El resultado fue que en ambas condiciones había crecido de forma similar el cuádriceps. Lo que quiere decir que no necesitas estar confundiendo al músculo con un cambio constante en las variables para ver mejores resultados.

🛒 Para llevar

Sin duda estar cambiando constantemente las variables de tu entrenamiento no va a confundir al músculo y traer mejores resultados, pero eso no significa que jugar con las variables no tenga su utilidad. Si eres de los que se aburre fácilmente con un mismo entrenamiento día tras día, sesión tras sesión, entonces tal vez para ti tendría más sentido cambiar las variables de forma más frecuente. Ya que, una vez más, la adherencia es la base de cualquier entrenamiento.

Si te aburres es más probable que termines por abandonar y que no consigas ningún tipo de resultados. Entonces, quédate con que tienes la flexibilidad para cambiar las variables de tu entrenamiento y jugar con ellas (con sentido) sin que eso signifique necesariamente mejores o peores ganancias musculares.

47 | ¿Desayuna como un rey para ganar músculo?

Aún recuerdo la primera vez que entrené en ayunas, no porque fuera épico el entrenamiento, sino más bien todo lo contrario. Casi me desmayo y estuve allí tirado en el suelo, en medio del gimnasio, durante casi una hora intentando recuperarme mientras alguien me echaba aire en el rostro y otra persona me daba agua con azúcar. Era por "una baja de azúcar en sangre" decían. La verdad es que no estaban muy equivocados, visto que mis desayunos estaban siempre cargados de azúcares. Cereales azucarados, harinas, dulces y bollería estaban siempre presentes en mi primera comida del día. Y efectivamente, ese día no había comido absolutamente nada. Extraño sería que hubiese entrenado a tope.

"Desayuna como un rey, almuerza como un príncipe y cena como un mendigo", era la recomendación que más escuchaba en aquellos años. Si querías entrenar a tope y conseguir mejores resultados, el desayuno parecía ser la comida más importante (o al menos eso te decían). Pero basta de hablar de mi experiencia personal y vayamos a ver lo que dice la evidencia científica al respecto. Veamos cómo un desayuno podría ayudarte (o no) a ganar masa muscular.

Naharudin y compañía (68) quisieron comprobar en un estudio justamente si un desayuno (alto en carbos) podía mejorar el rendimiento en el entrenamiento. Para eso realizaron un experimento con un grupo de 16 hombres que tenían experiencia en el mundo del entrenamiento y que acostumbraban a desayunar. Fueron divididos en dos grupos: uno que entrenaba 2 horas después de haber desayunado y otro que ejercitaba haciéndolo en ayuno, para de esta forma comparar su rendimiento en ambos casos.

El resultado fue el esperado por los investigadores: el grupo que había desayunado hacía más repeticiones. Entonces ¿quiere decir eso que debes desayunar para poder rendir a tope? DEPENDE, así en grande y en mayúsculas, pues está claro que, en este grupo de personas acostumbradas a desayunar una comida rica en carbohidratos, iba a haber un impacto negativo en su rendimiento si entrenaban en ayunas, tal como me pasó a mí esa primera vez que entrené en ayunas porque no estaba acostumbrado. En cambio, a día de hoy soy capaz de entrenar y rendir a tope sin haber comido nada desde el día anterior, con 16 y hasta 24 horas de ayuno porque ya estoy adaptado.

🛒 Para llevar

Si estás acostumbrado a comer un desayuno cargado de carbohidratos horas antes de ir a entrenar (con harinas, cereales, dulces o bollería, etc.), es muy probable que dejar de hacerlo de un día para otro afecte tu rendimiento y como consecuencia esto podría afectar tus ganancias musculares. Pero no te preocupes, eso no significa que una vez te hayas acostumbrado y tu cuerpo se haya adaptado metabólicamente a entrenar con las reservas de glucógeno muscular bajas no puedas rendir al mismo nivel que lo hacías antes. Es cuestión de tiempo y adaptación.

Para ampliar esta información, escanea este QR y escucha el episodio 109 del Podcast de FullMúsculo "¿Cómo entrenar en ayunas sin morir en el intento?", en el que junto a Adhe Guedez, especialista en nutrición deportiva, conversamos sobre el tema.

48 | Recuperar el sueño perdido

¿Quién iba a pensar que esas siestas que hacía por las tardes en mi época de universitario tendrían algún beneficio? Y yo que las hacía por puro placer. Probablemente mi madre tampoco lo sabía, y seguramente no tenía ni idea de lo que estoy por decirte, y tal vez por eso me regañaba cada día para que dejara de hacer el vago y me pusiera a hacer algo productivo.

En el scoop #42 ya te hablaba de las consecuencias de estar descansando mal y de cómo una pequeña estrategia con ejercicio físico podría ayudarte a "compensar". Pero, ¿qué hay de las famosas siestas? Ese descanso de 20-30 minutos que nos echamos por las tardes y que es tan placentero. Sin duda, debes estar consciente que, si quieres mejorar tu recuperación, tus ganancias musculares y tu pérdida de grasa, la solución pasa por empezar a dormir mejor. Ahora, hay casos en los que es "imposible" alargar o mejorar las horas de sueño. En esos casos, es cuando la siesta cobra importancia para mejorar no solo en rendimiento físico, sino también en rendimiento cognitivo. Asimismo, contribuye a reducir el estrés y la fatiga, pero, ¿de cuánto tiempo estaríamos hablando? Está claro que si nunca has hecho siestas, una de cualquier duración te va a sentar bien.

Para determinar cuál duración sería la mejor para mejorar tu rendimiento, el dolor muscular, el estrés, la fatiga e incluso el humor, te he traído un estudio de Hsouna y colaboradores (69) realizado en 2019. En esta investigación se buscaba demostrar si todo lo que te mencione primero podría tener alguna mejoría si se incorporaban siestas en la rutina diaria. Para el experimento se implementaron siestas de distinta duración: de 25, 35 y 45 minutos. El resultado fue el esperado. Se habían planteado como hipótesis que con el aumento de la siesta mejorarían sus respuestas en las distintas pruebas, y así fue. Las siestas más largas, las de 45 minutos, mejoraba más el rendimiento de los participantes, independiente de que les hubiese hecho falta dormir más por la noche o no. Por esa razón es que vuelvo y te repito: tu mejor pre entreno siempre será un buen descanso.

🛒 Para llevar

Si no estás durmiendo bien o estás durmiendo poco, tu primera opción debe ser siempre intentar mejorar tu sueño. No solo va de aumentar las horas que duermes, sino que esas horas sean de calidad. No obstante, si lo has probado todo y para ti es imposible sacarles más jugo a tus pocas horas de sueño entonces allí es donde las siestas se presentan como una excelente opción. Fíjate que he dicho opción y no solución, porque esto no podrá ser una solución definitiva. Úsalas para esos días en los que no hayas podido dormir del todo bien la noche anterior. Con tomar una siesta de 15-45 minutos al final de la mañana, o a principio de la tarde, será suficiente para obtener sus beneficios.

49 | Haz cardio para aumentar músculo

¿Cuántas veces has escuchado la recomendación de que debes evitar cardio o mantenerlo a raya si tu objetivo es aumentar masa muscular? De hecho, yo evitaba a toda costa el cardio porque pensaba que iba a interferir con mis ganancias musculares y, así como yo, aún quedan muchos que lo continúan haciendo porque los mitos son duros de matar.

Pero la ciencia avanza y nos deja muestras cada vez más claras de que en el entrenamiento, así como en la vida, nada es blanco o negro. Existe una escala de grises en medio donde también podemos transitar para progresar. En este caso para mejorar nuestra masa muscular haciendo uso del ejercicio cardiovascular en combinación con el entrenamiento de fuerza o resistencia.

Una nueva investigación de Thomas y compañía del año 2022 (70) muestra que el ejercicio cardiovascular podría en realidad mejorar la hipertrofia. Para entender cómo podría ayudarnos el cardio a aumentar masa muscular tienes que saber qué son las células satélites y por qué juegan un papel fundamental en la hipertrofia muscular.

El músculo esquelético contiene una población designada de células madre adultas llamadas células satélite. Estas células suelen estar inactivas, pero si el músculo está lesionado o estresado (como durante el ejercicio), pueden ser reclutadas para participar en la regeneración de las fibras musculares. Como tales, las células satélites desempeñan un papel importante en el mantenimiento, la reparación, la hipertrofia muscular y el aumento del tamaño muscular que acompaña al ejercicio.

Los hallazgos del estudio sugieren que realizar ejercicio aeróbico antes del entrenamiento de resistencia aumenta el número de estas células satélite y promueve la hipertrofia muscular a través de una mayor capilarización muscular. La capilarización muscular se refiere a la formación de capilares en el tejido muscular. Esto lo que hace es facilitar el suministro de oxígeno, nutrientes y diversos factores de señalización y crecimiento a los tejidos musculares, y desempeña un papel fundamental en el mantenimiento y el crecimiento muscular. Capilarización, por cierto, que disminuye con la edad.

El estudio involucró a 14 adultos jóvenes sanos y recreativamente activos (edad promedio, 22 años). Para el experimento usaron una bicicleta estática especialmente adaptada a solo una pierna, y los participantes realizaron 45 minutos de acondicionamiento aeróbico que se iba haciendo más difícil tres veces por semana durante seis semanas. Investigaciones anteriores han demostrado que de seis a ocho semanas de acondicionamiento son suficientes para promover la capilarización muscular. Dos semanas después de completar el programa de acondicionamiento, los participantes comenzaron un programa de entrenamiento de resistencia de 10 semanas usando ambas piernas y enfocándose principalmente en los músculos de los muslos.

Los investigadores recolectaron muestras de tejido muscular de las piernas de los participantes antes y después de las intervenciones para así evaluar la capilarización muscular, el tamaño de las fibras, el contenido y la actividad de las células satélite. Descubrieron que el acondicionamiento aeróbico promovía la capilarización muscular en la pierna acondicionada, mejorando la hipertrofia muscular en respuesta al entrenamiento de resistencia. También había más células satélites en la pierna acondicionada, en relación con la no acondicionada. Además, observaron una relación significativa entre la capilarización y la hipertrofia. Estos hallazgos sugieren que realizar ejercicio aeróbico antes del entrenamiento de resistencia promueve la capilarización muscular, lo que a su vez aumenta el número de células satélite, promueve la síntesis de proteínas musculares y la hipertrofia.

Ahora la pregunta que nos queda es ¿cuánto tiempo antes podríamos hacer cardio para aprovechar estos beneficios? Dado que en el estudio se hizo el acondicionamiento semanas antes de empezar el programa de resistencia y no dentro de una misma sesión, ni siquiera en una misma semana de entrenamiento. Aun así, lo que debería quedar bastante claro es que, si quieres mejores resultados en cuanto a tu aumento de masa muscular, deberías estar promoviendo esa capilarización que ayuda a entregar más oxígeno y nutrientes a través del ejercicio cardiovascular. Investigaciones en el pasado han demostrado que lo óptimo pareciera estar en separar el ejercicio cardiovascular del entrenamiento de resistencia por 24 horas. Pero también podrías hacerlo el mismo día en sesiones separadas, por al menos 8 horas, o dejarlo para después del entrenamiento de resistencia y que no interfiera en tu rendimiento.

🛒 Para llevar

Quédate con que combinar tu entrenamiento de resistencia con algo de cardio siempre va a traer más beneficios que perjuicios. Cuando lo haces o cómo lo combinas, es más una cuestión de preferencias que de interferencias.

50 | Dime cómo desayunas y te diré qué tantos antojos tienes

Si te gusta la autoexperimentación y pones atención a cómo responde tu cuerpo bajo distintas circunstancias, habrás notado que cuando duermes mal comes peor al siguiente día. En mi caso, cuando tengo una mala noche, me despierto al día siguiente con más hambre, más antojos y peor humor. Las dos primeras consecuencias me las tengo que aguantar yo, pero la última se la tienen que aguantar también los demás.

Si quieres perder grasa corporal (y mantener tus relaciones personales) deberías darle al descanso la misma importancia que estás dando al entrenamiento y a la alimentación, porque dormir poco o mal podría estar saboteando todo el esfuerzo que haces en el gimnasio y con tu dieta. En este punto ya sabrás lo importante que es descansar bien por la noche, tanto para aumentar masa muscular como para cuando quieres perder peso. Un mal descanso está relacionado con más hambre, más antojos, más calorías ingeridas, menos ganancias musculares y menos pérdida de grasa. Es decir, a partir de ahora un mal descanso se convertirá en tu enemigo número 1 si quieres perder peso y tener salud.

Pero, ¿podría un desayuno rico en proteínas ser lo suficientemente saciante como para paliar algunos de los efectos de una mala noche? Esto es justo lo que ha intentado descubrir Chia-Lun Yang y sus colaboradores en un estudio (71) donde fueron comparados los efectos de desayunos ricos en proteínas y desayunos ricos en carbohidratos sobre el apetito, los antojos y la ingesta calórica después de una noche de un mal descanso. Había 4 grupos: dos grupos dormían bien y hacían un desayuno rico en carbos o hacían uno rico en proteínas. Los otros dos grupos tenían un descanso reducido y uno hacía su desayuno rico en carbos y el otro rico en proteínas. Los resultados arrojaron que, independientemente del desayuno que hicieran, si habían dormido mal tenían más hambre, antojos y menos saciedad. En cambio, cuando el descanso era apropiado y el desayuno rico en proteínas sí que aumentaba la saciedad general, pero cuando la noche había sido mala, el desayuno rico en proteínas perdía su efecto saciante. Y finalmente, los antojos eran mayores durante el día cuando el desayuno era rico en carbohidratos, en comparación con el desayuno alto en proteínas, sin importar que se hubiese dormido mal o bien.

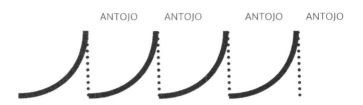

Para llevar

Tu prioridad, sea cual sea tu objetivo, tiene que ser descansar bien por la noche y no intentar buscar atajos o paños de agua fría. Intentar compensar un mal descanso es inútil. Por muy bien que estés intentando desayunar, si has dormido mal probablemente vayas a tener peores elecciones en tus comidas, tendrás más antojos y tendrás menos saciedad, lo que terminará por sabotear tu proceso de pérdida de peso.

51 | Tu cerebro te juega en contra

Cada vez que voy al supermercado no me deja de sorprender la cantidad y variedad de alimentos que puedes conseguir en un solo lugar. Frutas y verduras que vienen del otro extremo del planeta, carne de animales que no vivirían en ese entorno y miles de productos cargados con más azúcares que nutrientes, diseñados y producidos por grandes corporaciones de todas partes del mundo.

Si en casa eres tú quien acostumbra a hacer la compra, ya te habrás percatado de eso. Hoy en día podemos ir a cualquier supermercado, o incluso hacerlo desde casa comprando online, y conseguir lo que nos apetezca. Podrías comer una fruta tropical, como la piña, estando en un país nórdico donde nunca crecerían, o una fruta de origen asiático, como el mangostán, estando en medio del caribe a miles de kilómetros de su país de origen.

Esta comodidad no la tenían nuestros ancestros. Ellos tenían que salir a cazar, recolectar y ganarse la comida. En ese contexto es donde nuestro cuerpo, cerebro y genes se han desarrollado y han evolucionado. Debías salir a buscar la comida y no siempre ibas a encontrarla, por lo que tu cuerpo, y en especial tu cerebro, ha desarrollado y perfeccionado un sistema para mantener tu peso con el fin de ayudarte a sobrevivir. El problema es que no está diseñado para mantenerte en el peso que tú quisieras estar, ni como a ti te gustaría verte. No sería lo óptimo, teniendo en cuenta las condiciones que le ha tocado enfrentar durante millones de años para poder sobrevivir.

Tu cerebro solo quiere protegerte. Cuando entiendes esto, entiendes muchas cosas. Quiere que sobrevivas y esto tenía sentido hace mucho tiempo, cuando teníamos que salir a cazar y recolectar para comer y no ahora que tenemos supermercados en cada esquina con alimentos y productos de todas partes del mundo.

Si todavía no me estás entendiendo, intentaré darte un ejemplo mucho más claro. Imagínate que el supermercado al que vas no siempre está allí, tiene muy pocos productos, no siempre tiene los mismos y para llegar a él tienes que completar una carrera de obstáculos al mejor estilo de una spartan race. Es como si hoy fueras al supermercado después de recorrer decenas de kilómetros y sortear cientos de obstáculos y encuentras algunas cosas, mañana vas y no encuentras nada. Ese sería el equivalente, a día de hoy, a lo que tuvimos que vivir hace cientos de miles de años (con menos acción y menos esfuerzo claro está). Sin embargo, aún se mantendría la incertidumbre de si vas a tener para comer o no.

Entonces, como tu cuerpo y tu cerebro están preparados para mantenerte en tu peso corporal, seguramente tendrás que luchar contra ellos y contra las señales de hambre, si quieres mejorar tu composición corporal. Estas señales son activadas por nuestro cerebro y nos hacen sentir mal, incómodos y hasta infelices (72), todo para que salgamos a buscar alimentos. Es una sensación de la cual nos queremos deshacer tan rápido como podamos. Por eso es tan difícil echarse al sofá y no hacer nada cuando tienes hambre.

Alimentos o productos que una vez hemos encontrado y consumido nos dan esa sensación de felicidad y calma. Pero al ser alimentos o más bien productos hiperpalatables, pueden llegar a causar euforia. Esto debido al sistema de recompensa de nuestro cerebro. Es su forma de agradecerte por haber conseguido comida y poder sobrevivir un día más. De allí la importancia de evitar esos alimentos que están cargados en azúcares y grasas que los hacen muy apetecibles. Porque no están cargados precisamente de nutrientes, sino más bien al contrario. Este tipo de alimentos suele ser poco denso a nivel nutricional.

Por esa razón, la forma más sencilla de dejar de comer en exceso es justamente evitando ese tipo de alimentos y dando prioridad a los de mayor densidad nutricional. Es más difícil que los comas en exceso y te ayudarán a darle a tu organismo lo que realmente necesita: nutrientes. Por eso no es fácil abusar del pollo, la carne, el brócoli y los vegetales, ¿cierto? Si intentas únicamente comer menos, tu cerebro sacará todo su arsenal para asegurarse de que salgas a buscar comida para que te mantengas en tu peso y sobrevivas.

🛒 Para llevar

Mientras más rica y apetecible sea la comida, más gratificante será, mejor te hará sentir (por breve que sea), y más vas a querer comer. Esa comida hiperpalatable generalmente es más alta en calorías y contiene menos nutrientes, por lo que tu cuerpo en un intento desesperado de conseguir los nutrientes que necesita, te seguirá pidiendo más y más comida. Si en cambio, concentras tu alimentación en comida densa nutricionalmente, será más fácil de sostener en el tiempo si tu objetivo es perder grasa corporal de forma saludable.

Para ampliar esta información, escanea este QR y escucha el episodio 118 del Podcast de FullMúsculo "El milagro de saber cómo comer", en el que el Dr. Carlos Jaramillo nos explica más sobre el tema.

52 | El entrenamiento puede hacerte sentir miserable

Yo cuando voy al gym es porque quiero relajarme y quiero desestresarme. Al menos en mi caso lo hago con esa finalidad, a parte del objetivo físico evidentemente. Pero qué pasa si te digo que el entrenamiento, en lugar de tener ese efecto positivo en ti, podría hacerte sentir mal, incluso miserable. Fuerte, ¿no?

En un scoop anterior (#6) ya te he comentado que entrenar en un rango alto de repeticiones puede hacerte ganar tanta masa muscular como entrenar en un rango intermedio. Ahora, también te he mencionado que no sería lo óptimo por el tema de la fatiga muscular, ¿recuerdas? Pues bien, parece ser que un entrenamiento a altos rangos de repeticiones no solo te fatiga más, sino que también podría hacerte sentir incómodo, incluso podría hacerte sentir cierto desagrado hacia la propia rutina. A eso habría que sumarle el hecho de que progresar en el peso se hace más complicado cuando estás en rangos tan altos.

Entonces, si bien te podría decir que hagas lo que te dé la gana, porque mejor es hacer algo que no hacer nada, yo te pregunto: ¿por qué razón elegirías un tipo de entrenamiento que te cansa más, te cuesta más y te podría llegar a gustar menos? Eso fue justo lo que comprobó Ribeiro y compañía en su estudio (73) en el que buscaron comparar la incomodidad, el esfuerzo y el placer en un entrenamiento con un rango intermedio, de entre 8 y 12 repeticiones máximas con cargas moderadas, y otro utilizando un rango más alto de entre 25 y 30 repeticiones máximas con cargas bajas. El resultado demostró que entrenar a una alta intensidad, con poco peso y muchas repeticiones, te hace sentir que te esfuerzas mucho más, te incomoda y puedes llegar a percibir cierto fastidio por el propio ejercicio.

🛒 Para llevar

Si bien ya sabemos que entrenar en rangos bajos, intermedios o altos de repeticiones podría traernos resultados similares, hay que tener en cuenta en cuál de ellos nos sentimos mejor, ya que tener mejores sensaciones ayuda a tener mayor adherencia. No creo que vayas a ir mucho tiempo al gym a entrenar si al salir de allí te sientes miserable, como indica el estudio. Yo no aguantaría mucho en esas condiciones y estoy seguro que tú tampoco. Por esa razón, hay que considerar lo que es mejor para ti, lo que te hace sentir mejor y lo que te ayude a hacer del entrenamiento un estilo de vida. Para lograrlo puedes enfocar tu entrenamiento en un rango intermedio de repeticiones, de entre 8 y 15, y usar rangos más altos de forma estratégica o cuando el peso del que dispones te lo exija.

Para ampliar esta información, escanea este QR y visita la sección de ejercicios de la web de FullMúsculo donde podrás escoger los mejores ejercicios para cada músculo y así armar tu rutina.

53 | El estiramiento no es tu enemigo

Cuando pienso en estiramientos me viene a la mente ese momento de pequeño en el colegio en el que, previo a los ejercicios de educación física, nos hacían mantener ciertas posturas por algunos segundos y donde casi cayéndome intentaba aguantar la posición que indicaba el profe. Solían ser posturas por muy pocos segundos y de muy baja intensidad. Total, éramos niños y estábamos más pendientes de no caernos, de hablar con el compañero de al lado o de tumbarlo, que de sostener la posición por mucho tiempo y a mucha intensidad. Pero no solo de pequeño hacía estiramientos así. De grande, cuando los hacía, solía aguantar de 5 a 10 segundos el estiramiento y para ser sincero, lo hacía a una intensidad bastante baja, muy lejos del tiempo y la intensidad a la que hacen referencia en los estudios en los estudios que han determinado que podría afectar el rendimiento, ganancias musculares, fuerza y potencia. Lo hacía más por costumbre que por otra cosa, porque veía como otros, más fuertes y más grandes que yo, también lo hacían. Entonces, ¿podrían ser tan malos los estiramientos después de todo?

En un scoop anterior (#13) ya te comentaba sobre cómo el estiramiento previo al entrenamiento podría comprometer tu rendimiento físico afectando tus ganancias musculares, la fuerza y la potencia. Hasta allí, pareciera que debemos evitarlo a toda costa. Sin embargo, podría haber una excepción porque el estiramiento no puede ser malo del todo, o ¿sí? Pues resulta que la mayoría de nosotros cuando hacemos estiramientos no aguantamos por demasiados segundos la posición ni tampoco lo hacemos a una intensidad muy alta, y esto podría hacer la diferencia. Esto se debe a que los estiramientos, cuando no se aguantan por mucho tiempo y no se hacen de forma muy intensa, parecieran no afectar el rendimiento ni nada.

Eso es justo lo que ha comprobado Ferreira-Junior y colaboradores con su estudio (74) realizado en 2019, donde se buscó comparar las ganancias musculares y de fuerza de 45 hombres (divididos en 3 grupos). Los participantes estuvieron durante 8 semanas entrenando sin estiramientos, con estiramientos estáticos y con estiramientos dinámicos antes del entrenamiento, con una duración del estiramiento relativamente corta y la intensidad, moderada. Como resultado, los 3 grupos obtuvieron ganancias de músculo y de fuerza muy similares. Comprobando así que el miedo al estiramiento previo al entrenamiento es infundado.

🛒 Para llevar

Una vez más, queda demostrado que la ciencia tiene sus excepciones. Y es que no siempre lo óptimo para un grupo de personas en un estudio, con características y condiciones muy específicas, va a ser también lo mejor para ti. De allí a que tengamos que ir con cuidado cuando leemos recomendaciones como esta, basada en evidencia científica. En fin, que el miedo al estiramiento previo del entrenamiento está siendo exagerado. Mientras no hagas estiramientos muy prolongados y a intensidades demasiado altas, no tienes de qué preocuparte. Si te gusta estirar antes de entrenar, y realmente disfrutas de ese momento y de esas sensaciones, entonces procura hacerlo sosteniendo las posturas por un máximo de 20 segundos y que la intensidad sea moderada. ¡Feliz estiramiento!

54 | ¿Creatina para perder peso?

Se dice que la creatina es el suplemento más seguro y de mayor evidencia científica que hay en el mercado. Yo no la tomo por una razón, y es que se supone que una persona necesita consumir entre 1 y 3 gramos de creatina al día (75). Eso lo puedo obtener perfectamente a través de una alimentación rica en proteínas animales.

Las recomendaciones de entre 5 y 10 gramos de creatina al día suelen ser para atletas que entrenan de forma intensa y yo ni soy un atleta, ni tampoco entreno de forma intensa (aunque sí de forma efectiva). Y probablemente tú tampoco. Aun así, no podemos negar todos los beneficios que tiene la creatina con un objetivo de aumento muscular.

Ahora bien, la cuestión está en ver si la suplementación con creatina podría ser útil para la pérdida de grasa, situación donde muchas personas constantemente buscan un atajo o solución en la suplementación. Justamente esto fue lo que propuso Forbes y colaboradores en su metaanálisis realizado en el 2019 (76): determinar si la creatina ofrece algún beneficio en aquellos que quieren perder grasa corporal. Los resultados obtenidos favorecen a la creatina cuando se tiene ese objetivo, pero la reducción en porcentaje que provocó la creatina fue de solo 0.55 %. Sí, has leído bien, 0.55 %. ¿Poco?, ¿mucho? Es estadísticamente significativo de acuerdo a los resultados obtenidos, pero no supone un gran cambio teniendo en cuenta que para lograr ese efecto tienes que estar suplementando con 2 o más gramos de creatina cada día.

🛒 Para llevar

Si estás buscando en la suplementación algún atajo para perder grasa, la vas a pasar bastante mal. Porque si bien el mercado está lleno de suplementos "quemadores de grasa" que afirman poder ayudarte con tu objetivo, ninguno de ellos te ofrece algo distinto que no te pueda dar una buena taza de café.

En cuanto a la creatina, como te comentaba al inicio de este scoop, tendría sentido si vas de cara a una competencia o eres un atleta. En ese caso tendría todo el sentido del mundo. Ahora, para perder peso, mejor ahórrate ese dinero e inviértelo en una buena asesoría, dado que el 90% de tu progreso lo vas a lograr a través de una alimentación densa en nutrientes, un entrenamiento efectivo y un descanso profundo. Esos son los 3 pilares fundamentales que necesitas trabajar si quieres perder grasa corporal de forma saludable y sostenible en el tiempo. Todo lo que pongas encima, se va a venir abajo si no tienes una buena base. Incluida la suplementación.

Para ampliar esta información, escanea este QR y lee el artículo de la web de FullMúsculo "¿Qué es la creatina, para qué sirve y cómo tomarla?", en el que Víctor Bravo, Médico graduado en la Universidad de Málaga, explica sobre el tema.

55 | Técnicas avanzadas o más bien, atrasadas

"Espera, aún no termino, es que estoy haciendo una serie piramidal". Eso me dijeron una vez, cuando intentaba pedir prestada la máquina de remos para trabajar dorsales y veía que la serie que estaba haciendo la persona que ocupaba la máquina parecía interminable. Piramidal, súper series, drop sets, myo reps, etc. Todas son técnicas avanzadas que puedes usar en tus entrenamientos, incluyendo las famosas series de pre agotamiento. Esta última es una técnica comúnmente usada para supuestamente promover las ganancias musculares, fatigando un poco el músculo con un ejercicio monoarticular antes de hacer un ejercicio multiarticular para el mismo grupo muscular. Por ejemplo: realizar una extensión de piernas antes de hacer unas sentadillas.

Pero, ¿ayuda pre-fatigar el músculo antes de empezar a entrenarlo? Lo que se cree es que el rendimiento en el ejercicio multiarticular se puede ver limitado por el resto de los músculos que no se quieren trabajar y podrías no llevarte el estímulo que necesitas en el músculo objetivo. En cambio, si lo pre-agotas podrías "garantizar" que el músculo se lleve la máxima estimulación para promover su crecimiento muscular. Comprobar eso fue lo que se propuso Trindade y compañía en un estudio realizado en el año 2019 (77). En esta investigación compararon los efectos de un entrenamiento sin serie de pre agotamiento con un entrenamiento con serie de pre agotamiento, en fuerza, aumento muscular y composición corporal. Pensaban que con la serie de pre agotamiento habría mayores ganancias en fuerza y en músculo. Pero no fue así. Las ganancias fueron similares en los dos grupos después de las 9 semanas del estudio.

🛒 Para llevar

No todo lo que brilla es oro. Las redes sociales nos están inundando constantemente con novedades que no necesariamente, por ser más elaboradas o complejas, tienen porqué ser mejor. Muchas veces estas estrategias avanzadas tienen un mínimo impacto (si es que lo tienen). Esa diferencia puede ser interesante cuando tienes cierta experiencia en el entrenamiento, pero no cuando tienes poco tiempo en el mundo de las pesas. Si eres principiante e incluso intermedio, tienes todas las variables a tu favor. Olvídate de las técnicas avanzadas y empieza por lo básico. No obstante, si quisieras usar una serie de pre-agotamiento asegúrate de hacerlo cuando el músculo que quieres trabajar no es donde principalmente se pone el foco en el ejercicio compuesto. En ese caso podría tener más sentido.

Para ampliar esta información, escanea este QR y lee el artículo de la web de FullMúsculo "¿Cuáles son las técnicas avanzadas de hipertrofia?", en el que Iván Sotelo Besada, experto sobre Ciencias de la Actividad Física y del Deporte, explica sobre el tema.

56 | Perderlo es una cosa, mantenerlo es otra

Vamos a suponer que tu objetivo era el de perder peso y que finalmente lo has logrado. Después de tanto esfuerzo has conseguido llegar a la meta, y lo has hecho de forma óptima. No has perdido masa muscular en el camino, sino que has perdido peso en grasa corporal, manteniendo, o incluso ganando algo de músculo. Hasta ahí, todo bien. Sin embargo, perder peso es una cosa y otra muy distinta es mantener ese peso perdido.

La mayoría de las personas no logra mantenerse en su nuevo peso o en su nueva composición corporal. Ni las que llegan por atajos ni las que llegan por el camino pavimentado y señalizado. No lo logran, porque no cuentan con las estrategias y los hábitos adecuados. Una vez que han logrado su objetivo, abandonan los hábitos que los llevaron hasta allí y los kilos regresan. Regresan TODOS y a veces acompañados con más. Esto se debe, en parte, porque tu cuerpo y tu cerebro quieren que sobrevivas.

La única forma de mantener el peso perdido es que cambies tus creencias, que rompas con el patrón que vienes repitiendo una y otra vez, que no veas tu alimentación como una dieta, ni tu entrenamiento como un esfuerzo y tampoco tu descanso como una pérdida de tiempo. Tienes que verlos como un estilo de vida que te llevará por el camino de la salud, la movilidad y la independencia hasta tu vejez. Para eso necesitas conocer las estrategias adecuadas, porque solo con ellas podrás mantenerte como estás ahora y sin mucho esfuerzo.

Estas son las 5 estrategias, que han sido comprobadas por una revisión sistemática de Spreckley y colaboradores (78), que mejor funcionan para que no vuelvas a ganar el peso que has perdido, nunca más.

1. Autocontrol. Son capaces de mantener su peso quienes han aprendido a alimentarse basándose en densidad nutricional y no únicamente en calorías. Tienen una ventaja sobre el resto, quienes son capaces de monitorear lo que comen y llevan un control de sus medidas y de su peso. Quienes tienen una rutina para comer y se auto imponen ciertas limitaciones a la hora de elegir lo que comen, que en un entorno obesogénico es de vital importancia para mantenerse en forma. También, quienes planifican con anticipación sus comidas fuera de casa, eventos sociales, etc.

2. Monitoreo externo. Cuando tienes a alguien que monitoree por ti tus medidas y tu alimentación es más fácil mantener tu peso. Puede ser por un profesional de la nutrición, por un familiar, amigo o por una comuni-

dad que te motive. No necesariamente tiene que ser un monitoreo exhaustivo, basta con que sirva de recordatorio del porqué lo haces o de porqué lo hiciste en un principio.

3. Motivadores intrínsecos. Eres menos propenso a recuperar el peso perdido cuando tienes una motivación real, cuando lo haces por salud, por mantener un mejor estado físico y por tener una mejor calidad de vida, o para prevenir enfermedades relacionadas con el sobrepeso y/o obesidad.

4. Motivadores extrínsecos. Cuando la motivación viene desde fuera también podría ayudarte a mantener tu peso. Por ejemplo, querer mejorar la imagen que das a la sociedad o a tu círculo cercano. Aquí es cuando los grupos de apoyo suelen funcionar bastante bien.

5. Metas autodefinidas. Son capaces de mantener el peso perdido quienes tienen claros sus objetivos y están constantemente re-evaluándolos. Aquellos que saben perfectamente a dónde quieren llegar y los pasos que deben dar para llegar hasta ahí. Si tienes una meta sin un plan entonces será tan solo un sueño y si fallas en planificar entonces estás planificando fallar.

🛒 Para llevar

Para perder peso sin duda alguna tienes que hacer cambios en tu estilo de vida y en tu alimentación. Si deshaces todos esos cambios una vez has conseguido perder los kilos que querías perder, lamentablemente los kilos van a regresar. Y si en ese proceso de pérdida de grasa también te has llevado algo de músculo, entonces, con el tiempo, estarás peor de donde empezaste. Esto se vuelve un ciclo del que muchas personas no pueden salir. Año tras año, dieta tras dieta, siempre terminas en un peor estado físico y de salud del que tenías cuando empezaste. Salir de ese círculo vicioso es fácil, pero requiere compromiso, mucha disciplina y un cambio de mentalidad acompañado de estrategias como las que te he mencionado antes.

57 | El entrenamiento no solo es para los músculos

¿Cuántas veces has escuchado que debes beber leche o consumir lácteos para tener huesos más fuertes? A mí me lo dijeron durante toda mi niñez. Ahora que soy un adulto y sufro de intolerancia a la lactosa, pareciera que estoy destinado a sufrir de osteoporosis. Yo no lo creo, y te voy a explicar por qué.

En el mundo se estima que más de 200 millones de personas sufren de osteoporosis. Una condición de debilidad en los huesos, consecuencia de una baja densidad ósea. Solo en Estados Unidos, afecta a 1 de cada 4 mujeres y a 1 de cada 8 hombres mayores de 50 años. Eso quiere decir que, si en este momento estás sentado con 3 de tus mejores amigos y ya todos pasan los 50, entonces hay al menos 1 quien posiblemente sufra de esa condición. La osteopenia, que es una condición similar pero menos grave, la sufren casi la mitad de las personas mayores de 50 y este tipo de personas tienen mayor riesgo de lesionarse, además de hacerse más frágiles con los años. Sin embargo, no solo de leche sobreviven los huesos. Si así fuese, más del 60 % de la población que es intolerante a la lactosa estaría jodida.

Si tu madre o tu padre tiene más de 50 años y quieres verlos fuertes y sanos, por favor hazle leer este scoop de ciencia. Puede significar una mejor calidad de vida, con mayor fuerza e independencia. Si bien el mejor momento para fortalecer los huesos fue hace más de 40 años (si tienes 50), el segundo mejor momento es ahora. Mi madre va de camino a los 70 años y recién fue hace un par de años que empezó a entrenar fuerza, de acuerdo a su condición y estado físico. Nunca es tarde para empezar a trabajar en ello. En caso de que seas aún joven puedes trabajar en mejorar esa densidad ósea desde ahora, para que te sirva de reserva para cuando lleguen los años en los que empieza gradualmente a disminuir.

Lambert y compañía, en un estudio en 2019 (79), se propusieron determinar cuál es la mejor forma de mejorar esa densidad ósea a través del entrenamiento. Quisieron comparar los efectos de dos tipos de entrenamiento diferentes en un grupo de mujeres jóvenes que tenían una densidad ósea por debajo del promedio. Las pusieron a entrenar durante 10 meses con dos tipos de entrenamiento: el primero, un entrenamiento con cargas de impacto, con ejercicios para el tren superior compuesto por puñetazos al mejor estilo del boxeo y ejercicios para el tren inferior compuesto por saltos y ejercicios pliométricos. El segundo, un entrenamiento de resistencia de alta intensidad, en el que se incluyeron ejercicios como press de banca, press overhead y remos, para el tren superior, y peso muerto, sentadillas y elevaciones de pantorrillas para el tren inferior. La idea era ver cuál de estos dos tipos de entrenamiento daba mejores resultados en cuanto a la densidad ósea de las participantes. Los resultados fueron que ambos tipos de entrenamiento ayudaron a mejorar la densidad ósea, pero lo hacían en distintas regiones del hueso. Es decir, según el lugar donde mayor estrés causaba el ejercicio, era allí donde se veían las mejoras.

🛒 Para llevar

Probablemente lo mejor sea combinar ambos tipos de entrenamientos si quieres mejorar tu salud ósea. Podrías combinar un entrenamiento de fuerza pesado con un entrenamiento de impacto para que se complementen entre ellos y te den los mejores resultados para la salud de tus huesos. Ojo, siempre adaptado a tu nivel de experiencia y tu capacidad física. Y lo importante es no olvidarte de una alimentación densa en nutrientes y de un descanso profundo porque tu salud, incluida la de tus huesos, siempre se verá lastrada por aquello que tienes más descuidado.

58 | Pesas con cardio moderado o con HIIT

Imagina que estás estudiando para tu último examen del semestre de la universidad y llega tu hermano pequeño a molestar. Desde el momento que entra en tu cuarto y te saca de ese estado de concentración, está interfiriendo en tu progreso con el estudio, que a su vez va a afectar el resultado que obtengas en el examen. Te ha sacado de ese estado de flow en el que estabas inmerso, pero eso no quiere decir que no puedas jugar con tu hermanito, solo debes saber cuál es el momento indicado para hacerlo y que no interfiera con el progreso de tu aprendizaje. Con el entrenamiento pasa algo muy similar. Siendo las ganancias de fuerza y masa muscular, esa nota del examen final de semestre (tu objetivo) y el cardio vendría siendo ese hermanito impertinente que quiere jugar todo el tiempo contigo y puede distraerte de tu objetivo. Por eso, debemos empezar por entender que, si bien es cierto que el cardio tiene sus beneficios, no es del todo necesario. De hecho, es totalmente prescindible. Pero puede ser añadido a modo de condimento para optimizar tus resultados. La cuestión está en saber cómo utilizarlo para que no interfiera en tus entrenamientos de fuerza.

Cuando te digo que el cardio puede interferir en tus entrenamientos de fuerza, me refiero a que puede afectar tu progreso en cuanto a fuerza y a ganancias musculares según cuál tipo de cardio hagas y cómo lo estés incorporando en tu rutina. Hasta ahora, según estudios anteriores (80) ya se sabía de la interferencia que podría causar el ejercicio cardiovascular en esas ganancias, pero no quedaba claro si un tipo de cardio afectaba más que otro. Esto fue justo lo que se propuso comprobar el estudio de Fyfe y compañía (81): Entre el HIIT o el cardio moderado, ¿cuál de los dos podría afectar más el progreso en el gym si era combinado con el entrenamiento de pesas?

Como resultado del estudio se obtuvo que los dos grupos que participaron en el experimento, tanto como quienes hicieron HIIT como aquellos que hicieron cardio moderado, vieron afectados sus resultados en comparación con el grupo que solo hacía entrenamiento de fuerza. Sin embargo, entre ambos tipos de entrenamiento cardiovascular, pareciera que el moderado tiene una menor interferencia en las ganancias de fuerza y musculares.

¿Quiere decir eso que debes dejar de hacer cardio? No, en lo absoluto. O más bien, DEPENDE. Porque si bien los dos grupos (de cardio HIIT y LISS en combinación con entrenamiento de fuerza) vieron como el entrenamiento de cardio afectaba su progreso en el gym, ambos se vieron beneficiados con una mejor resistencia cardiorrespiratoria. Por lo tanto, si tu objetivo es mejorar tu salud y tu composición física en general, puedes perfectamente combinar ambos tipos de entrenamiento y verte beneficiado por los dos. En cambio, si tu objetivo es únicamente el de maximizar tus ganancias musculares y tu fuerza, entonces probablemente lo mejor para ti sea limitar el ejercicio cardiovascular.

🛒 Para llevar

Si te gusta el cardio y quieres incluirlo como parte de tu entrenamiento, adelante. Que haya un poco de interferencia en tus entrenamientos de fuerza no significa que no vayas a conseguir resultados. Recuerda que la base de todo entrenamiento es la adherencia. Eso significa que es más probable que cumplas con tu rutina (y progreses) si incluyes ejercicios que te gusten y que disfrutes. La ciencia nos puede indicar a veces el camino óptimo, pero que sea óptimo para un grupo de personas no significa que sea el mejor para ti.

Para ampliar esta información, escanea este QR y escucha el episodio 81 del Podcast de FullMúsculo "Todo sobre el Cardio", en el que junto al especialista en deportes de resistencia, Cristian Pérez, conversamos sobre el tema.

59 | El rango de movimiento importa, hasta cierto punto

Cuando piensas en diseñar tu rutina de entrenamiento, piensas en variables como la cantidad de repeticiones, la cantidad de series, la intensidad, el tiempo de descanso, etc., porque quieres que tu rutina esté adaptada a ti. Si no lo haces, el destino está echado a la suerte. Si bien puedes progresar con una rutina que no está hecha para ti, no sería lo óptimo. Ten en cuenta que, si a 100 personas le damos una misma rutina, solo 15 serían capaces de progresar de forma óptima, 74 podrían ser capaces de mejorar en cierta medida, 2 permanecerán igual y habría unas 9 personas que van a desmejorar. Imagínate tener que ir al gym para perder el tiempo, algo impensable si me lo preguntas, pero eso es lo que hacen muchos. Por eso, si fallas en planificar estás planificando fallar.

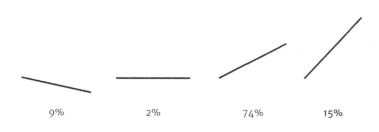

9%   2%   74%   15%

Entonces, volviendo a las variables que debes tomar en cuenta a la hora de programar tu rutina de entrenamiento, muchas veces dejamos por fuera lo que sería la variable fundamental de todo esto. Aquella que debe estar a punto para que el resto realmente funcione, la técnica del ejercicio. Es decir, cómo ejecutas cada repetición de ese movimiento. Si la ejecución no es de calidad, de nada va a servir que llegues a la "intensidad correcta" (scoop #2), que estés dentro del rango "ideal" de repeticiones o que tengas un volumen de series efectivo. Sin una buena técnica, el resto deja de importar. Y parte fundamental de esa técnica es el rango de movimiento.

Cuando digo rango de movimiento es, según Wikipedia, "la distancia, normalmente expresada en grados, que puede recorrer una articulación desde su posición neutra hasta su límite máximo en la realización de un movimiento" (82).

Hasta ahora se pensaba que un mayor rango de movimiento te podría dar mejores resultados, sobre todo en tu tren inferior. De hecho, así lo ha comprobado una revisión sistemática bastante reciente de Schoenfeld y colaboradores (83). Pero, ¿hasta qué punto es esto cierto? Porque podríamos pensar que mientras más abajo llegues en una sentadilla, mayor será el crecimiento muscular de tus piernas y glúteos, ¿cierto? ¡Cierto! Siempre y cuando tengas buena movilidad de cadera y de tobillos que te permita ejecutar bien ese movimiento, llegando hasta los 90 grados o bajando incluso hasta los 140. Ahora, si no tienes una buena técnica, buena movilidad o control del peso, lo mejor es que te olvides de hacer el ejercicio en todo su rango de movimiento.

🛒 Para llevar

Si no controlas del todo un ejercicio, enfócate primero en dominar la técnica antes de pensar en maximizar su rango de movimiento. Grábate en vídeo si no tienes quien te asesore, y compara tu técnica con la de otros para saber si lo estás haciendo bien. Pero elige bien con quién te comparas. También puedes trabajar para mejorar la movilidad de tu cadera y de tus tobillos para ir ampliando de a poco tu rango de movimiento en ejercicios como la sentadilla. Recuerda que progreso es progreso por muy poco que sea. Por el simple hecho de estar practicando y repitiendo la técnica cada semana, ya estás mejorando. Trabaja por un cuerpo funcional que te dure toda la vida, no por uno que llegue solo al verano.

Para ampliar esta información, escanea este QR y escucha el episodio 169 del Podcast de FullMúsculo "Aprende a entrenar y a moverte sin dolor", donde la osteopata Julien Lepretre, conversa sobre el tema.

El problema de la obesidad

Cuando vi por primera vez la película animada de Wall-E, por allá en 2008, me impactó muchísimo ver un futuro lleno de gente obesa (y seguramente enferma) moviéndose en una especie de segway flotante, con pantallas frente a sus ojos y consumiendo porquerías todo el rato. A día de hoy, sólo 15 años después del estreno de la película, ese futuro que nos proyectaba Pixar para el año 2805 a través de sus animaciones pareciera habernos alcanzado.

Cuando vas a un supermercado y ves a una persona obesa subirse a un carrito motorizado, llevar el móvil en mano y estar comiendo un empaque de cualquier basura de turno y/o un refresco, te das cuenta que ese futuro apocalíptico es nuestro presente y es nuestra realidad. Un futuro que llegó 700 años antes de lo que predecía Pixar con su película de Wall-e y que nos está matando lenta y silenciosamente. Y es que, por primera vez en la historia de la humanidad, el sobrepeso supera la desnutrición y la obesidad está presente por igual en países ricos y en países pobres. Todas esas enfermedades a las que nos hace propensos la obesidad (diabetes, accidentes cardiovasculares, fallo renal, etc.), también están en aumento. La OMS ya predice que en tan solo algunos años esas serán las principales causas de muerte en todos los países, incluso en los más pobres.

Por si ya no fuese bastante malo el panorama, nuestro sistema de salud no está diseñado para tratar todas esas enfermedades. Hemos diseñado un sistema de salud para tratar infecciones o accidentes, pero no para tratar estas enfermedades a largo plazo. Por esa razón, debemos ser nosotros quienes nos hagamos cargo del problema que representa la obesidad y el sobrepeso. No esperar a que venga papá Estado a resolverlo por nosotros. Después de todo, pareciera bastante obvio quién tiene la responsabilidad de todo esto. Si para ti no es obvio te lo digo: nosotros mismos somos responsables. Con nuestras miles de decisiones cada día, nos acercamos más a la salud o a la enfermedad.

Ahora, en este punto podría decirte que sufres de obesidad o sobrepeso porque no eres capaz de decirle no a los dulces o porque eliges el ascensor en lugar de las escaleras. Pero el problema no es tan simple y la solución no es tan sencilla, porque esto no va únicamente de calorías que entran y calorías que salen.

El pánico pareciera haberse apoderado de todos y hay gobiernos intentando aplicar medidas para buscarle solución al problema, como las de prohibir el tamaño extra grande para las bebidas azucaradas, o la de subir los impuestos en aquellos alimentos ultraprocesados. Hay empresas que incluso, en un "intento" por hacerte consciente de tu problema, están cobrando extra por el sobrepeso, tal como lo ha querido hacer una aerolínea cobrando una tarifa según tu peso. Hay gobiernos patrocinando programas de ejercicio, midiendo la cintura a sus ciudadanos, etc. En fin, tomando medidas que parecieran no estar funcionando. Y no funcionan por una razón que te voy a explicar más adelante.

Por otro lado, tenemos miles de corporaciones de alimentos, servicios, medicina, etc., intentando monetizar esta debilidad que tenemos como sociedad. La industria de la salud y el bienestar va bien encaminada a romper todos los récords. La obesidad es costosa para el sistema sanitario, pero lidiar con ella es un mercado bastante gordo.

Pareciera haber un consenso en que el problema es consecuencia de decisiones individuales. Un tema de auto disciplina, afirman algunos. Porque "si comes más de lo que usas, lo almacenas". Simple física, ¿no? Hay científicos que no están muy de acuerdo en estas afirmaciones. Muchos creen que esto no va únicamente de glotonería y flojera. No es solo un problema de fuerza de voluntad y disciplina. Si fuese así, no estaríamos viendo un aumento de peso en los últimos 20 años también en animales, como los monos y los ratones, los perros domésticos, los gatos, y las ratas, tanto las de áreas urbanas como las de las zonas rurales. Prácticamente en cualquier población animal que mires, la tendencia es la misma. Pudieras estar pensando que esto se debe a la calidad de la comida que le damos a nuestras mascotas y la cantidad de basura procesada que queda en las calles para los gatos y roedores. Pero eso no explicaría por qué otras especies, en las cuales no tenemos esa misma influencia, también están aumentando de peso.

Entonces, ¿por qué tanto nosotros, como los animales, estamos aumentando de peso a niveles alarmantes cada década? Si fuese una cuestión meramente matemática, con solo reducir algunas calorías al día sería suficiente para prevenir esas ganancias de peso y de grasa descontroladas. Decir que es solo termodinámica, es muy simplista. La prevalencia de obesidad es mayor en quienes tienen menos dinero, menos educación y menos estatus social. Investigadores también han descubierto la correlación que hay entre la obesidad femenina y la desigualdad en cada país.

Te pregunto, ¿por qué si el peso es una cuestión de decisiones individuales en lo que comemos, se vería afectado por diferencias en la riqueza o en el sexo? Pareciera que la lógica según algunos va así: ser pobre es más estresante, ese estrés te hace comer más y la comida más barata disponible es esa que contiene poco o nada de nutrientes. Pero una caloría no es una caloría, porque no todas son iguales. Comer una hamburguesa en un combo con refresco y papas fritas con más de 1500 calorías en total es más fácil que comer la misma cantidad de calorías eligiendo brócoli o manzanas.

El problema no va solo de la cantidad de calorías que vienen empacadas en esos alimentos, sino en cómo se ha alterado la bioquímica de esos alimentos, haciendo que acumulemos más grasa. El azúcar, las grasas trans y el alcohol están relacionados con cambios en la señalización de la insulina, lo que afecta cómo tu cuerpo procesa los carbohidratos. Esto nos lleva directamente a un cambio de paradigma inevitable: que el problema no es únicamente un tema de calorías, sino cómo la bioquímica de los alimentos que elegimos está cambiando la forma en la que nuestro cuerpo utiliza y almacena la grasa. Si comer dulces te hace engordar entonces es más un tema de lo que consumes y no de cuánto estás consumiendo. Pero eso no es todo. Las cosas que afectan lo que hace tu cuerpo con la grasa no solo va de comida. El descanso y el estrés están relacionados con el apetito y la saciedad. Los virus, las bacterias y los químicos también podrían estar afectando tu peso.

Muchos aspectos de la vida moderna han sido propuestos como causas directas del sobrepeso y la obesidad. La comodidad de la vida moderna nos está matando. De hecho, la premisa de que el estrés te hace comer más y por eso engorda es más bien que el estrés altera la actividad de tus células. Y, si todos esos factores contribuyen a la epidemia de la obesidad, entonces el modelo basado en la termodinámica está mal.

Por darte un ejemplo: el compuesto orgánico llamado bisfenol-A (BPA), presente en muchos plásticos y utensilios que usamos en casa, tiene la capacidad de alterar la regulación de las grasas en animales. Pero no queda solo en animales la experimentación. Un estudio de Jacobson y colaboradores (84) en casi 2000 niños y jóvenes estadounidenses encontró que aquellos que tenían niveles más altos de BPA en su orina eran hasta 5 veces más propensos a ser obesos que quienes tenían los niveles más bajos. Y el BPA es tan común que está presente en casi todo lo que usamos en nuestro día a día. Pero no es el BPA el único culpable. Hay muchos compuestos químicos en nuestros alimentos que podrían tener el potencial de ser obesogénicos.

Un estudio del EWG descubrió en 2004 que había hasta 287 químicos diferentes en la sangre de 10 recién nacidos en los hospitales de Estados Unidos. Las sospechas de estos agentes obesogénicos van incluso hasta los metales pesados, productos de limpieza, protectores solares, cosmética, etc. Todo esto podría estar afectando, no únicamente la forma en la que almacenamos la grasa sino también en nuestras hormonas reguladoras del apetito y pueden estar afectándonos desde mucho antes del nacimiento. Incluso la electrificación, eso que vemos como uno de los mejores avances tecnológicos de los últimos 100-150 años, podría estar afectando la forma en la que comemos y el metabolismo de las grasas. La exposición al frío y la exposición al calor, que se ha visto disminuida por la comodidad de permanecer siempre en espacios con temperatura regulada. La luz a la que estamos expuestos a todas horas. Luz artificial que nos mantiene alertas como si fuese de día incluso hasta en horas en las que deberíamos estar durmiendo.

Un estudio de Laura Fonken y colegas de la Universidad de Ohio (85) reportaba que los ratones que se exponen a luz durante horas de oscuridad tenían hasta un 50% más de peso que los ratones que hacían la misma dieta, pero que respetaban el ciclo del día y la noche. La luz le roba a tu cuerpo esas señales que necesita para saber cuándo comer y te hace comer a horas que no serían adecuadas a nivel fisiológico. La electrificación y la exposición constante a luz artificial está haciendo que comamos en horas en las que nuestros ancestros estarían durmiendo. No obstante, nadie podría o debería decir que alguna de todas estas vías que hemos mencionado es la causa real de la obesidad. Lo único que podemos concluir es que esas vías menos transitadas, donde menos se ha puesto el foco, también están contribuyendo a la pandemia de obesidad en el mundo. Queda claro que la obesidad no es un simple experimento de colegio y que no es tan simple como meter menos calorías de las que gastamos. Si así fuese el mundo parecería Esparta y no Wall-E.

🛒 Para llevar

Es muy simplista pensar que la obesidad es solo una responsabilidad personal y que nuestro entorno no influye. Son millones de actos separados que han influido en que esta pandemia haya escalado de la forma en la que lo ha hecho.

"Somos movidos por fuerzas sociales que no percibimos, así como la tierra se mueve a través del espacio dirigido por fuerzas físicas que no siente" Tolstoy. War and Peace.

Aparentemente, la obesidad podría ser consecuencia de nuestro desarrollo como sociedad y esas consecuencias podrían durar por generaciones. Es más fácil que seas obeso en un ambiente rico en comida pero pobre en nutrientes. Y si tus antepasados tuvieron problemas para alimentarse es más probable que estés predispuesto a sobrealimentarte en un mundo plagado de alimentos.

La obesidad en sí es un estado de malnutrición promovida por esa accesibilidad inmediata a tanta comida con tan pocos nutrientes. Corporaciones que se ven motivadas por un beneficio inmediato y se dedican a producir lo que sea más rentable para ellos y no lo que sea más saludable para ti. Que, con estrategias de marketing, persuasión, manipulación de los precios, de la oferta y de la capacidad de elegir, hacen que tú te lleves lo que ellos quieren. Donde tienen mayor margen de beneficios.

Tenemos que ver todo el panorama económico y social para encontrar responsables. Promover el acceso de comida rica en nutrientes para todos por igual, que tanto gobiernos como corporaciones se comprometan y den lo mejor de sí para nutrir a la población y no únicamente alimentarlos. En el pasado culpamos a las madres por el autismo de sus hijos. Culpamos a las personas pecadoras por los terremotos que azotan ciudades enteras. Es hora de dejar de buscar culpables entre los obesos y empezar a asumir responsabilidades entre quienes directa o indirectamente están creando el contexto ideal para que el problema siga en crecimiento.

Y tú, ¿qué puedes hacer? Tomar consciencia de cómo se maneja el mundo y lo que mueve a las corporaciones que te dan a elegir lo que debes comer, lo que debes hacer y cómo debes vivir. Entender que no son ellos ni los gobiernos quienes van a velar por tu salud. Que eres tú mismo quien debe armarse con las herramientas y el conocimiento necesario para hacer frente a esta realidad. Una realidad en la que nuestro entorno pareciera estar apostando en contra de nuestra salud. Tienes que saber que tienes el poder en tus manos, y que puedes empezar a decidir por ti y por tu salud, entendiendo que es un problema que va más allá de calorías que entran y calorías que salen, pero del cual tú debes formar parte activa en esa ecuación para resolverlo. No dejes de investigar, de informarte y de aplicar todo lo que aprendes para conseguir la salud y el cuerpo que deseas tener. Estar leyendo este libro, es un buen comienzo.

Recuerda que, el mayor acto de amor propio que puedes hacer por ti es cuidar de tu salud.

Escucha la increíble historia de Carlos Bruno, en el episodio 174 del podcast, de cómo perdió 50 kilos y recuperó su salud, escaneando este código QR.

60 | Duerme bien para perder peso

En un scoop anterior (#42) te comentaba la importancia de dormir bien para la síntesis proteica. Ahora, habría que ver si la falta de un sueño profundo pudiera estar afectando tu progreso cuando quieres perder grasa corporal. De lo que sí estoy seguro es que dormir mal es horrible, porque pasar todo el día somnoliento, bostezando y aguantando la jornada a punta de café, aparte de fastidioso, es poco saludable.

Más allá de que la falta de un buen descanso afecte tu productividad y tu salud, me gustaría que veamos juntos cómo podría estar afectando la falta de un sueño profundo los resultados de tu entrenamiento. Para ello, me gustaría poner sobre la mesa un estudio de Jabekk y compañía del año 2020 (86) donde evaluaron, durante 10 semanas, cómo afectaba el descanso en la composición corporal de los participantes. En esta investigación se buscaba comparar cómo era el progreso de un grupo de participantes que combinaban un entrenamiento de fuerza con un buen descanso, respecto al otro grupo al que no se le educaba en la salud del sueño. El resultado fue que, si bien ambos grupos pudieron aumentar su masa muscular, el primer grupo de entrenamiento con un mejor descanso perdió mucha más grasa.

El problema es que el estudio no controló el tema de la alimentación en los participantes, y el seguimiento del tiempo de descanso se hacía mediante un simple formulario. Aun así, estos resultados van en línea con lo que ya se sabe, que el descanso nocturno es fundamental para nuestra salud en general y para el rendimiento. Además, tiene un impacto a nivel hormonal que puede hacernos tener menos antojos y más saciedad durante el día. Afectando no únicamente la capacidad para realizar nuestros entrenamientos, sino también nuestra alimentación y recuperación.

🛒 Para llevar

Si tu objetivo es perder grasa corporal y quieres hacerlo de la forma más óptima posible, debes tener en consideración tu descanso nocturno. Si no quieres que el descanso se interponga entre tu objetivo y tú, saboteando tus resultados, evitando que rindas al máximo en tus entrenamientos, generando más ansiedad durante el día, provocando más antojos y dándote menos saciedad en tus comidas, entonces tienes que aplicar estrategias para mejorarlo de forma definitiva.

Entre 7 y 9 horas de sueño cada noche podría ser suficiente, en la gran mayoría de los casos, para proporcionar un buen descanso.

- 30-60 min de exposición solar al despertar
- Exposición solar al atardecer
- No gafas/lentes de sol
- Horario para levantarse y acostarse
- Habitación Fría y Oscura
- No alcohol
- Evitar cafeína 8-10h antes de ir a dormir
- Meditación/journaling
- Evitar pantallas/luces entre las 10PM-4AM
- Siestas <90min o no hacerlas

61 | En la variedad está el sabor

En mis primeros años de gym limitaba mis entrenamientos a unos pocos ejercicios. Los más conocidos, como el famoso press de banca, los jalones al pecho, las dominadas, los curl de bíceps, extensiones de tríceps, uno que otro ejercicio para pierna, alguno de hombro y poco más. No porque no hubiesen más, sino porque simplemente no los conocía. En cambio, a día de hoy, gracias a las redes sociales, buscadores como Google y Youtube, y plataformas como la nuestra en FullMúsculo con una base de datos de más de 1.800 ejercicios y programas de entrenamiento de todo tipo, podemos encontrar decenas de ejercicios para cada grupo muscular. Además de infinitas variantes, muchas progresiones y algunas técnicas avanzadas que nos permiten dar variedad a nuestro entrenamiento. Pero ¿contar con tantas alternativas es algo bueno que nos puede proveer de algún beneficio o más bien podría tener el efecto opuesto y perjudicarnos?

Si hablamos de comida, se dice que en la variedad está el gusto ¿cierto? Pero cuántas veces no has arruinado el sabor de un plato por querer ponerle demasiadas cosas. En tu cabeza seguro se veía espectacular pero luego el sabor no era tan bueno. De hecho, yo recuerdo haber arruinado más de una vez alguna pizza o alguna pasta hecha en casa por querer ponerle de todo. Que fuese salada pero que también llevara algo de dulce. Y terminas con cosas realmente asquerosas como una pasta con maíz y mayonesa o un Frankenstein de pizza que nadie se quiere comer.

Por eso, más no siempre es mejor. Eso pareciera aplicar tanto en la cocina como en el gym. Sin embargo, cuando buscamos aumento muscular ¿será mejor dar variedad al estímulo o quedarnos con un solo ejercicio? Ante esto, veamos qué nos dice la ciencia con un estudio de Brandão y colaboradores (87), en el que se buscaba comparar el crecimiento muscular en el tríceps cuando se entrenaba solo con el press de banca, solo con extensiones y una combinación de ambos ejercicios, haciendo primero las extensiones y luego el press y viceversa. En total eran 4 grupos donde solo 3 de ellos hacían press de banca. Un grupo lo hacía de forma aislada y los otros dos lo hacían en combinación con las extensiones de tríceps. Como dato curioso, los 3 grupos que hicieron press de banca aumentaron de forma muy similar el pectoral, pero el que menos aumento tuvo fue el grupo que lo dejaba para el final, después de las extensiones. Esto nos permite confirmar lo dicho en scoops anteriores: que darle prioridad al ejercicio en el que quieres mejorar podría traer mejores resultados en cuanto a aumento muscular.

Volviendo al tema del tríceps, el aumento de fuerza en las extensiones fue prácticamente el mismo en todos los grupos. En cuanto al aumento muscular, lo mejor pareciera ser el trabajo en combinación. Esto se debe a que el press de banca enfoca más trabajo en la cabeza lateral del tríceps y las extensiones de codo trabajan mejor el resto.

🛒 Para llevar

Si tu objetivo es mejorar los resultados en cuanto a aumento muscular, lo ideal sería combinar ejercicios compuestos con ejercicios de aislamiento.

Para ampliar esta información, escanea este QR y visita la sección de ejercicios de la web de FullMúsculo, donde podrás escoger los mejores ejercicios para cada músculo y así diseñar tu rutina ideal.

62 | ¿Cuánta proteína y cuándo comerla?

Si me dieran un dólar por cada vez que me hacen esta pregunta probablemente ya estaría jubilado en alguna playa del Caribe. Pero, por ahora no me pagan ni por recibirla, ni por responderla. Aun así, hoy todavía existen muchas dudas sobre la cantidad de proteína que debes comer y en qué momentos del día deberías consumirla. Creo que parte de esa confusión viene del miedo al catabolismo muscular, a la pérdida de músculo, que hace que algunos incluyan múltiples comidas ricas en proteínas a lo largo del día. Incluso, metiendo alguna por la noche e incluso de madrugada. Pero ese miedo es infundado. Si alguien te dice que debes hacer 5 o más comidas al día para mantener la síntesis proteica, huye. Huye lo más rápido que puedas y no mires atrás.

Incluso sabiendo que no es necesario pasarse el día comiendo y metiendo porciones de proteínas cada dos por tres, queda aún la duda de cuándo hacerlo y en qué cantidades. Sobre todo, cuando en el pasado también se dijo que el cuerpo tenía un límite de asimilación de proteínas por comida. Esto nos lleva a pensar que ni meter muchas comidas ricas en proteína pareciera ser la opción más óptima, ni tampoco la de hacer una sola ingesta. Y en un mundo lleno de mitos, lo mejor es tirar de ciencia. Así que mejor vayamos a los estudios más recientes a ver qué respuestas conseguimos en ellos.

Buscando en la última evidencia científica, he encontrado un estudio de Yasuda y compañía (88) realizado en 2020, en el que fueron evaluados los efectos de dos tipos de dieta sobre la fuerza y la masa muscular. La primera era una dieta donde la distribución de la proteína era equitativa a lo largo del día, y otra en la que la distribución era desigual. Resulta que ambos grupos consiguieron resultados, aun cuando hubo diferencias en la distribución de las proteínas. Básicamente pareciera ser más importante que cumplas con el aporte energético a lo largo del día, que cubras tus requerimientos proteicos diarios y que le des a tu cuerpo el estímulo necesario para verse en la obligación de progresar. Sin eso, no vas a llegar muy lejos.

🛒 Para llevar

Llévate que puedes ver resultados haciendo unas pocas comidas al día. Que no necesitas estar comiendo 4, 5, ni 6 veces al día. Si no, simplemente no estaríamos hoy aquí, yo escribiendo estas líneas (hace algunos meses ya), y tu leyéndolas ahora mismo. Porque esto de comer varias veces al día y hacerlo de forma automatizada es algo nuevo para nosotros como especie. Lo importante es que estés cumpliendo con el aporte de energía necesario, con tus requerimientos proteicos diarios y con el estímulo correcto en tus entrenamientos. Además, limitar tus comidas a lo largo del día a tan solo unas pocas, tiene sus beneficios. El ayuno intermitente ha demostrado ser efectivo para mejorar la saciedad y el control de los antojos.

Si tu objetivo es perder grasa corporal sin duda tendrás mayores beneficios haciendo menos comidas, siempre que el ayuno sea consecuencia de un cambio de alimentación y de mentalidad. Y si tu objetivo fuese el de aumentar masa muscular, no tendrías problemas haciendo ayuno siempre y cuando garantices que se cumpla lo anteriormente mencionado, entre ello el aporte proteico. Que la evidencia científica nos indica que podrías obtener beneficios si aseguras un consumo diario igual o mayor a 1.6 gramos por kilo de peso corporal al día (89).

63 | Puedes progresar sin planificar

C ada vez estoy más convencido de que es posible progresar sin planificar una rutina de entrenamiento. Sin la tediosa tarea de tener que cuantificar el volumen de entrenamiento, tener que contar repeticiones ni tener que calcular el tiempo de descanso. Sin esa necesidad de conocer variables ni principios del entrenamiento. Dejando toda la teoría de un lado y dedicándose directamente a la práctica. Es decir, pasando a la acción.

Estoy convencido de que se puede progresar (y mucho) simplemente asegurándonos de darlo todo en cada serie y en cada sesión de entrenamiento. Asimismo, se puede lograr mucho descansando lo suficiente entre cada serie de forma consciente y recuperando lo necesario entre sesiones de entrenamiento. De hecho, así fue cuando más progresé durante mis primeros años en el gym. Simplemente me enfocaba en darlo todo en cada serie, llegando cerca de ese fallo muscular.

Esto es posible porque cuando empiezas a comprender las señales que te da tu cuerpo, eres capaz de autorregular tus entrenamientos y de progresar mediante el esfuerzo de tu sesión. Ahora, esto para mí era una mera suposición. Una suposición que tenía cierto sentido, pero suposición al fin. Hasta ahora que me he cruzado con el estudio de Gomes y colaboradores del año 2020 (90), con el cual he podido "validar", de cierta forma, mi hipótesis personal.

Si de algo no cabe duda es que la sobrecarga progresiva es clave para mejorar a nivel físico y estético, y no hay una única manera escrita en piedra de cómo asegurarse de obtener esa sobrecarga. Puedes hacerlo mediante el índice del esfuerzo percibido, las repeticiones en recámara o mediante la velocidad del movimiento. Sin embargo, todas estas estrategias se basan en un feedback inmediato. Una valoración inmediatamente después de cada serie. Una medición constante que se vuelve aburrida en el tiempo y termina por no ser sostenible a la larga. Por esa razón, Gomes propone en su estudio asegurar una sobrecarga progresiva con una valoración de toda la sesión de entrenamiento, y no después de cada serie. Es decir, el esfuerzo que ha supuesto para ti toda tu rutina de entrenamiento, unos 15 a 30 minutos después de haberla terminado. Esto es lo que se conoce como RPE de la sesión. Se valora con un número entre el 0 y el 10 ese esfuerzo realizado durante el entrenamiento, en el que cero representa ningún esfuerzo o reposo absoluto, y el 10 se traduciría como un esfuerzo máximo. Todo esto, con la finalidad de estimar la fatiga generada por tu entrenamiento.

En el estudio, se comparó el uso de esta estimación del RPE por sesión con una planificación previamente diseñada. En ambos casos, se ganó fuerza y músculo sin diferencias significativas. Lo que me da a pensar que estaba en lo cierto. En otras palabras, que se puede progresar perfectamente sin tantas variables, mediciones ni conceptos. A pesar de ello, esto no significa que sea la forma más óptima para progresar, pero es sin duda una alternativa para todas aquellas personas que no consiguen adherirse a una planificación, o simplemente quieren entrenar sin tener que llevar el control de cada detalle.

🛒 Para llevar

Es interesante ver cómo se puede progresar cuando eres capaz de reconocer el nivel de fatiga generado por tu entrenamiento. Cuando puedes entender el idioma que habla tu cuerpo. Por ejemplo, cuando sientes que estás recuperado tras una serie para poder afrontar la siguiente y cuando sientes que has descansado lo suficiente tras una sesión de pectoral para ir y trabajarlo nuevamente. El inconveniente creo que está en haber o no percibido un esfuerzo máximo antes, ese 10 de 10, para poder ser capaz de identificar cuando estamos en un rango óptimo (7-9) que nos asegure un entrenamiento efectivo, o en uno menos difícil (3-6) o uno muy fácil (1-2) el cual nos permita tener margen para progresar, sea en carga o en series.

Este mismo inconveniente lo encontramos cuando intentamos regular cargas por el esfuerzo percibido en cada serie. Cuando intentamos llevar todo medido, todo cuantificado. Porque si nunca has experimentado el fallo muscular, difícilmente puedas estimar con precisión el esfuerzo de cada una de tus series. Y si no puedes estimar con precisión el esfuerzo de tus series, probablemente estés entrenando muy lejos de ese fallo muscular y simplemente tu entrenamiento no esté siendo del todo efectivo, ya sea que midas y cuantifiques o no. Quédate con que hay formas más óptimas y precisas para cumplir con el principio de la sobrecarga progresiva, pero recuerda que lo óptimo no siempre es lo mejor para ti.

Para ampliar esta información, escanea este QR y lee el artículo de la web de FullMúsculo "¿Qué es la sobrecarga progresiva y cómo lograrla?", en el que Ernesto De La Vega, experto en ciencias de la actividad física y el deporte, explica sobre el tema.

64 | La necesidad de comer antes de entrenar está en tu cabeza

En el pasado si no comía no podía ni salir de casa a hacer una simple diligencia porque, como ya te he contado, me mareaba, me daba dolor de cabeza y me ponía de mal humor. En la actualidad esto ya no es así; hoy por hoy entreno en ayunas y lo hago a igual, o incluso a mayor rendimiento que antes. Esto es lo que se conoce como flexibilidad metabólica.

Tu cuerpo es una máquina impresionante, capaz de funcionar principalmente con dos combustibles: glucosa y cetonas. Estos sirven para satisfacer las necesidades energéticas del cuerpo durante el día y la noche, cuando haces dietas o cuando ayunas. El problema es que esa capacidad se pierde como consecuencia de un estilo de vida sedentario y con una alimentación cargada en carbohidratos (azúcares). En ese contexto es inevitable que vayas a perder rendimiento cuando no comes antes de entrenar, tal como hemos visto en un scoop anterior que sucedía con el desayuno.

Sin embargo, una vez que estás adaptado y has recuperado la flexibilidad metabólica, tu cuerpo es capaz de utilizar las grasas de forma eficiente para funcionar y puedes afrontar sin ningún problema tu día a día, e incluso tus entrenamientos más demandantes. Si no fuese así, sencillamente no hubiésemos sobrevivido como especie. En el pasado la comida era consecuencia de un esfuerzo físico, es decir, tenías que moverte para buscar, cazar y recolectar tus alimentos.

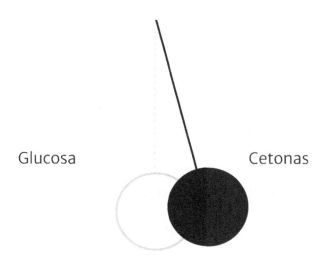

Glucosa   Cetonas

Una vez expuesto lo anterior, la ventaja que muchos creen obtener con una comida previa al entrenamiento pudiera estar solo en su cabeza. Es decir, puede que no sea un beneficio físico real sino un beneficio psicológico. Al menos eso pareciera demostrar un estudio de Naharudin y colegas del año 2020 (91) en el que se comparó el rendimiento en el entrenamiento cuando se hacía un desayuno rico en carbos, cuando se consumía solo agua o simplemente se les suministraba un placebo con muy poco aporte energético. Sucede que, cuando el consumo era únicamente de agua, el rendimiento disminuía. Ahora, con el placebo el rendimiento era prácticamente el mismo que con la comida pre-entreno rica en carbos, incluso cuando el placebo aportaba tan solo unas 29 calorías y la comida casi unas 500. Esto da a pensar que el beneficio que obtenemos al hacer una comida rica en carbohidratos previa a un entrenamiento, pudiera estar solo en nuestra cabeza. Y probablemente, si estás acostumbrado a entrenar después de haber comido, tu rendimiento se va a ver afectado cuando no lo haces.

🛒 Para llevar

Tal como lo he mencionado en un scoop anterior, si estás adaptado a entrenar en ayuna, podrías hacerlo perfectamente y tener un buen rendimiento. En cambio, si fisiológicamente, y psicológicamente hablando, estás habituado a entrenar habiendo comido antes, entonces el omitir esa comida pre-entreno va a tener un impacto negativo en tus entrenamientos. Mi recomendación aquí sería recuperar esa flexibilidad metabólica de la que he hablado antes para ser capaz de entrenar y rendir en ambos casos. Le harás un bien a tu cuerpo y a tu salud.

65 | El número mágico de repeticiones

Siempre ha parecido que existe un número de repeticiones ideal para todos, en mi caso el número mágico era el 15. De hecho, recuerdo perfectamente como todos los ejercicios que me mandaban a hacer eran a 15 repeticiones, y yo esto no me lo cuestionaba. Total, era el entrenador quien me lo mandaba y yo era el entrenado. Puede que para ti haya sido el 12 en lugar del 15, o te hayan llevado a rangos más altos de incluso 20-25 repeticiones. La cuestión es que parecía haber un número mágico de repeticiones y que ese número aplicaba para todos por igual.

Para cualquier entrenador de la sala de musculación en cualquier gimnasio del mundo, le resulta imposible llevar una planificación para cada cliente. Eso está claro. Por eso resultaba, y resulta, más fácil hacer entrenar a todos prácticamente igual: press de banca, press inclinado y press declinado, 4 series de cada uno a 15 repeticiones por serie. Así era el clásico entrenamiento de pecho semana tras semana y todavía se sigue haciendo.

Y quiero decirte que esto no está del todo errado, porque la mayoría de las personas inscritas en un gimnasio son principiantes y cualquier estímulo que le pongas les va a hacer mejorar. De eso no hay duda. Aunque, eso sería como si fueses médico y le recetas ibuprofeno a todo el que llega a tu consulta con un dolor de cabeza sin indagar más allá sobre sus síntomas, patologías, alergias, etc. Podrías terminar matando a unos cuantos. Bueno, eso ya se hace, pero eso no nos incumbe a nosotros por ahora. El punto es que, si no hay un número de repeticiones ideal para todo el mundo, entonces, ¿cuántas repeticiones tendrías que estar haciendo?

La respuesta es fácil pero no simple, porque la cantidad de repeticiones que hagas pareciera estar relacionada con el objetivo que tengas. Sin embargo, pareciera no haber mayores diferencias en cuanto al aumento muscular si las series se igualan. Es decir, si trabajas en un rango de 15 repeticiones o de 8, pero a la misma cantidad de series. El resultado en cuanto a aumento muscular va a ser similar, siempre y cuando en ambas situaciones las series sean llevadas cerca del fallo muscular.

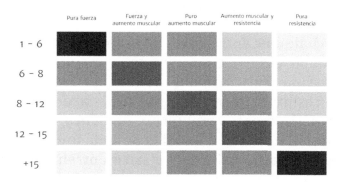

MÁS OSCURO = MÁS GRANDE EL EFECTO

Para que me entiendas mejor, te quiero compartir los resultados de un estudio de Kubo y compañía del año 2020 (92). En él se comparó el efecto en el aumento muscular y la fuerza con 3 grupos entrenando durante 10 semanas en distintos rangos: 4 repeticiones máximas (RMs), 8 RMs y 12 RMs. Los 3 grupos lograron un aumento muscular similar en el pectoral. Ahora bien, los 2 grupos con un rango de repeticiones más bajo fueron los que más fuerza ganaron. La clave está en la frase: "los que más". ¿A qué me refiero con esto? Si bien los que ganaron más fuerza fueron los que hicieron 4 y 8 RMs, los que trabajaron con 12 RMs también ganaron fuerza.

Esto me lleva a dejarte una conclusión, y algunas aplicaciones prácticas, bastante claras.

🛒 Para llevar

Puedes progresar en fuerza y en aumento muscular en cualquier rango de repeticiones. Eso de que solo debes entrenar a 12 o 15 repeticiones es cosa del pasado, y lo de entrenar a más repeticiones para definir también. Ya lo hemos discutido en un scoop anterior (#6). Sin embargo, en el caso de la fuerza si que pudiera ser óptimo ubicarse en rangos más bajos y en el caso del aumento muscular en rangos más bien intermedios. La clave está en la intensidad.

En el estudio se llevaron las series hasta el fallo muscular, y cuando las series son llevadas al fallo, el rango de repeticiones no es determinante cuando se quiere aumentar masa muscular. No obstante, ya por scoops anteriores sabes que llegar al fallo siempre no es bueno y, además, no es necesario. En fin, que puedes trabajar en cualquier rango, independiente de cual sea tu objetivo, y que el rango que elijas va a depender más bien de tus preferencias, del equipamiento y del tiempo que dispongas. La clave está, una vez más, en la intensidad.

66 | Dale prioridad a lo que sea tu prioridad

El título parece tan obvio y tan directo que da a pensar que no queda nada por decir. Y es que puede parecer obvio que si quieres mejorar tu físico tienes que entrenar, ¿cierto? Es lo que haría la mayoría y es lo que he hecho yo. El problema está en que tanto tu físico como tu salud siempre se ve lastrada por aquello que tienes más descuidado, es decir, a lo que menos atención le pones. La cadena siempre rompe por el eslabón más débil y tal vez es ahí donde debería estar tu atención y donde deberías poner tu esfuerzo. Para algunos ese eslabón puede ser el descanso; para otros podría ser la alimentación, o el movimiento. Busca cuál es el tuyo y pon allí tu atención.

Ahora sí, hablando específicamente del entrenamiento, sabemos que la mayoría de las recomendaciones te dicen que hay que meter ejercicios multiarticulares al inicio de tus rutinas por un tema de fatiga muscular y tal. Hasta ahí perfecto, pero ¿te has puesto a pensar qué pasaría si das prioridad a aquellos ejercicios en los que te gustaría progresar más y donde quieres mejorar? Por ejemplo, supongamos que te gustaría mejorar en tus extensiones de tríceps, pero como la evidencia pareciera indicar que lo mejor es hacer primero ejercicios multiarticulares, entonces tú sigues dejando las extensiones para el final de tu rutina.

¿Qué pasaría si las metes al inicio del entrenamiento?, ¿pudieras mejorar más en ese ejercicio? Ese fue justo el propósito de un metaanálisis de Nunes y colaboradores del año 2019 (93). Se buscó comparar cuál era el nivel de influencia que tenía el orden de los ejercicios en el aumento muscular y la fuerza. Resulta que, en el caso de la fuerza, podría ser mejor si metes al principio ese ejercicio en el que quieres mejorar. Ahora, en cuanto al aumento muscular, pareciera dar igual el orden de los ejercicios. En todos habrá ganancias y las diferencias no serán significativas entre el que hagas al principio y el que dejes para el final.

🛒 Para llevar

Si tu objetivo es aumentar masa muscular, queda bastante claro lo que hay que hacer. Yo no me preocuparía por el orden de los ejercicios. Busca el orden que te dé mayor satisfacción, porque es lo que te hará tener una mayor adherencia. Es decir, tan sencillo como que hagas lo que te gusta y en el orden que prefieras porque será el modo en el que más fácil será para ti, ir y entrenar. En cambio, si tu objetivo es la fuerza, allí sí que miraría más de cerca el orden y daría prioridad a ese ejercicio en el que quieras mejorar.

67 | "Sin dolor no hay gloria"

S in dolor no hay gloria, dicen. ¿Cuántas veces has escuchado esta frase que, con tan solo 5 palabras, puede ponerte en el camino equivocado? Te digo esto porque muchas personas consideran que el dolor muscular es un indicador de progreso y creen que, si no hay dolor, el entrenamiento no ha sido efectivo y no verán resultados. Para saber qué te puede indicar el dolor y qué no, tienes que saber que el dolor no necesariamente tiene que provenir de un daño muscular. Hay muchos detalles que aún se desconocen sobre el daño muscular, el músculo, la producción de fuerza, etc. Sin embargo, en este apartado vamos a enfocarnos en lo que sí sabemos para poder descubrir qué puede predecir el dolor y qué no.

Lo primero que deberías saber es que los dolores musculares no predicen el daño (94) ni el rendimiento, pero podrían indicar que tus músculos se están reparando. Lo segundo, es que el daño muscular no está necesariamente relacionado con el aumento muscular de forma directa (95), como antes se creía. Entonces, esa lógica que hasta ahora muchos han tenido de: ENTRENO -> DAÑO MUSCULAR -> AUMENTO MUSCULAR, está parcialmente errada. Si bien el daño muscular está potencialmente relacionado con el aumento de la musculatura, porque no se puede trabajar un músculo sin que haya algún daño, cuando hay mucho daño el cuerpo primero va a dedicar recursos para reparar y no para crecer. No puedes pretender hacer un castillo a partir de una casa si sus columnas están dañadas. Primero tendrás que dedicarte a reparar las bases para poder empezar a construir hacía arriba.

Ya sabemos qué es lo que el dolor y el daño muscular no significan. Ahora veamos lo que sí nos estaría indicando y lo que podría predecir.

El dolor muscular de inicio retardado, o DOMS, te está queriendo decir que los músculos fueron entrenados y que cierto daño ha ocurrido. No fue necesariamente que hubo una sobrecarga que te permitirá conseguir un aumento muscular, pero definitivamente si te hace sentir que hiciste trabajar a ese o esos grupos musculares. También te dice que tu tejido muscular está siendo reparado. Ahora, eso no significa que no puedas volver a entrenar, porque cuando estás sintiendo dolor la mayor parte del daño ha sido reparado y ya eres capaz de producir fuerza nuevamente. A pesar de que podría ver afectada la movilidad y el rendimiento, no significa que no puedas entrenar porque tengas agujetas. Lo que sí deberías evitar es el fallo muscular, porque esto genera mucho más daño (y además no es necesario). De igual forma, deberías evitar inducir más sobrecarga cuando hay daño muscular real, cuando eres incapaz de mantener tu rendimiento, si se ve afectada la capacidad de hacer repeticiones o de entrenar con peso que antes sí podías manejar. Si tu rendimiento es bajo, no es buena idea seguir sobrecargando. Sería mejor entrenar algún músculo que no tengas adolorido o simplemente saltarte ese día.

Para llevar

No uses las agujetas como un indicador de progreso o daño muscular. El rendimiento será el mejor indicador. Si consideras que no estás mejorando a una velocidad razonable, probablemente tu cuerpo te está diciendo que es suficiente sobrecarga. De ahí la importancia de que aprendas a escuchar a tu cuerpo, a entender sus señales y autorregular tus entrenamientos.

68 | ¿Cómo cambia el entrenamiento en la mujer?

Empecemos por entender que cada mujer es un mundo y así como hay quienes pueden afrontar un entrenamiento sin problema durante sus fluctuaciones hormonales, habrá quienes sientan incomodidad, no tengan ánimo o simplemente no estén motivadas. Esto se debe a que dichas fluctuaciones hormonales, que suceden durante el ciclo menstrual de una mujer, afectan cómo se utilizan los distintos sustratos energéticos (96). Sin embargo, la evidencia científica nos dice que esos cambios no alteran el rendimiento físico durante un entrenamiento, o al menos no de la forma en la que se pensaba que podía afectar. Lo más importante sería aprender a fluir durante el ciclo menstrual, siendo capaz de ajustar la carga y la intensidad del entrenamiento a las distintas sensaciones, según cada caso.

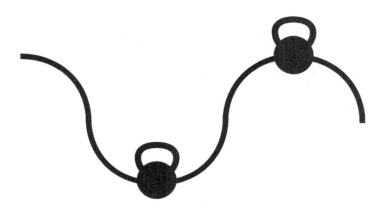

No quiero entrar en detalles muy técnicos para no aburrirte, pero las mujeres tardan más en fatigarse y se recuperan más rápido que los hombres, debido a distintos aspectos hormonales y musculares. Para ambos sexos, el aumento muscular tiene resultados bastantes similares (97). En cambio, con la fuerza parece ser distinto. Resulta que en el tren superior del cuerpo, las mujeres ganan más fuerza que los hombres (97). Ahora, cuando se trata del tren inferior está mucho más pareja la cosa porque las ganancias de fuerza son similares en ambos (97). Por lo que hasta ahora podríamos concluir que, bajo un mismo estímulo y un mismo entrenamiento, las ganancias están bastante igualadas. De hecho, podríamos decir que las mujeres nos llevan ventaja y obtienen incluso mejores resultados en la ganancia de fuerza.

Pero una cosa es lo que nos dice la evidencia científica, y otra cosa es lo que ocurre realmente dentro de los gimnasios durante los entrenamientos de las mujeres. En la práctica, podemos ver como la mayoría de las mujeres toman pesas más pequeñas y entrenan a intensidades más bajas (98). Y como ya sabemos de scoops anteriores, entrenar a una alta intensidad cercana al fallo muscular es fundamental cuando se busca un aumento muscular. Lo que no nos permite ver en la práctica esa diferencia que, a priori, nos demuestran los estudios.

🛒 Para llevar

Quiero que te quedes con que las variables y los principios del entrenamiento son los mismos para todos, tanto para hombres como para mujeres. No hay discriminación. Por lo tanto, debe prevalecer una alta intensidad en los entrenamientos (series efectivas) así como un buen volumen de entrenamiento a una buena frecuencia, si queremos ver buenos resultados tanto en hombres como en mujeres.

Además, si tenemos en cuenta que el ciclo menstrual y las variaciones hormonales no afectan en mayor medida el rendimiento de la mujer en los entrenamientos, entonces podríamos decir que la programación para ambos sexos sería la misma, siempre que tengamos en cuenta que el objetivo físico de una mujer puede ser totalmente opuesto al del hombre. Cuando el hombre puede estar buscando mayores ganancias musculares y de fuerza en el tren superior, la mujer, en cambio, pudiera querer obtener más músculo y fuerza en sus piernas y glúteos De modo que se deben tener en cuenta esas diferencias en cuanto al objetivo estético de ambos sexos a la hora de programar el entrenamiento.

69 | Cronometrar los descansos o autorregularse

En el scoop #34 hemos hablado sobre cómo los descansos más largos podrían traer mejores beneficios, en cuanto a rendimiento y aumento muscular. También ha quedado bastante claro que descansos más largos no siempre son prácticos, sobre todo cuando estás corto de tiempo. No obstante, hasta ahora estábamos comparando tiempos de descanso fijos, cronometrados, unos más largos que otros. No habíamos hablado hasta ahora de descansos autorregulados, es decir, tiempos de descanso estimados por nosotros mismos según la percepción del esfuerzo realizado y las sensaciones después de cada serie.

¿Qué tanto podríamos fiarnos de nuestras propias sensaciones para estimar un descanso óptimo entre series? Primero debemos entender por qué sería una estrategia interesante autorregular los descansos, en vez de cronometrarlos a intervalos fijos de tiempo. Y esto es bastante simple: cada ejercicio es distinto. No es lo mismo hacer una sentadilla con barra con un esfuerzo percibido de 7 sobre 10, a realizar unas extensiones de tríceps en polea hasta el fallo. Todo cambia, el esfuerzo, la ejecución, los músculos implicados, etc. y cada serie también es distinta a la anterior por la fatiga que vamos acumulando. Entonces, ¿cómo podría ser un tiempo fijo, un descanso óptimo entre todas las series de una misma sesión de entrenamiento? A mi parecer, no podría. Pero eso es lo que yo pienso, así que mejor veamos qué tiene que decir la ciencia al respecto.

En un estudio (99) realizado con 33 hombres entrenados se comparó cómo cambiaba el rendimiento y las ganancias de fuerza cuando se usaban intervalos de descanso fijos vs descansos autoseleccionados. A pesar de que no se apreció ninguna diferencia en cuanto a ganancia de fuerza, el grupo con descansos auto seleccionados hizo más series. Esto resultó en un mayor volumen de entrenamiento, que en scoops pasados ya hemos asociado a mayores ganancias musculares. Sin embargo, cuando se habla de ganancias de fuerza pareciera que la evidencia actual no les da ventaja clara a los descansos más largos, o al menos así lo evidencian la mayoría de los estudios. Pero esa paridad podría romperse a largo plazo, es decir, que con el pasar de las semanas, quienes hayan realizado descansos más extensos terminen ganando más fuerza (100).

🛒 Para llevar

Descansos más largos pueden promover un mayor aumento muscular cuando igualas el volumen de entrenamiento. Pero, en cuanto a fuerza pareciera no haber diferencia, al menos no a corto plazo.

Esos descansos más largos pueden permitir que metas más repeticiones (101) y que aumentes la carga de los ejercicios con mayor frecuencia. Permitiendo a su vez que entrenes con mayor intensidad y que a largo plazo termines incluso ganando más fuerza como ya lo había comentado antes. A pesar de que en las primeras semanas pareciera no suponer ninguna ventaja.

Con todo lo anteriormente dicho pareciera que aún no tenemos una respuesta clara en cuanto a la superioridad de un descanso autorregulado en comparación con un tiempo fijo. El problema radica en que tiempos fijos hay muchos. Podrías elegir 30 segundos, cómo podrías haber elegido 3 minutos, ambos son intervalos fijos de tiempo. En cambio, el resultado sería bastante diferente si comparamos un tiempo fijo de 30 segundos contra un descanso autorregulado, a comparar un tiempo fijo de 3 minutos con un descanso autorregulado. En el primero pudiera parecer que el descanso autorregulado es superior y en el segundo pudiera ser superior el intervalo de tiempo fijo. Va a depender de todas las variables que te he mencionado antes. Porque vuelvo y repito: cada serie, cada ejercicio y cada sesión de entrenamiento es distinta.

Por lo tanto, aquí la conclusión que te puedes llevar es que hagas pruebas. Compara cómo cambia tu rendimiento en cada caso. Usando descansos fijos más cortos, descansos más largos y descansos autorregulados. Pero lo más importante de todo, es que sepas que ningún entrenamiento es igual a otro y que tendrás que ajustar tus descansos como corresponda. Sea utilizando tiempos fijos y cronometrados o usando tiempos autorregulados.

Progresar por la vía negativa

C ada vez que alguien se me acerca para pedirme asesoría me pregunta: ¿qué debo hacer?, ¿qué tengo que tomar?, ¿qué necesito comprar? El desconocimiento, junto con las redes sociales, nos han hecho pensar que tenemos que hacer mil y una cosas para estar en forma y tener salud. Nos han hecho creer que tenemos que estar constantemente sumando cosas nuevas a nuestra vida para poder conseguir nuestro objetivo. Esto es algo que atrae a la mayoría por el factor de la novedad y a tu cerebro le gusta esto.

Cada vez hay más personas creyendo que, para poder estar en forma y gozar de una buena salud, tienen que hacer dietas estrictas, ayunos, aplicar técnicas avanzadas en el entrenamiento, usar lentes bloqueadores de luz azul, tomar decenas de suplementos y productos, usar zapatos minimalistas, aprender a preparar cientos de recetas, etc. Eso es lo que se promueve a través de las redes sociales, o al menos eso es lo que a mí me parece. Se está fomentando que introduzcas más elementos en tu vida para mejorar, cuando lo más conveniente sería comenzar por quitar, eliminar aquellas cosas que sobran, todo lo que no te está aportando nada para tu salud y bienestar físico. Y de esa forma, conseguir increíbles resultados.

Si tienes una mesa con una pata mocha que se balancea y la quieres arreglar tienes dos opciones: la primera, es la de poner un trozo de papel en la pata que está más corta. Esta es la opción que la mayoría busca como solución. Sin embargo, no es una solución permanente, porque el papel se aplana o simplemente se sale constantemente de su lugar y deja de hacer efecto.

La segunda opción, que es aquella definitiva, es la de acortar las otras patas y nivelar la mesa. Que sí, la mesa perderá algo de altura, pero ganas en estabilidad y es una solución definitiva. Así como con la mesa, lo mismo sucede con tu físico y con tu salud. A veces puedes mejorar más quitando y eliminando cosas que no te están sumando, sino que más bien te perjudican. Esto es lo que se conoce como vía negativa. Es decir, el proceso de tomar mejores decisiones, eliminando las malas. Enfocarte en los malos hábitos que tienes y eliminarlos. Solo con eso, ya estarás progresando más que cualquier persona de tu entorno.

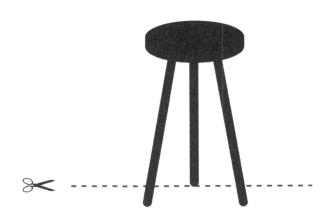

"A veces se gana perdiendo" Jeremy Jackson. Sabias palabras. Y esto aplica para todo, no únicamente para el físico y la salud. Aplica en tu productividad en el trabajo, en tus relaciones personales, en las finanzas, etc. Te doy un ejemplo: quieres bajar de peso, pero no tienes una buena alimentación y lo sabes. En lugar de querer empezar haciendo ayunos y restringir tu dieta (que ya en el pasado no te ha funcionado), empieza simplemente por disminuir o eliminar los procesados y ultraprocesados de tu alimentación. Empieza por sacarlos de casa y deja de comprarlos si no tienes suficiente autocontrol como para ser quien decida cuándo comerlos y cuándo no. Eso es un enorme primer paso. Solo con eso, vas a ver una mejoría brutal en tu físico y en tu salud. No solo por el hecho de quitarte de en medio un montón de productos que aportan calorías vacías, sino porque ese vacío que dejan esos procesados los tendrás que llenar con alimentos saludables, que te aportan un mayor valor nutricional y también saciedad. Créeme que funciona y de maravilla, así lo hemos vivido con miles de socios que han confiado en nuestros programas todos estos años.

🛒 Para llevar

Empieza por quitar y olvídate de tener que agregar. Olvídate de poner cosas encima de tu mesa que tiene esa pata chueca porque todo lo que pongas tarde o temprano se vendrá abajo y te habrás quedado donde empezaste, con tu mesa inestable. Mejor enfócate en recortar esas patas de la mesa donde están sobrando algunos centímetros para poder emparejarlas y recuperar la estabilidad. Quita esas decisiones y hábitos que no están sumando en tu vida, y una vez hayas emparejado todas sus patas, entonces podrás pensar en agregar algunas cosas que te podrían ayudar a potenciar tus resultados.

Una buena forma de saber por dónde empezar para eliminar lo que no te aporta es conociéndote a ti mismo. Dedica algunos minutos listando todos los hábitos de tu vida, cada uno de los hábitos que tienes en cada pilar fundamental: alimentación, movimiento, actividad física, descanso y manejo del estrés. Luego, sepáralos en dos columnas: en malos hábitos y en buenos hábitos. Y finalmente, escribe al lado de cada mal hábito cómo planeas sacarlo de tu vida. Dedícate un par de meses a trabajar en eliminarlos de tu vida y en automatizar esas decisiones.

70 | ¿Cuánto café es mucho café?

En un scoop anteriores te he hablado del café como pre entreno (scoop #11). Sin embargo, en esta ocasión quiero hablarte de su consumo frecuente, porque mucha gente depende, o cree depender del café, para funcionar. Por cierto, yo lo era. Yo dependía no de una, ni de dos, sino de 3 y hasta más tazas de café al día para "funcionar", hasta que me dí cuenta que simplemente estaba intentando enmascarar otros problemas de salud que tenía que no me permitían tener energía para afrontar el día.

"Si no bebo café no soy gente", te dicen. Y sí, probablemente no lo sean, pero no porque necesiten del café sino porque necesitan de un cambio de hábitos urgente que les permita recuperar la salud y la energía que nuestro cuerpo debería de tener de forma automática por sí solo cada mañana, sin ningún tipo de ayuda ergogénica.

En las redes sociales se habla constantemente de los maravillosos beneficios del café en la dieta, sin embargo, debes tomar en cuenta que el consumo de una droga psicoactiva como la cafeína podría tener efectos adversos. Siempre que sea de calidad y se use con cabeza estoy seguro de que la cafeína puede proveerte de muchos beneficios. Aun así, nadie allí fuera te está diciendo cuánto café es mucho café. El problema inicia en que la cafeína no solo la contiene el café, también está presente de forma natural en el té, el cacao, la guaraná, la yerba mate, y se agrega en refrescos, bebidas energéticas y suplementos, tanto de pre-entrenamiento como los de pérdida de peso. Lo que quiere decir que podrías estar subestimando la cantidad de cafeina que estás consumiendo a lo largo del día si incluyes más de una de estas bebidas en tu dieta. De hecho, muchas de estas bebidas contienen incluso más cafeína que el mismo café.

Entonces, ¿cómo podemos saber cuánta cafeína es mucha cafeína? Lo primero es saber que el consumo seguro de la cafeína es relativo, porque depende de la dosis, de tu salud y de su procedencia. No es lo mismo que te estés bebiendo una taza de café de un grano de calidad recién molido, a que te estés tomando una bebida energética, por ejemplo. Puede que bebas algunas tazas de café al día y no tengas ningún tipo de problema, mientras otras personas con solo una taza pueden experimentar efectos no deseados como disrupción del sueño, dolores de cabeza y nerviosismo. Si presentas alguno de estos síntomas entonces probablemente lo mejor es que reduzcas la dosis o que lo elimines por completo. Total, no necesitas café para sobrevivir ni tampoco para ser productivo y probablemente mientras más tomes más lo vas a querer o necesitar, porque con el tiempo y la repetición diaria del hábito vas a desarrollar tolerancia a la cafeína.

Teniendo en cuenta lo anterior, te puedo dar algunas pistas de lo que podría ser un consumo seguro, pero debes tomar en cuenta que es solo eso, una guía. Para adultos saludables algunas instituciones como la EFSA (102) y la NAS (103) aseguran que hasta 400 mg al día no supone un riesgo para la salud. Eso sería a lo largo de todo un día, pero para una sola toma se considera seguro hasta 200 mg de cafeína. Ahora, debes tomar en cuenta que adultos saludables no hay muchos en el mundo moderno en el que vivimos, y que la vida media de la cafeína en el organismo de una persona sana es de unas 6 horas y la vida media de eliminación de la cafeína puede oscilar entre 1,5 y 9,5 horas (104). Esto quiere decir que, cualquier toma que hagas después de las 4:00 de la tarde. podría significar que te estés intentando ir a dormir por la noche con un cuarto de taza de café aún recorriendo tu cuerpo. Por esa razón, si tienes problemas para descansar bien por las noches, evita cualquier forma de cafeína después de las 4 de la tarde. Y, ¿qué pasa si tomas mucha cafeína? Pues que te puede matar, porque 10 mg de cafeína por kilo de peso corporal es considerado tóxico y 150 mg por kg puede ser letal (105).

🛒 Para llevar

A pesar de que son recomendaciones generales, yo te diría que te mantengas muy por debajo de ellas para evitar cualquier problema que pudiera ocasionar a largo plazo, a pesar de que hay evidencia que sostiene que la cafeína es bastante segura. Y añadiría que no lo tomes a diario. Hay algunos casos en los que no sería recomendable beberla del todo, por ejemplo, si tienes problemas de sueño, ansiedad, problemas a nivel intestinal, afecciones cardiacas o si estás demasiado estresado. En cualquiera de esos casos, es mejor evitarla en cualquiera de sus formas. En cambio, si eres una persona sana y activa, podrías obtener beneficios usándolo como pre-entreno para esos entrenamientos más demandantes.

Para ampliar esta información, escanea este QR y lee el artículo de la web de FullMusculo "Cafeína: ¿Cuales son sus propiedades y beneficios?", en el que Luis Pisquiy, Médico y cirujano general, con Postgrado en Farmacología, suplementación y nutrición en el deporte, explica sobre el tema.

71 | ¿Cuánta proteína es suficiente proteína?

En las redes sociales hay para todos los gustos y las recomendaciones de proteína no podrían ser la excepción. Las vas a encontrar desde los 0.8 gramos por kilo de peso corporal al día (he visto incluso menos) hasta por encima de los 3 g/kg/día (incluso he visto a alguno recomendando más). Pero, en un rango tan amplio, ¿cómo podemos saber cuánta proteína puede ser suficiente proteína? La realidad es que, como en todo lo que es nutrición y entrenamiento, la respuesta correcta siempre tendría que ser un gran DEPENDE, porque el aporte proteico recomendado está relacionado con muchos factores: tu estado de salud, composición corporal, objetivos, nivel de actividad física, etc. Así que, lo único que te puedo dar yo aquí es simplemente una referencia. Tendrás que ser tú quien decida.

Antes, debes saber que los requerimientos diarios de proteína se expresan en gramos por kilo de peso corporal al día. Es decir, si pesas 70 kilogramos y te digo que debes consumir 1 gramo por cada kilo de tu peso corporal al día, estaríamos hablando de 70 gramos de proteína que debes introducir a través de tu alimentación cada día. Ten en cuenta que son 70 gramos del macronutriente, no del peso del alimento. Entendiendo lo anterior, te puedo adelantar que las recomendaciones, de acuerdo a la evidencia científica, varían entre 1.2 g/kg/día hasta los 2.4 g/kg/día. Que te vayas más hacia un extremo o hacia el otro, va a depender de todo lo que te he comentado antes.

Mi recomendación es que empieces siempre por el extremo inferior y le des tiempo suficiente a tu cuerpo para que genere las adaptaciones musculares. Esto va a ocurrir siempre y cuando le estés dando el estímulo correcto al músculo, que el aporte energético sea suficiente y estés descansando bien. No va a depender solo de la cantidad de proteínas que estés consumiendo. Piensa que sin un buen estímulo, tus fibras musculares no se ven en la necesidad de hacerse más fuertes y crecer. Además, ten en cuenta que más no siempre es mejor. De ahí que mi recomendación sea la de empezar por bajo e ir ajustando. Incluso te recomendaría primero cuantificar cuánta proteína consumes en un día habitual antes de modificar cualquier cosa en tu dieta para saber de dónde partes.

Te digo que no siempre más es mejor porque una revisión sistemática de Morton y colaboradores del año 2018 (106) no vio diferencias significativas en cuanto aumento muscular cuando el aporte proteico superaba los 1.6 gramos de proteína por kilo de peso corporal al día.

🛒 Para llevar

Hay dos conclusiones muy importantes que te puedes llevar de este scoop. La primera es que probablemente no necesitas tanta proteína como piensas, y la segunda es que al no necesitar tanta proteína, es casi seguro que puedas cubrir tus requerimientos únicamente a partir de tu alimentación. Permitiéndote así invertir el dinero que desperdicias en suplementos que no necesitas, en asesorarte en el entrenamiento y/o en tu nutrición. Recuerda que si no ves resultados con entrenamiento, descanso y nutrición, no habrá suplemento en el mercado que te ayude a lograr los resultados que buscas.

Para ampliar esta información, escanea este QR y prueba gratis la calculadora de calorías y macronutrientes de la web de FullMúsculo y ¡arma una dieta según tus objetivos!

72 | ¿Puede el cardio arruinar tu progreso?

Muchos le huyen al cardio por miedo a que pueda arruinar su progreso. Yo era uno de ellos. Y no hablo únicamente del cardio que se hace en la caminadora del gym, corriendo sin ningún rumbo ni destino. Yo huía incluso de una simple caminata. Caminar para mí era sinónimo de gasto calórico, un gasto que "no me podía permitir" porque me podía sacar de ese superávit energético supuestamente imprescindible para aumentar la masa muscular, o al menos eso era lo que me decían. Así como yo, hay muchos con miedo al entrenamiento concurrente, es decir, a la combinación de entrenamiento de fuerza con entrenamiento cardiovascular, pensando que puede afectar su progreso en fuerza y desarrollo muscular.

Entonces, ¿era mi miedo válido o no tenía ningún fundamento? Vamos a buscar la respuesta en la última evidencia científica y veamos cuál es el posible efecto del entrenamiento concurrente en el desarrollo de la fuerza en personas entrenadas, moderadamente entrenadas y personas sin experiencia. Para eso tenemos la ayuda de Henrik Petré y colaboradores con su estudio (107) en el que se plantearon justamente esa pregunta.

Ahora, ¿por qué valdría la pena hacerse una pregunta como esa? Precisamente porque el entrenamiento de fuerza y el entrenamiento cardiovascular promueven adaptaciones distintas. No solo se dan a nivel metabólico o molecular, sino también a nivel físico. Con el primero estarías buscando promover el aumento de la fuerza, la potencia y el aumento muscular, y seguramente con el otro lo que buscas es estimular adaptaciones metabólicas, mejorar tu capacidad cardio respiratoria y "perder grasa". Pongo esto último entre comillas porque no sería la mejor manera de lograrlo si ese fuese tu objetivo.

Entonces, a pesar de que ambos tipos de ejercicio promueven distintas cosas, es bastante común combinarlos en un mismo entrenamiento y esto puede tener un efecto de interferencia que podría afectar tus ganancias en la fuerza muscular. De allí a que sea interesante comprobar, mediante un estudio, si existe o no esa interferencia y qué tan grande podría ser el efecto según la experiencia de cada persona. Para descubrirlo Petré y compañía hicieron un metaanálisis (un estudio de estudios) de 27 ensayos que miraban el posible efecto del entrenamiento concurrente sobre el tren inferior del cuerpo.

Para poder separar a los sujetos de cada estudio y determinar cómo afectaba según su experiencia, los investigadores los clasificaron de la siguiente forma:

- Desentrenado: una persona desentrenada o sedentaria que no reportaba ningún tipo de actividad física regular.

- Moderadamente entrenado: persona que hacía actividad física de forma activa o recreacional, pero sin tener un programa de entrenamiento estructurado.

- Entrenado: persona clasificada como atleta que llevaba algún tipo de programa de entrenamiento estructurado.

Esto te va a servir para determinar si a ti te pudiera estar afectando o no el entrenamiento concurrente.

El entrenamiento cardiovascular al que se veían sometidos era de tipo HIIT, es decir, por intervalos de alta intensidad, y la frecuencia del entrenamiento cardio variaba entre 2 y 6 sesiones por semana. En el caso del entrenamiento de fuerza, la frecuencia variaba entre 2 y 5 sesiones por semana.

Los resultados fueron que el entrenamiento concurrente no afectaba la fuerza en los no entrenados. A los moderadamente entrenados los afectaba mínimamente, pero de una forma insignificante. En cuanto a los participantes entrenados, había una reducción de fuerza entre pequeña y moderada, pero ese efecto ocurría sólo cuando el entrenamiento de fuerza y resistencia se realizó dentro de la misma sesión de entrenamiento, y se desvanecía cuando se hacían en sesiones separadas.

🛒 Para llevar

Quédate con que la combinación de un entrenamiento de tipo cardio con uno de resistencia, sí que podría afectar tus ganancias de fuerza. Sin embargo, esto parece suceder solo en personas entrenadas. Personas que tengan experiencia entrenando y lleven un programa estructurado con progresión de cargas, volumen de entrenamiento, intensidad, etc.

Esa interferencia se puede evitar fácilmente separando las sesiones por más de 2 horas, es decir, hacerlas en momentos distintos del día: una por la mañana y la otra por la tarde. Eso, si tienes tiempo para hacerlo. De lo contrario, no sería sostenible intentar meter dos sesiones al día únicamente por miedo a que pueda interferir en tus ganancias de fuerza, porque sí que podría interferir, pero eso no quiere decir que vas a dejar de progresar.

En caso de que estés recién empezando en el mundo del entrenamiento o te consideras una persona moderadamente entrenada, ni me preocuparía si fuese tú por una posible interferencia. Si disfrutas de combinar tu entrenamiento de fuerza con algo de cardio, hazlo. Hacer lo que te gusta y disfrutar hará que te adhieras mejor a tu entrenamiento y lo puedas mantener a largo plazo como parte de tu estilo de vida.

73 | Elige tú tu peso

En el gym y también en las redes sociales, de lo único que se habla es de RPE, RIR y del 1RM. Eso está bien; tiene sentido si ya tienes cierta experiencia en el entrenamiento y estás familiarizado con variables del entrenamiento como la intensidad. Pero ¿qué pasa si eres nuevo en esto del entrenamiento de fuerza? Ninguno de estos conceptos tendría sentido para ti. Es más, te sonarán a chino todas esas siglas que te he mencionado antes.

Más allá de que te lo pueda explicar, y aunque puedas comprender cada uno de esos conceptos, si tienes relativamente poca experiencia entrenando, no van a tener sentido para ti. Si yo te digo que tienes que trabajar una serie a un RPE 7, suponiendo que entiendas el concepto, para ti será bastante complicado, por no decir imposible, saber que estás realmente trabajando a dicha intensidad si nunca has llegado a tu máxima intensidad. Es decir, ¿cómo puedes saber qué tan lejos queda Alarcón de Madrid si nunca has ido a Madrid?, suponiendo que Madrid sea tu destino y tú lo más lejos que has llegado sea hasta Alarcón. Te doy otro ejemplo, ¿cómo puedes saber cuánto te falta para comprarte el nuevo IPhone si no sabes cuánto va a costar todavía? ¿me entiendes? Es como decirte que camines solo un 70 % del camino cuando no sabes ni siquiera cuál es el camino completo. De hecho, y aquí es donde se pone aún más interesante todo esto, incluso para personas con cierta experiencia no es fácil ser muy precisos en el tema de la intensidad.

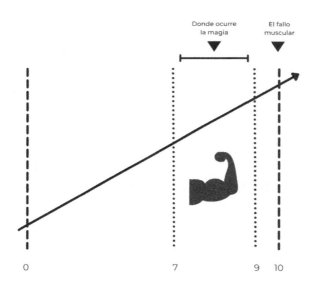

Entonces, para poder saber cuál sería la alternativa que tienen los novatos y principiantes, vámonos a la evidencia científica. Un estudio realizado por Glass y compañía (108) con 20 levantadores de pesas novatos tuvo el propósito de determinar si era mejor progresar con una carga prescrita o mediante la autoselección de la carga, es decir, donde ellos mismos elegían el peso con el que querían trabajar. Al primer grupo se le daban todas las instrucciones para que pudieran llegar al fallo muscular con 12 repeticiones; al segundo grupo únicamente se les indicaba que debían elegir el peso que consideraban necesario y realizar la cantidad de repeticiones que pudieran. El grupo de las cargas prescritas terminaba, después de 6 sesiones, con cargas superiores a lo que sería su 70 % de 1RM y el otro grupo que había elegido por sí mismos terminaba con cargas apenas por encima del 60 % de su 1RM. Sin embargo, a pesar de esa diferencia en la intensidad de los entrenamientos, ambos grupos progresaban tanto en sus cargas (20 % aproximadamente después de 6 sesiones) como en su intensidad. Independientemente de que hayan elegido una carga inicial diferente.

Esto lo que nos demuestra es que un novato, incluso cuando elige una carga más ligera inicialmente (por inseguridad o falta de fuerza), puede progresar de forma intuitiva al autorregular la carga mientras toma confianza y se hace más fuerte. También nos indica que, a pesar de que el grupo con las cargas auto seleccionadas estuvieron a una intensidad más baja en comparación al grupo que tenía prescrita las cargas, es una intensidad suficiente para progresar. Hay que tener en cuenta que un novato no necesita mucho para poder mejorar. Solo con "oler las pesas" va a generar adaptaciones, es un decir, pero se entiende. Si nunca antes has dado un estímulo a tu cuerpo y a tus músculos para crecer, al mínimo estímulo que le des se van a adaptar y van a aumentar.

Es como si nunca hubieses jugado al tenis y te pusieras a dar raquetazos a la pelota; empezarás a mejorar rápidamente. Sucede porque vienes de nunca haber tomado una raqueta en tu vida y cualquier cosa que hagas ya es progreso.

🛒 Para llevar

Quédate con que, si estás empezando con tus entrenamientos y no tienes acceso a un entrenador, puedes permitirte seleccionar por ti mismo el peso que vas a usar. No necesitas a nadie que lo elija por ti. De hecho, nadie debería decirte con qué peso vas a entrenar, pero eso lo veremos más adelante. Solo asegúrate de que ese peso sea ligero. Esto sería una ventaja, porque te va a permitir hacer el ejercicio de forma mucho más segura cuando aún no tienes la experiencia para manipular pesos más altos. Ten en cuenta que el riesgo que corres es mucho mayor en los pesos libres que en ejercicios con máquinas. Por eso sería una ventaja y no una desventaja que empieces por pesos ligeros. A medida que vas tomando confianza y vas mejorando en tus ejercicios, te irás notando más fuerte y más seguro como para incrementar las cargas en tus entrenamientos.

74 | Tu mente te está jugando en contra

Imagina que sales del trabajo o terminas de estudiar y te vas al gym (o casa) a entrenar, como lo has hecho siempre. Empiezas tu entrenamiento y te sientes algo flojo. Metes menos peso, haces menos repeticiones y llegar a la intensidad correcta te cuesta más de lo normal. Estás rindiendo mal en tu entrenamiento y lo estás notando. Y si rindes mal durante un entrenamiento se puede deber a cualquiera de las siguientes razones:

- Un mal descanso

- Una mala alimentación

- Un mal calentamiento

- Un mal entrenamiento previo

- Una mala recuperación

Puede deberse a alguna en particular, o a varias de ellas juntas. Pero tu vienes y me dices que has dormido bien, la alimentación la llevas de maravilla, tienes una buena programación de entrenamiento, tu recuperación ha sido brutal y el calentamiento lo has hecho a la perfección.

Entonces, ¿a qué se debe esa baja de rendimiento? Qué pasa si has tenido un día estresante en el trabajo, con muchas tareas pendientes, reuniones y decisiones tomadas, o si has tenido muchas horas de estudio durante el día porque tienes un examen final de esos que requieren más dedicación y que involucran muchos más temas para leer. ¿Podría, la fatiga mental generada durante el trabajo o el estudio estar afectando a tu rendimiento en el entrenamiento? Vámonos a la ciencia. Un estudio de De Queiros y colaboradores (109) se propuso justamente identificar hasta qué punto la fatiga mental podría afectar el entrenamiento. Para poder llevarlo a cabo, hicieron que un grupo de hombres completaran una serie de pruebas físicas a una buena intensidad en dos situaciones distintas: una después de haber realizado tareas cognitivas que llevaron a los sujetos a la fatiga mental, y la otra sin antes haber hecho ningún tipo de actividad cognitiva.

¿Cuál crees que fue el resultado? Entre las pruebas físicas que realizaron los hombres del estudio, estaban los saltos verticales y las sentadillas. La fatiga mental generada pareció no haber afectado en el salto vertical, pero sí se vio afectada la cantidad de series y la cantidad de repeticiones que realizaban en las sentadillas. Esto podría indicarnos que la fatiga mental puede afectar el rendimiento de nuestro entrenamiento, sobre todo, en ejercicios compuestos como son las sentadillas. En el caso de los ejercicios como los saltos verticales, que requieren solo una breve actividad muscular, pareciera no verse afectado el rendimiento.

🛒 Para llevar

¿Deberías o no deberías entrenar si te sientes fatigado mentalmente? Como te he dicho desde que iniciaste a leer este libro, una cosa es la teoría y otra muy distinta es la práctica. A día de hoy difícilmente tengamos un día en el que no generemos ningún tipo de fatiga mental. Sea que trabajes, estudies o que dediques tu tiempo a realizar tareas del hogar, seguramente algo de fatiga cognitiva vas a acumular durante el día. Por eso, mi recomendación es que no te preocupes tanto por la posible disminución de tu rendimiento después de un día estresante en el trabajo. El beneficio que puedes obtener si entrenas después de un día así podría ser mayor que lo que te pudiera afectar en tu rendimiento toda esa fatiga mental acumulada. El entrenamiento de fuerza libera endorfinas, ayudándote a combatir el estrés y la depresión, lo que contribuirá con tu estado de ánimo en general.

75 | Dale vatios a tus entrenos

En una galaxia muy, muy lejana... hace mucho tiempo atrás... había semanas en las que entrenaba los lunes en un gym distinto al habitual, porque al que yo estaba suscrito solo abría de martes a domingo, y esto para mi era una tragedia. Había que buscar otro gym porque al parecer no bastaba con entrenar 6 días a la semana. Era joven e ignorante. El gimnasio al que iba los lunes era algo cutre la verdad, tanto por fuera como por dentro. Tanto así que siempre bromeábamos con coger un tétano por tanto óxido que había en las máquinas y las pesas. Pero broma a parte, el ambiente para entrenar era brutal. Ponían música electrónica a tope (era mi música favorita en ese entonces) y si no estaba lo suficientemente alta, el dueño del gym gritaba a todo lo que daba:

¡¡DALE VATIOOOOOOS!!

Él gritaba en un intento de avisarle a la chica de la recepción que debía subirle el volumen a la música. Durante esa época, sin duda alguna los días lunes era el día más esperado de la semana para entrenar. La motivación estaba por las nubes. Y tengo bastante claro que era por la música, porque por el resto la verdad es que el lugar no invitaba mucho ni a agarrar una mancuerna de lo oxidado que estaba todo. Sin embargo, a pesar de esa experiencia en ese gimnasio durante esos años, yo nunca he sido de ponerme música para entrenar. Siento que me desconcentra. Aun así, la evidencia pareciera demostrar que escuchar música mientras entrenas podría mejorar tu rendimiento. Y pareciera que esta mejoría se puede lograr sea que escuches la música durante toda la serie o que lo hagas únicamente durante el calentamiento y los descansos.

Eso es una buena noticia, porque las veces que he intentado escuchar música mientras entreno siempre sale volando algún auricular o el cable se me engancha con la máquina. Si el beneficio es real, puedes aprovecharte de eso tan solo escuchando la música que más te motive en tus descansos entre series. Así lo ha demostrado un estudio de Ballman y compañía del año 2021 (110) con 12 hombres que entrenaban hasta el fallo mientras escuchaban música elegida por ellos mismos. Solo la escuchaban durante su calentamiento y entre las series. El rendimiento mejoró de forma significativa con respecto a cuando no escuchaban nada. Hacían más repeticiones, aumentaba la potencia, la velocidad de la barra y la motivación. Lo más interesante de todo, es que demuestra que no necesitas estar escuchando la música mientras haces la serie para que surta efecto. Esto resulta de interés, sobre todo para quienes compiten y están acostumbrados a escuchar música en sus levantamientos. Y si te estás preguntando si la situación cambia, si la música la has elegido tú o es la que te ponen en el gym por defecto, pues sí. El rendimiento es mayor cuando la música la has elegido tú a que si te la ha puesto otro y no es la que te gusta.

🛒 Para llevar

Si te gusta poner el musicón a todo volumen para entrenar a tope, puedes hacerlo y te ayudará a mejorar tu rendimiento. Ahora, que pueda causar daño auditivo a largo plazo, es discusión para otro libro. Y si eres como yo, que la música te distrae en vez de ayudarte a enfocarte y a rendir más, entonces puedes apoyarte simplemente en la conexión mente músculo para obtener un mejor rendimiento en tus entrenamientos.

76 | Contar calorías no tiene sentido

Si me sigues en redes sociales o escuchas el podcast a menudo, seguramente ya me habrás escuchado hablando sobre esto: contar calorías no sirve para NADA, o casi nada. Pero vamos a matizar esto un poco, para no caer en confusiones. Las calorías existen y son tan reales como los kilómetros, las horas y la temperatura. Entendiendo que como real me refiero a que son una herramienta más que nos hemos inventado nosotros los seres humanos, que en el caso de las calorías nos permiten medir la cantidad de energía contenida en un alimento. Punto. Ni más ni menos. Las calorías no te van a indicar densidad nutricional, respuesta hormonal, saciedad, ni nada por el estilo.

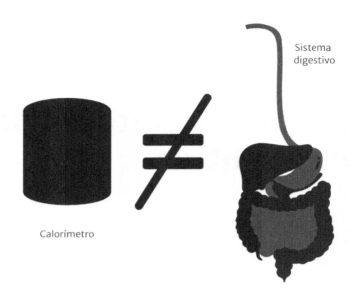

Calorímetro

Sistema digestivo

Ese es el problema, un problema muy grande, sobre todo para aquellas personas que, una vez realizado un déficit energético en búsqueda de pérdida de grasa corporal, quieren mantener su progreso. Esto sucede en parte porque solemos subestimar la cantidad de comida que comemos y, por otra parte, debido a que sobreestimamos la calidad de la comida que comemos. Y mientras más restricciones impongamos, será mayor esa disparidad entre lo que comemos y lo que creemos que comemos. Lo que podría llevarte a pensar que el problema quedaría resuelto si una persona pudiera ser capaz de estimar de forma más precisa la cantidad de comida que come, ¿cierto? FALSO.

Sería muy reduccionista pensar que un problema de obesidad y sobrepeso es solamente una cosa de suma y resta, como lo vimos en el scoop del problema de la obesidad. Está demostrado que las personas con sobrepeso u obesidad subestiman la cantidad de comida que ingieren, pero recomendar llevar un mejor control en las calorías que consumes es una solución muy simplista a un problema tan complejo. Esto sucede porque el control de las calorías no es lo que diferencia a una persona que logra mantener su peso en un rango saludable de una que sufre de obesidad, o de una que ha perdido peso pero no ha podido mantener su progreso.

De hecho, así lo ha demostrado el estudio de Dahle y colaboradores del año 2021 (112), donde se comparaban las ingestas de 3 grupos diferentes de personas, que ellos mismos reportaban. Un grupo con un peso saludable y sin antecedentes de obesidad, otro grupo con problema de obesidad que no había podido mantener su progreso, y un tercer grupo de personas que mantenían su progreso después de un año. Todos los grupos eran bastante imprecisos a la hora de estimar sus calorías, lo que me permite confirmar el argumento inicial de que contar calorías no funciona. Al menos no como para que sea lo que haga la diferencia entre mantener tu progreso y no volver a recuperar el peso perdido. Esto sucede porque es un problema multifactorial, que no únicamente se debe atacar desde una restricción energética con un control exhaustivo de lo que ingieres.

Hay factores determinantes que influyen en este proceso, como puede ser el nivel de actividad física, el cual permite regular la saciedad y el apetito. Factor que podría ser fundamental al intentar mantener el peso perdido. Dejando totalmente descartada la teoría de que contar calorías es lo que te va a permitir conseguir tu objetivo y mantenerlo, al menos no a largo plazo y de forma sostenible. Además, mientras más restricciones intentes imponerte, probablemente mayor imprecisión termines teniendo al estimar el balance calórico. Debido a que, a mayor restricción mentalmente hablando, mayor será la posibilidad de que te "salgas de la dieta" y que no seas capaz de estimar el impacto de ese "descuido".

🛒 Para llevar

Llévate que contar calorías es útil hasta cierto punto, sobre todo cuando estás iniciando un proceso de pérdida de grasa, ya que te permite estimar la cantidad de energía que ingieres para lograr ese déficit energético. Pero hasta ahí, porque contar calorías no es sostenible en el tiempo sin importar lo motivado que estés al inicio. Y además, no es el secreto, ni mucho menos, de quienes logran mantener su progreso a largo plazo.

La clave suele estar en un cambio de hábitos, en el que se incluya una mejor alimentación más densa en nutrientes y saciante, un mayor nivel de actividad física y un mejor descanso que permita regular la saciedad y el apetito.

77 | Deja de comer 5 veces al día

Durante mi primer año en el gimnasio, allá por el año 2004, veía a personas comiendo cosas muy raras. Podía ver a personas comiendo una pasta fría, sola y sin sal ni salsas, sentados al borde de una caminadora después de haber hecho un poco de cardio antes de empezar a entrenar. También podía ver a personas comiendo ensaladas con lechuga y atún, o huevos duros que apestaban por todo el gimnasio. Observaba personas bebiendo batidos de proteína inmediatamente después de entrenar, cuando aún corría alguna gota de sudor por su frente, desesperados por no perder masa muscular. Se veían cosas muy raras y estúpidas en aquel entonces, pero no mucho ha cambiado, porque a día de hoy, 17 años después, se ven cosas aún peores. Y es que las redes sociales no han hecho más que potenciar muchos mitos referentes a la alimentación y a la suplementación. Más que desmentirlos, las redes han sido un gran altavoz para todas esas mentiras que se cuentan día tras día dentro de los gimnasios.

Una que aún prevalece a día de hoy (y posiblemente la que más daño hace) es la de comer más veces al día (4, 5 o hasta 6 veces), ya sea para aumentar masa muscular porque supuestamente no dejas espacio para el catabolismo muscular y mejoras la síntesis de proteína, o para perder grasa porque supuestamente tienes menos ansiedad y aceleras el metabolismo. Pues déjame decirte que esas son puras MENTIRAS. Sin embargo, en esta ocasión me quiero enfocar solo en la primera: en que comer más veces al día es mejor para aumentar la masa muscular.

Aquí no vamos a hablar de supervivencia, sino de optimización de tu objetivo, que sería el de aumentar músculo, porque si fuera por lo primero, seguramente con una comida te valdría de sobra. Lo que queremos es saber qué es lo mejor si quieres ganar más masa muscular. Para eso, he buscado un estudio bastante interesante de Taguchi y compañía del año 2021 (113) en el que se habían propuesto comparar los efectos de comer 6 veces al día frente a hacerlo solo 3 veces. En el estudio, las dietas eran hiper calóricas, es decir, los participantes estarían en un superávit puesto que su objetivo era el de aumentar músculo. Como resultado, tanto una dieta con 6 comidas al día como una con solo 3 comidas ocasionaron aumento significativo en el peso, la grasa y el músculo, pero no existieron diferencias entre ambas frecuencias. Es decir, comer 6 veces al día no te hacía conseguir mejores resultados que solo 3. Esto es así siempre y cuando tanto el aporte energético como de proteínas sea suficiente; la cantidad de comidas que hagas no va a mejorar tus resultados.

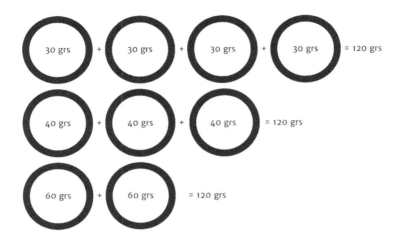

🛒 Para llevar

Siendo prácticos, creo que hacer 2 o 3 comidas al día es más fácil que hacer 5 o 6, y si no hay evidencia de que esto te vaya a ayudar a ver mejores resultados, entonces ¿para qué hacer el esfuerzo? Ahora, hablando a nivel de salud, mientras menos picos de glucosa generes al día, mejor. Teniendo en cuenta, además, que no solemos tomarnos el tiempo suficiente para hacer cada comida en total paz y tranquilidad y eso genera estrés y picos más altos de glucosa en sangre.

Esas personas que hacen 5 o 6 comidas generalmente las tienen que hacer bajo estrés: de camino al trabajo, antes de entrenar, después de entrenar, en la oficina, etc., y tu cuerpo necesita estar en un estado de descanso y digestión (rest and digest) para que pueda llevar a cabo de forma óptima todos sus procesos. Pero eso ya es otra historia. Quédate con que hacer 5 o 6 comidas al día no tiene sentido, ni ventaja alguna. Con hacer 2 o 3 es más que suficiente, siempre y cuando te estés asegurando de meter todos los nutrientes y la energía que necesitas de acuerdo a tu objetivo.

78 | Entrenar nunca es suficiente

Cada vez que hablo con alguien que entrena porque quiere mejorar su físico y su salud y le pregunto si se considera una persona sedentaria, la respuesta casi siempre es la misma: "No, yo entreno todos los días (o casi todos)". De hecho, yo tampoco me consideraba sedentario solo por el hecho de que iba una hora al gym casi todos los días y jugaba fútbol una vez por semana. Pero la realidad era que no me movía ni 2000 pasos al día, y es que podrías ser sedentario incluso siendo un atleta.

El mundo moderno en el que vivimos, lleno de comodidades y facilismos, nos hace pasar cada vez menos tiempo de pie y en movimiento. Ya puedes estar entrenando lo más duro que puedas cada día, pero si al salir del gym (o el espacio que uses en tu casa para entrenar), pasas la mayor parte del tiempo sentado, entonces eres sedentario. De eso no tengas dudas.

Ser sedentario tiene consecuencias negativas en tu salud y en tu físico. Así lo ha comprobado un estudio de Júdice y compañía del año 2021 (114) con 135 atletas de distintos deportes: esgrima, remo, artes marciales, fútbol, golf, entre otros, incluyendo deportes de fuerza. La conclusión que podemos sacar de este estudio es que mientras más tiempo pasas sentado, mayor es el porcentaje de grasa corporal y menor el porcentaje de masa muscular. Nada que me sorprenda, la verdad. Además, para aquellos que eran más sedentarios en el estudio, tenían más grasa corporal, independientemente del tiempo que pasaban entrenando. Por eso ya te decía que no importa lo duro que entrenes, no hay forma de compensar el sedentarismo con tu entrenamiento. Al menos no en su totalidad. Intentar compensarlo no será lo óptimo si lo que buscas es salud y un mejor estado físico.

🛒 Para llevar

Quédate con que ser sedentario y entrenar es mejor que ser sedentario y no hacerlo. Pero eso no quiere decir que sea lo mejor para ti, para tu salud y para tu físico. Es más fácil mantenerse en forma y tener salud si te estás moviendo lo suficiente durante el día y lo combinas con un entrenamiento de fuerza realmente efectivo.

Pero, seguramente te estarás preguntando cuánto movimiento es suficiente. De acuerdo a la evidencia científica (115) para ser considerado como sedentario tendrías que estar moviéndote menos de 5,000 pasos por día. Una actividad baja sería de 5,000 a 7,499 pasos por día. Algo activo es de 7.500 a 9,999 pasos por día. Activo sería más de 10,000 pasos por día. Y las personas que dan más de 12,500 pasos/día se podrían clasificar como "muy activas".

Entonces, lo ideal es que puedas estar en promedio de unos 10,000 pasos al día. Estaríamos hablando de tan solo aproximadamente 1 hora y media en movimiento de 24 horas que tienes cada día. Es decir, una inversión bastante pequeña en tiempo para todos los beneficios que nos aporta.

79 | Dime cuántos carbos comes y te diré qué tanta ansiedad tienes

En el pasado se creía que meter más comidas al día tenía mayores beneficios para un proceso de pérdida de peso y también de aumento muscular. En un scoop anterior, ya hemos visto cómo meter más comidas no te beneficia en lo absoluto si tu objetivo es aumentar masa muscular, y según la evidencia, pareciera que tampoco tiene un beneficio para una pérdida de peso. Sin embargo, aun cuando la evidencia es clara, muchos profesionales de la salud y de la nutrición siguen pautando dietas de 5 comidas al día, y hasta más. En muchos casos, metiendo más comidas supuestamente para ayudarles a controlar la ansiedad, donde la mayoría de esas comidas son ricas en carbohidratos. Eso es como intentar darle más cerveza a un alcohólico para que intente controlar su alcoholismo; es meter más leña al fuego.

Esto sucede por el simple hecho de que estás generando una subida del azúcar en sangre cada pocas horas. Una montaña rusa que te hace sentir bien y enérgico en las subidas, pero que luego te hará sufrir un bajón brutal en las bajadas. Haciéndote sentir más hambre y ansiedad, teniendo que buscar más comida para recuperar la energía. Metiéndote en un círculo vicioso del cual es difícil salir. Una montaña rusa que pareciera acentuarse cuando esas comidas son ricas en carbohidratos.

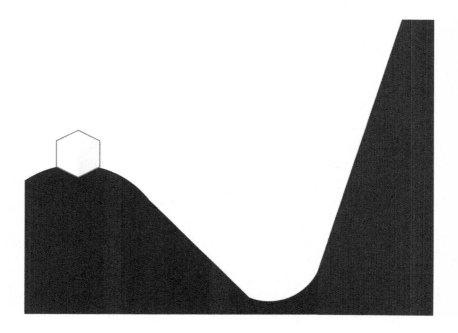

Esto nos lleva a pensar que tendríamos dos causas principales en donde deberíamos enfocarnos para salir de ese círculo vicioso: la cantidad de comida que hacemos al día y la calidad de cada una de esas comidas.

Para este scoop, me quiero centrar en la segunda: en cómo la calidad de tus comidas está afectando tus antojos. Para eso, vamos a ver que tiene para decirnos el estudio de Anguah y compañía del año 2019 (116) en el que se planteó la hipótesis de que "las reducciones en los antojos y la mejora de los comportamientos alimentarios serían evidentes incluso después de una duración relativamente corta (4 semanas) de restricción de carbohidratos, y que estos cambios estarían asociados con la pérdida de peso".

El estudio se realizó con un grupo de 20 participantes, los cuales se sometieron a una dieta de 1500 kcal por día que contenía de 20 a 25 gramos de carbohidratos durante cuatro semanas. El resultado más evidente fue que perdieron peso, pero el resultado más sorprendente (no para mí) fue que los antojos de dulces, carbohidratos, almidones, comida rápida y antojos en general se vieron reducidos con respecto a cómo habían llegado al inicio del estudio. Además, la dieta muy baja en carbos o cetogénica les ayudó a ser más moderados en sus comidas y a reducir el hambre en general.

🛒 Para llevar

Como ya te lo he comentado en un scoop anterior, mientras más dulces comes, más dulces vas a querer comer, y esto incluye alimentos muy ricos en carbohidratos que te hacen subir a esa montaña rusa del azúcar de la que luego es difícil bajar. Por eso, reducir tu ingesta de carbohidratos a niveles más bajos o moderados (no necesariamente una dieta keto) te puede ayudar a reducir esos antojos por dulces, por bollería y por alimentos ricos en azúcares en general. Además, te hará sentir mayor saciedad en cada una de tus comidas si estás aportando suficiente proteínas y grasas. Si estás en un proceso de pérdida de grasa, lo último que querrías es experimentar más ansiedad, y en ese caso una dieta muy baja en carbohidratos pareciera ayudar. Así lo he evidenciado con cientos de socios dentro de nuestras asesorías.

Para ampliar esta información, escanea este QR y escucha el episodio 166 del Podcast de FullMúsculo "El mejor hack para perder peso, eliminar antojos y sentirse increíble", en el que junto al nutricionista, Ruben Lechuga, conversamos sobre el tema.

80 | ¿Lento o rápido? Con cabeza mejor

Toda persona que quiere perder peso quiere hacerlo rápido, ya sea porque quiera hacerlo para entrar en un vestido o en un traje, para llegar al verano con los abdominales definidos o hacerlo de forma definitiva. Siempre quieren llegar lo más rápido posible olvidándose que, para llegar allí, al peso donde están hoy, han tenido que pasar años. Habrán sido muchos años de malos hábitos, de insulto tras insulto, que, habiendo sido reforzados una y otra vez en la repetición, difícilmente te los quitarás de un plumazo.

Aun teniendo en cuenta lo anterior, ya te digo yo que perder peso rápido es posible, pero puede tener sus consecuencias no deseadas. Todo va a depender de cuál sea tu prioridad. Si tu prioridad es perder peso para entrar en un vestido o en un traje para llegar al día de tu boda y ya está, sin importarte tu salud, entonces sí se puede. Tiras un sprint y llegas seguro. Ahora, si para ti la salud es lo primero entonces habría que ver si una aproximación más lenta puede conducir a mejores resultados, a corto, mediano y largo plazo.

Sprint

Maratón

Para ver cuál es exactamente el mejor camino para llegar a tu objetivo, si el sprint o el maratón, vamos a ver qué tiene la evidencia científica para decirnos. Para ello he encontrado este metaanálisis (estudio de estudios) de Larky y compañía del año 2020 (117), en el cual se plantearon determinar si era mejor perder peso de forma rápida o lenta, combinando los resultados de 7 ensayos. Evaluando el progreso en pérdida de grasa, músculo, la tasa metabólica en reposo, etc. Los resultados parecen bastante claros: una pérdida de peso más lenta permitió proteger mejor la masa muscular y que la tasa metabólica en reposo no cayera tanto. Esto, a pesar de que en los estudios analizados no se hacía entrenamiento de fuerza y que, además, los grupos que iban a por la pérdida más rápida de peso tenían una menor ingesta de proteína. Este es uno de los factores que considero esenciales para un proceso de pérdida de peso efectivo y eficiente. Lo digo porque tu cuerpo está diseñado para ayudarte a sobrevivir por lo que, frente a un déficit energético, tu organismo buscará cómo responder con adaptaciones, cómo incrementar el hambre y reducir el gasto energético. Es como si intentaras subir una montaña con tu equipamiento a medias y que, además, te vayan quitando partes de lo que llevas durante el camino. Intentarás compensar con cualquier medio o herramienta que consigas, sea para seguir moviéndote y escalando, para comer o para calentarte. Lo mismo ocurre con tu cuerpo. Por eso es mejor irte allí bien equipado para asegurarte de que llegues a tu objetivo de la mejor manera posible.

🛒 Para llevar

Si tu objetivo es preservar tu masa muscular al máximo (considero que así debería ser) y que tu tasa metabólica en reposo no caiga tanto, entonces apostar por un maratón, por un proceso de pérdida de grasa más lento, pareciera tener más sentido, sobre todo en esos casos en los que ya se está delgado y necesitas preservar esa poca masa muscular. En cambio, apuntar a un proceso más rápido, donde estaríamos hablando de entre el 1 y el 1.5 % de peso corporal a la semana, tendría sentido cuando no es tan estrictamente necesario proteger al máximo la masa muscular. Esto se debe a que las diferencias tampoco son tan dramáticas en comparación con un proceso más lento como para causar preocupación. Además, que para muchas personas, ver resultados semana tras semana les sirve de motivación y le permite una mayor adherencia al plan, aunque eso no garantice un cambio definitivo y un mantenimiento del peso perdido a menos que venga acompañado con un cambio de hábitos y de mentalidad definitivos.

En fin, sea que lo hagas rápido o lo hagas lento, hazlo con cabeza. Ármate con las herramientas necesarias para que el proceso sea lo más llevadero posible y sostenible en el tiempo.

81 | ¿Cardio para perder grasa o para perder el tiempo?

No hay día que entre a un gimnasio y no vea a tope la zona de máquinas de cardio. Siempre están llenas. Incluso a veces tienes que esperar a que alguna se libere para subirte a ellas. ¡De locos! Esto se debe a que la mayoría de las personas que quieren perder grasa creen que es necesario hacerlo con ejercicio cardiovascular. Creo que en parte es porque piensan que hay que sudar la gota gorda para poder ver resultados y seguramente en un entrenamiento de fuerza no sienten el mismo nivel de agotamiento que pudieran sentir en una sesión de cardio.

Esa es mi suposición, pero basta de suponer y vamos a ver qué nos dice la ciencia con respecto al cardio para perder grasa, si tiene sentido hacerlo o es una pérdida de tiempo. Para ello he traído el estudio de Broskey y compañía del año 2021 (118) donde buscaban comparar si el ejercicio aeróbico afectaba o no la pérdida de peso por las compensaciones que pudiera generar.

Compensaciones como la de comer más y moverse menos cuando no estés haciendo ejercicio. Lo interesante es que, en los grupos de participantes del estudio, que hacían solo ejercicio, se perdía solo entre un 20 y un 40 % de lo que se estimaba que podían llegar a perder. Es decir, estaban perdiendo menos peso de lo que hubiesen podido conseguir. Aun así, esto no sucede solo porque comas más y te muevas menos, sino también porque tu cuerpo reduce el gasto energético a lo largo del día. Por esta razón es que depender únicamente de hacer ejercicio cardiovascular y no hacer otro tipo de modificaciones al estilo de vida no suele dar los mejores resultados.

🛒 Para llevar

Si quieres perder grasa y tu única opción es hacer ejercicio cardiovascular, seguramente es tu mejor opción. Si esa fuese tu única opción, mi recomendación es que lleves un control y un seguimiento de tu alimentación para que puedas evitar esas compensaciones de comer de más. También podrías llevar un registro de tus pasos para evitar moverte menos cuando no estás haciendo ejercicio. De esa forma podrás sacarle el máximo provecho a tu proceso de pérdida de peso. En caso de que puedas y quieras hacer una restricción energética a través de cambios en tus hábitos alimenticios sería aún mejor, siempre y cuando te estés enfocando en la densidad nutricional y el déficit llegue como consecuencia. Lo más óptimo sería combinarlo todo con entrenamiento de fuerza y un mejor descanso, siempre teniendo en cuenta que para poder mantener cualquiera que sea el objetivo que logres alcanzar, tendrás que hacer cambios en tu estilo de vida de forma permanente. Es decir, manteniéndote más activo, alimentándote mejor y teniendo un mejor descanso.

82 | ¡Suelta el móvil!

¿Alguna vez te has preguntado cuánto tiempo pasas realmente entrenando? Yo lo he medido y es mucho mayor el tiempo que pasas sentado mirando el móvil que el que pasas realmente ejecutando un ejercicio y eso tiene múltiples efectos no deseados en tu rendimiento. De hecho, ya te he hablado antes sobre qué hacer entre los descansos, por si te aburres entre series. Sin embargo, esta vez vamos un paso más allá, porque esto no solo va de aburrimiento. Va de agotamiento.

Estar agotado físicamente sin duda afecta tu rendimiento, eso ya lo sabes, pero estar agotado mentalmente también puede afectar cómo rindes en tus entrenamientos y esa fatiga mental puede venir inducida por tu trabajo, por tus relaciones personales o incluso por el uso de tu teléfono móvil. Sí, como lo lees, tu teléfono te genera fatiga mental que podría estar afectando tu entrenamiento.

Para saber cómo te puede estar afectando el uso de tu móvil antes y durante de tu entrenamiento, vamos a la evidencia científica. El estudio de Gantois y colaboradores del año 2021 (119) se propuso identificar en 16 hombres como el uso de 30 minutos del móvil podría generar fatiga mental y, en consecuencia, afectar el rendimiento del entrenamiento. También decidieron mirar cómo afectaba en la motivación de cara al ejercicio, la cantidad de repeticiones que completaron y la percepción del esfuerzo, es decir, qué tan fuerte creían estar entrenando. Para determinar el posible efecto adverso, se les indicó que se dedicarán a navegar en redes sociales por 30 minutos o ver un documental de 30 minutos. Resulta que en ambos casos disminuía su rendimiento, pero la fatiga era mayor y completaban menos repeticiones cuando pasaban el tiempo deslizando en redes sociales en comparación a ver el documental. Esto lo que nos puede indicar es que el uso antes y también durante el entrenamiento puede estar afectando directamente tu rendimiento.

🛒 Para llevar

Lo que hagas antes y durante tus entrenamientos puede afectar cómo entrenas, la cantidad de repeticiones que completas e incluso cómo percibes el esfuerzo que estás realizando. Pero hay algunas actividades que podrían afectar más y otras menos, como puede ser el uso de redes sociales o una tarea fatigante en el ordenador en comparación a solo estar viendo algún video del entrenamiento o el ejercicio que quieres realizar, por ejemplo.

El problema es que no todas las puedes evitar. No podrías huir de tu trabajo para que esa tarea de última hora que te ha puesto el jefe no te afecte en tu entrenamiento. Sin embargo, hay cosas que sí están bajo tu control, como lo es el uso del teléfono móvil. Por esa razón, lo ideal es evitar su uso por largos períodos de tiempo antes de irte a entrenar o a realizar cualquier otra actividad en la cual el uso del móvil te pueda generar cierta fatiga mental. Lo más importante, tienes que ser consciente de cuál es esa tarea que has realizado antes de irte a entrenar que podría afectar tu rutina de entrenamiento y a partir de allí modificar lo que haya que modificar para que no te perjudique del todo.

Para ampliar esta información, escanea este QR y escucha el episodio 99 del Podcast de FullMusculo "La peligrosa adicción a las redes sociales", en el que junto a la neuropsicóloga, Cynthia Hurtado- Müller, abordamos este tema.

83 | Aléjate de la tumba caminando

Mi abuelo caminaba 7 km todos los días y recuerdo que me decía que el movimiento era la base de su salud y longevidad. Estaríamos hablando de que él hacía unos 10,000 pasos al día, en promedio. En cambio, yo hasta hace algunos años me consideraba una persona activa físicamente solo por el simple hecho de que iba al gym y practicaba deporte. Pero no fue sino hasta cuando empecé a cuantificar los pasos que daba al día que me di cuenta que me movía poco. Muy poco. Prácticamente nada. Me movía, un día bueno, unos 2 mil pasos al día. Es decir, era sedentario y no lo sabía. Peor aún, pensaba que porque entrenaba una vez al día y practicaba fútbol una vez por semana ya era suficiente. Nada más alejado de la realidad.

Por aquel entonces las recomendaciones estaban en torno a los 10,000 pasos, pero si nos vamos a la evidencia más actual las cosas han cambiado un poco, por no decir bastante.

Un meta análisis reciente de Jayedi y compañía del año 2021 (120) buscó determinar cuál era la relación entre los pasos que das cada día y la mortalidad por todas las causas.

Se incluyeron 7 estudios donde se encontró que por cada 1,000 pasos al día, la mortalidad por toda causa disminuyó un 12 %. Sin embargo, hasta hace no mucho se pensaba que más allá de los 10,000 pasos no había mayor beneficio. En cambio, con este metaanálisis más reciente cambia un poco la cosa: caminar 16,000 pasos al día estaba asociado a un 66 % de reducción en la mortalidad por todas las causas, comparado con caminar tan solo 2,700 pasos al día.

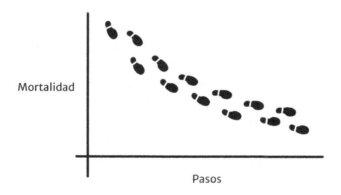

Quién diría que yo, hasta hace algunos años, tenía 3 veces más riesgo de morir por todas las causas que a día de hoy. Aunque debo recordarte que la correlación no implica causalidad, puede darse el hecho de que una persona que tenga mejores hábitos camine más y punto. Por esa razón, no debe ser el único indicador que tomemos en cuenta a la hora de estimar la salud de una persona. Pero sí que debemos ser conscientes de todos los beneficios que nos ofrece caminar cada día, como ayudarte a perder grasa corporal e incluso a combatir la depresión, y eso sucede con caminatas bastante cortas de solo 20-30 minutos al día. Así que no debemos subestimar los resultados del estudio. Creo que la relación entre el movimiento y la salud es bastante clara, y que de algún modo debes asegurarte de que cada día te muevas lo suficiente.

🛒 Para llevar

No creas que por entrenar una hora todos los días eres una persona activa. Si pasas la mayor parte del día sentado entonces debes empezar a buscar estrategias para moverte más, porque no hay forma de compensar con ejercicio un estilo de vida sedentario. Y no, no basta solo con moverse un poco. Debes apuntar alto, al menos a estar en promedio de los 10,000 pasos al día, que vale la pena destacar que no necesitas tampoco mucho esfuerzo para lograrlo. Con menos de 1 hora y media al día tendrías suficiente. Ahora, si quieres ir más allá y buscar lo óptimo, entonces apunta a moverte unos 16,000 pasos cada día.

Una buena estrategia para sumar pasos a tu día te la he dado en el scoop número #35. Yo, con esa simple estrategia puedo sumar fácilmente unos 2,000 pasos a mi día.

84 | Las dietas estrictas no funcionan

Ya hemos hablado antes de que contar calorías no tienen ningún tipo de sentido. Sin embargo, en esta ocasión quiero ir un paso más allá, porque una cosa es intentar ajustar tu alimentación diaria a tus necesidades energéticas y macronutricionales, y otra muy distinta es tener un plan de alimentación con comidas preestablecidas. Es decir, el típico papel con el que sales del médico o del nutricionista que te dice qué debes comer y cuándo debes comerlo, sin poder sustituir ni alterar las comidas.

Para saber qué tan bien o qué tan mal funcionan este tipo de dietas, te traigo el estudio de Conlin y compañía del año 2021 (121). Un estudio que de entrada demuestra lo mal que se llevan ambos tipos de dieta, tanto la que se basa en un conteo de macronutrientes como las dietas estrictas que no te permiten variar nada, porque el 45 % de los participantes en dieta "flexible" y el 36.8 % de la dieta "estricta" no completaron el estudio por la mala adherencia que se tiene en ambos casos.

Después de 10 semanas en la fase de dieta, no hubo diferencias significativas en la composición corporal, la tasa metabólica en reposo y la conducta alimentaria entre ambos grupos. Donde sí hubo diferencia fue en lo que ocurrió después: el grupo de participantes que había hecho dieta "estricta" ganó grasa corporal, mientras que el grupo que hizo la dieta "flexible" no. Esto a pesar de que hubo una mayor adherencia en el primer grupo. Sin embargo, el segundo grupo, el de dieta "flexible", fue el que vio los mejores resultados después de su fase de dieta en el que podían comer hasta la saciedad. Esto se puede deber a que este grupo había aprendido a cuantificar lo que comían para aportar los macronutrientes que necesitaban en su día a día, y ese conocimiento les había ayudado a mantener cierto nivel de conciencia al comer posterior a la fase de dieta.

Con esto lo que podemos concluir es que inicialmente pudiera ser más fácil seguir y adherirse a una dieta "estricta" porque está todo dicho y medido, pero a mediano plazo resulta mejor opción una dieta "flexible" que te permita hacer sustituciones en las comidas.

🛒 Para llevar

Cualquier tipo de dieta estricta que no te permita hacer sustituciones tendrá poco éxito, porque tarde o temprano te vas a aburrir sin importar lo motivado que estés al inicio. Esto hace que una dieta con conteo de macros pueda parecer superior porque te da esa "libertad" de modificar lo que comes para aportar los macronutrientes y las calorías que necesitas. Sin embargo, en ambos casos tarde o temprano se abandona porque ningún tipo de dieta será superior a tener el conocimiento. Saber que los alimentos son mucho más que calorías, que son información que nuestro organismo necesita para cumplir sus funciones y que, según de donde provienen esas calorías y donde aterrizan (el contexto de cada uno), la respuesta hormonal será distinta. Por eso, antes ya te había dicho que contar calorías no tiene ningún tipo de sentido.

Si quieres perder grasa y no perder tu salud en el camino, debes entender que la nutrición va mucho más allá de simplemente un aporte energético de sumas y restas; aquí tendríamos que estar hablando de densidad nutricional y no de calorías.

Para ampliar esta información, escanea este QR y escucha el episodio 125 del Podcast de FullMúsculo "Perder grasa con dieta keto", en el que el Dr. Bayter nos explica sobre el tema.

85 | La luz artificial te está haciendo engordar

Como ya te he comentado antes, la obesidad no es un tema de suma y resta. Ojalá fuera tan sencillo. La obesidad es un problema multifactorial, que no se soluciona simplemente con "comer menos y moverte más". Hay otros factores que influyen, como lo es la exposición a la luz artificial.

Creo que no tendría que decirte que nuestro organismo no ha tenido el tiempo suficiente para adaptarse a todas esas comodidades modernas de las que nos rodeamos a día de hoy, muchas de las cuales están afectando nuestra salud y nuestro cuerpo. Una de ellas es la constante exposición a luz artificial en horas en las que debería haber oscuridad. Esta exposición a un espectro de luz artificial durante la noche ya se había asociado a más peso corporal y un mayor riesgo de obesidad, pero la razón no estaba del todo clara. Una teoría era que esa exposición antes de dormir podría provocar una disrupción en los ritmos circadianos y en una reducción en los niveles de melatonina, lo que predispone a ganar grasa corporal.

Eso fue justo lo que se propuso comprobar Choi y compañía en su estudio del año 2021 (122), en el que examinaron cuál era el efecto que tenía la exposición a la luz artificial durante la noche en el metabolismo energético en 10 hombres. Para la investigación, un grupo se expuso a luz artificial de 10,000 lux 2 horas antes de irse a dormir y el otro grupo estaba expuesto a una luz tenue de menos de 50 lux durante la misma cantidad de horas. Ambos grupos con un mismo patrón de descanso. Para que te hagas una idea, la luz del mediodía en un día soleado puede llegar e incluso superar los 100,000 lux y una noche despejada con luna llena puede estar en torno a los 0.25 lux. Por lo que estaríamos hablando que el primer grupo se expuso a una cantidad de luz que podría acercarse a lo que recibes bajo sombra en un día completamente despejado en pleno medio día, muy por encima de la cantidad de lúmenes en una oficina bien iluminada (500 lux). Y el segundo grupo estuvo expuesto a una cantidad equivalente a un día completamente nublado en horas del amanecer o el atardecer.

Los niveles de melatonina del grupo que estuvo expuesto a la luz brillante fue un 63 % más bajo que en el grupo de la luz tenue. Esta es una hormona que "participa en una gran variedad de procesos celulares, neuroendocrinos y neurofisiológicos, como controlar el ciclo diario del sueño", lo que significa que puede afectar tu descanso, tu recuperación e incluso tus ganancias musculares. Además, se observó una menor oxidación de grasas en el primer grupo, tanto en las horas de exposición a la luz como durante el sueño. Lo que quiere decir que la exposición a la luz artificial durante horas de la noche te aleja de la quema de grasa.

🛒 Para llevar

Exponerse a la luz artificial durante horas en las que nuestro organismo no está adaptado tendrá consecuencias en tu salud y también en tu composición corporal. La solución pasa por hacerte consciente de que esto es una realidad y de que debes disminuir tu exposición a la luz artificial, pero no únicamente de la que proviene de los bombillos, sino también de la que proviene de las pantallas de los dispositivos.

Hay varias estrategias que puedes usar:

- Usar luz tenue dentro de casa después del atardecer. Con velas o lámparas de mesa con pantallas o tulipas oscuras

- Disminuir o eliminar el uso de dispositivos electrónicos al menos 2 horas antes de irte a dormir.

- Usar lentes/gafas bloqueadoras de luz azul en caso de que tuvieras que trabajar frente a un ordenador o usar algún dispositivo electrónico en horas de la noche.

- También puedes usar filtros de pantalla como f.lux tanto para ordenadores como para móviles, aunque los más modernos vienen con una opción integrada que te permite configurarlo por defecto

 Para ampliar esta información, escanea este QR y escucha el episodio 107 del Podcast de FullMúsculo "Reancestralización", en el que junto al divulgador científico, Carlos Stro, conversamos sobre el tema.

86 | Raspa y gana

En un mundo ideal, podríamos ir todos los días que tenemos planificados al gym y entrenar a tope. Eso si viviéramos en un mundo ideal, pero la realidad es otra y en el día a día se nos interponen responsabilidades, vacaciones, quehaceres, vida social, compromisos y para usted de contar. Esto evita que en muchas ocasiones podamos cumplir con lo planificado. En esos casos, tendríamos que ser capaces de buscar una alternativa que nos permita entrenar sin tener que invertir tanto tiempo pero que nos ofrezca un buen retorno, es decir, que nos permita obtener ganancias tanto musculares como de fuerza. Por eso, es necesario buscar cuál es la dosis mínima efectiva que necesitas para seguir progresando o al menos para mantener los resultados que hasta ahora habías conseguido. Y esa dosis mínima efectiva se puede conseguir manipulando algunas variables del entrenamiento que te permiten recortar el tiempo que pasas entrenando sin comprometer tanto los resultados.

Hay tres variables principalmente con las que puedes jugar para reducir el tiempo que pasas en el gym, y esas variables son: el volumen de entrenamiento, como la cantidad de series que dedicas a cada grupo muscular a la semana; la intensidad, como el esfuerzo percibido para cada una de esas series; y, por último, el descanso entre series, como el tiempo que pasas descansando antes de ejecutar la siguiente serie.

Empecemos con el volumen de entrenamiento. Podrías pensar que más series es mejor e intuir que para maximizar los resultados en cuanto a ganancias musculares tendrías que hacer por lo menos unas 10 series o más por grupo muscular a la semana. Y si bien es cierto esto, aquí no estamos buscando maximizar los resultados sino optimizar el tiempo sin que se vea del todo perjudicado nuestro progreso. Por lo tanto, debes tomar en cuenta que la mayor parte de esas ganancias, un 64 %, según el estudio de Brad y compañía (123), las vas a conseguir con muchas menos series. Estaríamos hablando entre 1 y 4 series por grupo muscular a la semana, menos de la mitad de lo que dedicarías normalmente.

Si fueses fisicoculturista, seguramente estarías pensando que tú no quieres solo un 64 % de esas ganancias, tú quieres el 100 %, y tendrías toda la razón. Pero aquí no estamos hablando de fisicoculturistas. Aquí estamos hablando de un padre de familia, un joven estudiante o una madre soltera, que tiene poco tiempo para entrenar y aun así quiere hacerlo bien para poder exprimir al máximo el tiempo limitado que tiene para dedicarle a su entrenamiento. Lo importante aquí, y es bueno resaltarlo, es que lo anterior se cumple cuando entrenas al fallo muscular. De allí la importancia en la relación entre el volumen e intensidad. Entrenar a una alta intensidad cercana al fallo muscular tendría que ser necesaria cuando reducimos la cantidad de series que dedicamos a cada grupo muscular a la semana. Pero una reducción del volumen en un intento por dedicar menos tiempo a tus entrenamientos, probablemente te lleve a una rutina de tipo cuerpo completo. Y según como programes tus sesiones de ejercicio, puede tomarte entre 24 y 48 horas una recuperación total para poder afrontar otro entrenamiento de tipo full body. Por lo que debes tener en cuenta ese periodo necesario para poder recuperarte al momento de programar que días de la semana le vas a dedicar a tus entrenamientos.

Por último, es necesario hablar del descanso. Es donde pasamos la mayor parte del tiempo cuando entrenamos y es bastante claro que si no descansas lo suficiente entre series no obtendrás los mejores resultados en ganancias musculares y fuerza porque disminuye la carga de entrenamiento, la cantidad de repeticiones y hay un incremento en la fatiga cuando lo restringes. Las recomendaciones suelen estar entre los 2 y los 5 minutos. Sin embargo, hay estudios (124) que demuestran que nos podemos acostumbrar progresivamente a descansos más cortos de hasta 30 segundos sin ver del todo perjudicado nuestro progreso. Por lo que si estás limitado con el tiempo que puedes dedicar a tus entrenamientos y estabas acostumbrado a realizar descansos de entre 2 y 5 minutos, puedes hacerte mejor recuperándote con descansos más cortos, recortándolos de forma progresiva. Podrías recortar unos 15 segundos cada semana hasta encontrar el punto en el que ya no puedas seguir disminuyendo sin afectar el resto de variables que comentaba antes. También, es importante entender que la cantidad de descanso que necesitas entre sets va a depender del tipo de ejercicio que estés haciendo. Un ejercicio multiarticular, que involucre más de un grupo muscular, va a necesitar más descanso que un ejercicio monoarticular.

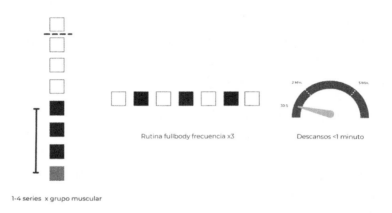

1-4 series x grupo muscular

Rutina fullbody frecuencia x3

Descansos <1 minuto

Pero en muchas ocasiones no basta con reducir el volumen de entrenamiento y el descanso entre series. Hay que apostar por otras estrategias que nos permitan recortar aún más tiempo. Una estrategia interesante para conseguirlo es combinar ejercicios de músculos agonistas-antagonistas, como por ejemplo combinar una serie de remos con una serie de press de banca y luego descansar. Si combinas los sets agonista-antagonistas con la estrategia anterior de aclimatarse a descansos más cortos entre series, puedes reducir considerablemente el tiempo que dedicas a tus entrenamientos sin afectar en mayor medida los resultados. Aun así, no es la única estrategia que puedes implementar. También tienes los drop sets y los rest pause que te pueden ayudar a recortar tiempo.

🛒 Para llevar

Como puedes ver, no es necesario pasar horas interminables en el gym ni tampoco pasar todos los días entrenando. Podrías perfectamente conseguir resultados con entrenamientos más cortos y menos días, como podría ser con una rutina de tipo fullbody, que en combinación con descansos más cortos y técnicas avanzadas como los drop sets, los rest pause y las series agonista-antagonista te va a permitir acortar el tiempo que inviertes en cada sesión. De hecho, necesitas tan poco para progresar que de acuerdo a un metaanálisis de Androulakis-Korakakis y compañía (125), 1 solo set en un rango de 6-12 repeticiones con una carga de aproximadamente 70-85 % 1RM, 2-3 veces por semana, a una alta intensidad por 8 a 12 semanas, puede darte resultados en cuanto a fuerza, no los mejores, pero aun así habría un incremento considerable en el 1RM en press de banca y en squats en hombres entrenados. Eso sería lo que se conoce como dosis mínima efectiva y se ha demostrado que puede ser usado hasta por 6 a 12 semanas continuas y conseguir resultados.

Finalmente, debes tener en cuenta que pasas 4 veces más tiempo descansando que haciendo ejercicio, teniendo en cuenta que puedes tardar 30 segundos haciendo una serie y pudieras estar descansando un mínimo de 2 minutos entre series. Por lo tanto, es allí donde tienes mayor margen para reducir el tiempo de tus entrenamientos.

Para ampliar esta información, escanea este QR y visita la sección de ejercicios de la web de FullMúsculo donde podrás escoger los mejores ejercicios para cada músculo y así diseñar tu propia rutina.

87 | No es un juego de ajedrez

De todo hay en la viña del Señor: uvas, pámpanos y agraz, como dice el dicho. También en el mundo del entrenamiento. Hay quienes les gusta entrenar a tope y con velocidad y están quienes prefieren tomarse su tiempo en cada repetición. A veces, estos últimos se toman tanto tiempo que aburre la espera.

Recuerdo perfectamente como un amigo me hacía sentir que los descansos entre series eran eternos por el tiempo que le tomaba realizar cada repetición; era digno de un ajedrecista. Pero por aquel entonces, era una creencia bastante frecuente que realizar la fase excéntrica del ejercicio de forma "lenta y controlada" te podría dar mejores resultados en cuanto a ganancias musculares y de fuerza. Sin embargo, era realmente insoportable tener que esperar tanto tiempo para poder realizar otra serie, a pesar de que a día de hoy entiendo que esos minutos de descanso extra me podrían haber beneficiado.

Habría que preguntarse si realmente existe alguna ventaja al entrenar más lento. Si obtienen mejores resultados los que van con calma y se toman su tiempo en cada repetición o quienes van a tope y con prisa a través de las repeticiones. Pues pareciera que mientras tu repetición dure menos de 10 segundos, los resultados son bastante similares (127), con cierta ventaja para las ganancias de fuerza cuando la etapa concéntrica del ejercicio es más rápida.

Ahora, ¿qué pasa en cuanto a las ganancias musculares? Eso fue lo que se propuso responder Azevedo y compañía en el estudio que realizaron en el año 2021 (128). Buscaron comparar los cambios en los cuádriceps usando 4 y 2 segundos en la fase excéntrica de unas extensiones de rodilla, donde se pensaba que se podrían conseguir mayores ganancias musculares con fases excéntricas más largas. Los resultados demostraron que si bien en cuanto a fuerza no pareciera haber diferencias significativas, en cuanto a ganancias musculares parece haber cierta ventaja con una fase excéntrica más lenta, pero solo para una porción del cuádriceps.

🛒 Para llevar

Al no haber una ventaja significativa al hacer repeticiones más lentas en su fase excéntrica, deberíamos apostar por autorregular la velocidad, entendiendo que la velocidad de cada una de las fases depende del ejercicio, del objetivo que tengas y de las proporciones de tus miembros inferiores y superiores. Si tus piernas son más largas que las de tu compañero de entrenamiento, te tomará algo más de tiempo completar cada una de las fases. Sin embargo, hacerlo más lento no significa que vayas a tener algún tipo de beneficio adicional en cuanto a ganancias musculares o de fuerza. El objetivo debería ser el de simplemente hacer la fase excéntrica de forma controlada y una fase concéntrica rápida.

88 | Que nadie te diga lo que tienes que hacer

Aunque parezca contradictorio, a veces es mejor que no te digan lo que tienes que hacer en tus entrenamientos y te voy a explicar por qué. En muchas ocasiones, veo como los entrenadores te indican el peso que debes usar o la cantidad de repeticiones que debes hacer. Esto es un error garrafal porque difícilmente tu entrenador pueda saber cuál es el peso que puedes levantar ese día en ese ejercicio para lograr una buena intensidad. Las consecuencias de ello es un entrenamiento poco efectivo con muchas series pero con poca intensidad, lo que irremediablemente te conducirá a un progreso mediocre o simplemente ninguno.

Buscar la solución a eso fue justamente lo que se propuso un estudio de Schwartz y colaboradores del año 2021 (129), donde se comparó cómo respondían un grupo de 20 mujeres a dos condiciones de entrenamiento: la primera con un entrenamiento prescrito donde se les indicaba ejercicios, series, repeticiones e intensidad y la otra condición con un entrenamiento que debían realizar dejándose 2 repeticiones en recámara, sin decirles la cantidad de repeticiones que tendrían que ejecutar pero conociendo todas las demás variables. El resultado fue que los participantes se inclinaron un poco más hacia el entrenamiento prescrito. Sin embargo, la mayoría lo hizo por una situación de comodidad o de inseguridad a la hora de tener que decidir.

Veamos las respuestas de quienes prefirieron el entrenamiento predeterminado:

- "Me gusta saber hacía donde voy y el final específico de cada serie"

- "Cuando estoy cansado prefiero que alguien me diga que tengo que hacer"

- "Creo que el instructor sabe más que yo"

El principal problema de un entrenamiento prescrito es que es poco realista, porque lo que puede funcionar para uno puede dejar a otro muy lejos del fallo muscular, y para este último significa un entrenamiento poco efectivo. En cambio, con una autorregulación mediante el esfuerzo percibido, es más fácil que la persona termine llegando a la intensidad correcta y realice una serie efectiva.

Veamos algunas de las respuestas de los participantes que prefirieron el entrenamiento predeterminado:

- "Siento que sé cómo escuchar mi cuerpo"

- "Confío en que puedo desafiarme a mí mismo adecuadamente"

- "El instructor no puede determinar mi verdadero estado como yo durante la serie"

El problema de la autorregulación es que somos bastante imprecisos estimando el esfuerzo que percibimos en nuestros entrenamientos. Al menos al inicio, cuando somos principiantes y no tenemos mayor experiencia, esto es debido principalmente a que nunca antes hemos experimentado el fallo muscular, lo que ocasiona que sea complicado estimar que se está realmente cerca de él. Sin embargo, es un inconveniente que, con el tiempo, la práctica, la repetición y la experiencia, se suele corregir. Nos hacemos mejores estimando el esfuerzo de cada serie y podemos aprovechar todas las ventajas que ofrece un entrenamiento autorregulado por medio de la intensidad. Por lo tanto, al menos al inicio o según tu preferencia, sería interesante intentar un entrenamiento predeterminado pero que esté individualizado en cuanto al rango de repeticiones que puedes completar a una determinada intensidad.

🛒 Para llevar

La mejor alternativa parecería ser que seas tú quien autorregule sus entrenamientos, estimando el peso que puedes usar para un ejercicio y poder realizar la serie a una alta intensidad cercana al fallo muscular. Es decir, que tu entrenador simplemente te de las indicaciones del ejercicio que debes hacer, la cantidad de series a ejecutar y la intensidad que debes conseguir, y tú te encargas del resto.

Básicamente esta aproximación funciona mejor porque no todos los días de entrenamiento son iguales. Unos días habrás comido mejor, descansado mejor y recuperado mejor; y otros habrás dormido menos, te habrás estresado más y habrás tomado peores decisiones en cuanto a tu alimentación, por lo que el rendimiento en tus entrenamientos varía cada día. Justo como lo ha indicado uno de los participantes en el estudio sobre sus preferencias: el instructor no puede identificar tu verdadero estado (físico, anímico y mental) como tú cada día de entrenamiento.

89 | En la suplementación no está la solución

Parece paradójico que esté escribiendo esto cuando yo mismo me inicie en el mundo del fitness vendiendo suplementos. Los vendía todos: el quemador de grasa, el ganador de peso, el pre-entreno, el intra-entreno, el post entreno, la proteína y la creatina. El que servía y el que no también. Tenía las mejores marcas y los productos más buscados del mercado. Así fue hasta que me topé con una cruda y cruel realidad: no estaba ayudando a nadie a conseguir sus objetivos. Más bien al contrario, estaba generando una dependencia a un producto que posiblemente no les estaba ayudando en lo más mínimo en su progreso. Fue entonces cuando decidí abandonar toda la venta de suplementos y dedicarme a la divulgación científica, a aportar información y herramientas que pudieran ayudar a las personas a conseguir resultados saludables y sostenibles en el tiempo.

Pero en un mundo donde Hollywood nos ha hecho creer que las transformaciones se logran en pocas horas, la mayoría está allí fuera buscando atajos y parches a sus problemas en un intento de conseguir resultados rápidos y sin mucho esfuerzo. Es allí donde toman protagonismo las marcas de suplementación y las redes sociales. En esta última pareciera que todo el que ha conseguido un cuerpo musculado y definido es porque consume algún tipo de suplemento. Ahora, las marcas de suplementación no están haciendo nada nuevo. Han copiado lo que ha funcionado por décadas en la industria farmacéutica con los profesionales de la medicina. Esto no es más que patrocinarles hasta la forma en la que caminan, con la finalidad de promover sus fármacos. Las marcas de suplementos han imitado el modelo, ofreciendo "jugosos" descuentos y comisiones por recomendar sus productos. Pero ese no es el problema. El problema está cuando esos productos no son lo que dicen ser, y eso te lo voy a demostrar con números y evidencia.

La data disponible demuestra que entre el 40 y el 70 % de los atletas usan algún tipo de suplementación, y que entre el 10-15 % de los suplementos podrían contener sustancias prohibidas (130). De hecho, se estima que entre un 12 y un 58 % de los suplementos están contaminados con prohormonas y estimulantes (131). Eso ya es un problema, no solo a nivel de competición, que podría ser considerado dopaje, sino a nivel de la salud de cada individuo que desconoce estar consumiendo alguna sustancia prohibida.

Eso no es todo, el 80 % de los suplementos no contiene lo que indican en la etiqueta (132). Esto ocurre porque suele ser bastante fácil poner un suplemento potencialmente peligroso en el mercado, debido a que no suelen estar sujetos a un proceso de revisión o aprobación. En los Estados Unidos se asume que "el suplemento es seguro hasta que las autoridades puedan demostrar lo contrario. Y, en general se retiran de los estantes solo después de que ocurren lesiones graves, lo cual no es poco común".

Por último, pero no menos importante, la mayor parte de los suplementos disponibles en el mercado no están basados en evidencia científica. Suelen estar basados solo en tendencias del momento que las marcas aprovechan para obtener un beneficio económico. Cuando están basados en evidencia, la mayoría de los estudios que los respaldan están pagados por la misma industria, y si los resultados no favorecen el suplemento muchas veces no se publican.

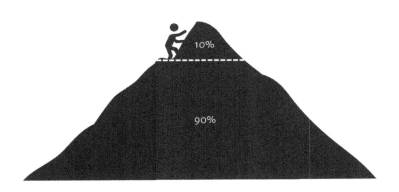

Incluso un buen suplemento deportivo, seguro, eficaz y basado en evidencia tal vez podría ayudarte a mejorar un 10 %, suficiente para pasar de estar fuera del podio a ganar alguna medalla. Si fueras un atleta y estás entrenando para competir tendría sentido, pero para una persona normal como tú y como yo, salvo que tengas una deficiencia comprobada y el suplemento pueda ayudarte a complementar lo que no eres capaz de llevar a través de tu alimentación, entonces no haría mayor diferencia.

Aun así, suponiendo que a ti te pudiera ayudar a mejorar en un 10 % tu rendimiento deportivo, significa que el 90 % de los resultados los consigues sin suplementación. Es decir, con un entrenamiento efectivo, una alimentación saludable densa en nutrientes y un descanso profundo.

🛒 Para llevar

Si la respuesta estuviera en los suplementos, las calles parecerían Esparta, con gente musculada y abdomen definido, y no la película de Disney Pixar Wall-e con personas con sobrepeso y obesidad comiendo comida chatarra y bebiendo refresco mientras se mueven en scooters eléctricos. Tendría que ser así porque más de la mitad de la población consume algún tipo de suplemento dietético y/o deportivo.

En definitiva, nada le gana a un cambio de hábitos alimenticios, un entrenamiento realmente efectivo y un descanso óptimo. Allí es donde está el 90 % de los resultados que podrías conseguir y es allí donde debes poner el foco.

Para ampliar esta información, escanea este QR y visita la sección de suplementos de la web de FullMúsculo donde podrás encontrar una guía de suplementos deportivos según la evidencia científica.

90 | Suplementos para "quemar" más dinero que grasa

En los Juegos Olímpicos de 1904 celebrados en St. Louis en los Estados Unidos, Thomas Hicks ganó la medalla de oro en el maratón. La carrera se corrió con temperaturas cercanas a los 32 °C y solo había dos puntos a lo largo de la ruta para el agua. En el kilómetro 30, Thomas pidió agua, pero recibió una esponja mojada para chupar y la clara de un huevo. Unos kilómetros más tarde, al borde del colapso, recibió dos huevos, un sorbo de brandy y una pequeña dosis de estricnina (que erróneamente se consideraba como un estimulante y luego sería utilizada como veneno para ratas). Durante los últimos 2 kilómetros, que incluyeron dos colinas, le dieron dos huevos más y dos tragos más de brandy, supuestamente uno para cada colina. Thomas Hicks terminó la carrera, pero no pudo recibir su trofeo debido a problemas médicos.

Esas eran las recomendaciones predominantes en nutrición deportiva en ese momento. Hoy nos parecería una aberración darle licor a un deportista durante una competición, pero en aquel entonces era lo normal. En pleno tour de Francia, por ejemplo, podías ver ciclistas comiéndose un plato de pasta o fumándose un cigarrillo. Y se dice que rellenaban sus botellas con vino. A día de hoy, el panorama puede parecer distinto y más saludable. En lugar de beber alcohol, se hidratan con bebidas energizantes y en vez de un plato de pasta, se chupan un gel de glucosa. Eso sólo en cuanto a suplementación para el rendimiento deportivo.

En lo que a masa muscular se refiere, hay batidos de proteínas para todos los gustos, y para pérdida de peso están los famosos quemadores de grasa. Sin embargo, la situación a día de hoy no es muy alentadora. Como te comenté en el scoop anterior, hay suplementos contaminados con prohormonas y estimulantes, suplementos que no contienen lo que indican la etiqueta o que contienen cosas que no están reflejadas en la etiqueta, suplementos con poco o nada de respaldo científico y los estudios que lo respaldan son pagados por la misma industria y muchas veces, cuando estas investigaciones no les favorecen, ni se publican. Es decir, que la mayor parte de los suplementos que se venden ahí fuera no son seguros, no funcionan y no están basados en evidencia científica.

Hay uno de esos suplementos donde me gustaría detenerme un poco porque es de los suplementos más vendidos del mercado: los quemadores de grasa. Son vistos como un atajo o como una pastilla mágica que te ayudará a lograr tus objetivos. Sin embargo, tengo que decir que una persona con sobrepeso u obesidad ha llegado a ese estado por múltiples factores y hábitos sostenidos a lo largo del tiempo. Entonces te pregunto, ¿por qué pudieras pensar que una pastilla puede revertir todos esos años de insultos contra tu propio cuerpo? Y aquí viene lo interesante: un metaanálisis de James Clark y colaboradores del año 2021 (134) se propuso comparar el efecto a largo plazo que tenían suplementos para la pérdida de peso en sujetos obesos en comparación con una dieta, o con una dieta y ejercicios sin suplementación. Los resultados no creo que te tomen por sorpresa, pero vale la pena resaltarlos para así asegurarme de que no desperdicies tu dinero en este tipo de suplementos. A pesar de que no son los únicos que no sirven para nada, como ya te lo he comentado antes.

El metaanálisis concluyó que "parece haber un beneficio limitado que puede derivarse de la inclusión de suplementos dietéticos termogénicos para reducir la masa corporal y mejorar la salud cardiometabólica de las personas con sobrepeso". Pero en comparación con los resultados obtenidos haciendo ejercicio o con dieta y ejercicio, sin ningún tipo de suplementación, fueron muy inferiores. De hecho, hubo una tendencia general de no efectividad para los suplementos "quemadores de grasa". Repito: no efectividad.

Parece curioso que un suplemento que se promueve y se promociona para la pérdida de grasa no sirva para perder grasa sino "supuestamente" para mantener la masa muscular. Aun así, no me extraña en lo absoluto dado que ese es el trabajo del marketing dentro de la industria de la suplementación: venderte el producto. El término quemador de grasa no existe, es puro marketing. Son en realidad suplementos que podrían ayudarte a incrementar tu gasto energético y esto te podría llevar a una pérdida de grasa. Pero incluso el más potente de los quemadores te puede hacer incrementar tu gasto en solo un 5 %. Sí, leíste bien, solo un 5 %. Menos de lo que podrías incrementar tu gasto calórico solo con el hecho de estar de pie. Es absurdo. Y este efecto se reduce con el tiempo por la tolerancia que generas hacia el suplemento.

🛒 Para llevar

Como sabrás, la base para perder grasa está en tu alimentación, tu descanso y tu entrenamiento. Sin eso, da igual los suplementos que tomes porque difícilmente vayas a ver resultados. Si no estás progresando desde la base olvídate de cualquier tipo de suplementación que ofrezca un atajo para lograr tus resultados.

Para quemar grasa, debes asegurarte de aportar la cantidad de proteína adecuada a través de tu alimentación, alinear tus ingestas con tus ritmos circadianos, hacer ejercicio y entrenar fuerza, tener un buen descanso nocturno y moverte lo suficiente. Después de eso, podrías pensar en añadir algún suplemento que pueda potenciar por algún mecanismo la pérdida de grasa.

Aun así, son muy pero muy pocos los suplementos que podrían ayudarte, y que no lo harán si tú no haces tu parte. En el caso de algunos suplementos que sí que pudieran ayudar a aumentar la lipolisis, serían efectivos solo si los ácidos grasos que son liberados son usados; de lo contrario solo seguirán siendo almacenados por tu cuerpo. Es decir, que mientras no te muevas y no hagas ejercicio estarás tirando tu dinero.

En fin, que te olvides de los suplementos "quema grasa" porque no existen. Y que sepas, que ningún suplemento va a hacer el trabajo por ti. Ninguno.

Para ampliar esta información, escanea este QR y escucha el episodio 110 del Podcast de FullMúsculo "La verdad de los suplementos", en el que junto al doctor Adrián Díaz Rua conversamos sobre el tema.

91 | ¿Duermes más y comes menos o duermes menos y comes más?

Dormir poco y mal tiene consecuencias, como hemos visto antes. Afecta el rendimiento en tus entrenamientos y tu recuperación (scoop #8), incluso tus ganancias musculares (scoop #33). Por otra parte un buen descanso nos puede ayudar a perder más grasa corporal (scoop #61) y a mejorar nuestra composición corporal. Hasta aquí parece haber quedado bastante clara la importancia de dormir bien para nuestro físico y nuestra salud. Y a pesar de que hay formas de contrarrestar hasta cierto punto un mal descanso, nada será mejor que dormir bien cada noche y, sobre todo, dormir suficiente.

Sin embargo, hasta ahora no habíamos visto como un buen descanso puede afectar la forma en la que te alimentas. Ten en cuenta que por cada hora que dejas de dormir estarías incrementando en un 9 % el riesgo de padecer de obesidad, muy posiblemente porque esa restricción en el descanso te lleva a comer más. De hecho, sabemos por un metaanálisis del 2021 que restringir el descanso a no más de 5 horas por la noche te puede llevar a consumir 200 calorías extra a lo largo del día (135).

Lo que hasta ahora no se había determinado era en cuánto podrías reducir tu ingesta energética si añades horas a tu descanso nocturno. Y eso fue justamente lo que se propuso el estudio de Esra Tasali y su equipo (136), realizado en 2022, donde buscaban que un grupo de participantes con sobrepeso extendieran su descanso nocturno hasta unas 8.5 horas a través de una serie de recomendaciones, mientras que el grupo control mantenía sus hábitos de descanso. Los resultados que obtuvieron demostraron que el grupo a quienes se les habían dado las recomendaciones pudieron aumentar su descanso en un promedio de 1.2 horas por noche y que su ingesta energética diaria había disminuido en 156 calorías; en cambio, el otro grupo, a quienes se les había pedido que continuarán con sus hábitos de descanso, había aumentado su consumo en unas 115 calorías por día. Además, el grupo de las recomendaciones consiguió una pequeña mejoría en su composición corporal.

🛒 Para llevar

El buen descanso nocturno no es negociable y reducirlo tanto en tiempo como en calidad afecta tu salud, tu físico y tu mente, de forma considerable. A largo plazo podría tener consecuencias incluso peores que las que hemos analizado hasta ahora en este libro.

Un mal descanso va a afectar la forma en la que rindes en tus entrenamientos y te recuperas, tus ganancias musculares, tu pérdida de grasa y la forma en la que te alimentas, también tu concentración y tu rendimiento cognitivo. Es decir, dormir mal te hace vivir peor. La solución es bastante clara, dormir más (si duermes muy poco) y dormir mejor (si la calidad de ese descanso es mala).

92 | El alcohol te hace tonto y envejece

En un scoop anterior (#76), te contaba por qué razón contar calorías sirve para poco y nada. Si contar calorías fuera la solución, ya sabes cómo se verían las calles de tu ciudad porque hoy más que nunca lo tenemos muy fácil para contarlas. En los empaques de los productos te pone exactamente cuántas calorías contiene el producto y de dónde provienen esas calorías. Además, tienes calculadoras como la de nuestra web para estimar cuántas calorías necesitas consumir y cómo distribuirlas en los distintos macronutrientes. Finalmente, cuentas con aplicaciones gratuitas que te permiten hacer un seguimiento diario de las calorías que consumes a través de tu alimentación y a través de las que gastas con el movimiento y el ejercicio.

Entonces, ¿por qué no hemos erradicado aún el sobrepeso y la obesidad sino más bien al contrario, siguen aumentando rampante en todo el mundo así como todas las enfermedades asociadas? Básicamente porque contar calorías sirve de poco y nada si no te enfocas en lo que de verdad importa: la densidad nutricional, es decir, la calidad de los alimentos. Es allí donde se hace la diferencia, no solo con respecto al peso y la composición corporal sino también en la salud.

Justamente eso fue lo que se propuso comparar Schutte y su equipo en un estudio del año 2022 (138). El objetivo era el de examinar los efectos adicionales de la calidad de los nutrientes en una dieta por encima del déficit energético en un plazo de 12 semanas con 110 personas que sufrían de obesidad. Los resultados confirman lo dicho: los dos grupos que se sometieron a déficit energético perdieron peso, sin embargo, perdió más peso el grupo que puso el foco en la densidad nutricional. Es decir, los participantes que tenían una alimentación de mayor calidad.

Pero eso no es todo. El grupo con una dieta de mayor calidad nutricional no solo perdió más peso, sino que también mejoró su sensibilidad a la insulina, su perfil lipídico, logró reducir el tamaño de sus adipocitos, reducir la frecuencia cardiaca en reposo y la presión arterial.

🛒 Para llevar

Pon el foco en lo que de verdad importa, que son los nutrientes.

Antes de hacer cualquier cambio o restricción, asegúrate de que estés aportando densidad nutricional a través de los alimentos que consumes y no te enfoques únicamente en las calorías. De hecho, es muy probable que solo con enfocarte en aportar alimentos de alta calidad pierdas peso por la saciedad que provee una dieta densa en nutrientes, en comparación con una dieta basada en procesados y ultraprocesados. Esto te va a permitir disminuir el aporte energético en tu alimentación sin haber hecho ningún tipo de restricción aparente, ayudándote no solo a reducir tu peso corporal sino también a mejorar tu salud, que a fin de cuentas es lo que buscamos todos.

Para ampliar esta información, escanea este QR y escucha el episodio 91 del Podcast de FullMúsculo "Calorías Vs Nutrientes", en el que el divulgador científico Ernesto Prieto Gratacós nos habla sobre el tema.

94 | Suplementación de mierda

No importa que lo haya dicho antes ni cuantas veces lo repita, siempre hay alguien que va a salir a buscar solución a las deficiencias de su estilo de vida en la suplementación. Sin importar que ya se haya demostrado con base científica que son pocos los suplementos que realmente funcionan, son seguros y están basados en la evidencia científica. Pero como quiero asegurarme de que ha quedado claro de que en los suplementos no está la solución, te traigo otro ejemplo: otro suplemento de mierda que no sirve para nada y, a pesar de ello, es uno de los más vendidos del mercado.

Que este producto esté entre los suplementos más vendidos demuestra el poder brutal de marketing que tienen estás compañías, que son capaces de vender algo que sirve para poco y nada. Haciendo uso de influencers y profesionales de la salud, expertos en nutrición y del entrenamiento, logran posicionar cualquier producto en el mercado sin importarles que funcione o no. Ellos necesitan vender y han generado en ti la necesidad de consumir. Estoy hablando nada más y nada menos que de los BCAA, suplementos de aminoácidos de cadena ramificada. Estos están dentro del top 5 de los suplementos más consumidos entre fisicoculturistas de cara a una competición (139), y son quienes en su mayoría hacen uso de este para ver supuestos beneficios en cuanto a ganancias de fuerza y de aumento muscular. Aun así, no vale la pena todo el bombo que se le hace a este suplemento y así lo ha demostrado el más reciente metaanálisis publicado por Marcon y su equipo en el 2022 (140), donde se concluyó que "la suplementación con BCAA parece no mejorar el rendimiento y la ganancia de fuerza y masa muscular." Es decir, te lo traduzco: estás prácticamente botando tu dinero.

Lo que crees
que importan

Lo que realmenteme
importan

🛒 Para llevar

Dada la importancia de la proteína para el rendimiento, la fuerza y el aumento muscular, las compañías de suplementación se han dedicado a promocionar los BCAA como un suplemento eficaz para mejorar tus entrenamientos y obtener mejores resultados, pero como ya hemos visto antes, son una pérdida de dinero.

Por lo tanto, suplementarse con aminoácidos de cadena ramificada no tiene ningún sentido, sobre todo cuando cumples tus requerimientos proteicos. Es decir, que si tu ingesta proteica diaria está dentro de lo recomendado (scoop #62), los BCAA te están sirviendo solo para hidratarte, efecto que podrías conseguir perfectamente con agua y electrolitos.

Mejor empieza a invertir en tu alimentación, que al parecer es allí donde está la solución.

95 | Eres un adicto y lo sabes

Todos sabemos perfectamente las cosas que tenemos que hacer y los alimentos que debemos comer para tener salud y estar en forma, TODOS. Sin embargo, son muy pocos quienes pasan a la acción. El por qué ya lo sabes si has leído la introducción y si has escuchado mi entrevista a Ramón Nogueras sobre por qué es tan difícil cambiar. Es básicamente porque el entorno, las creencias y nuestro cerebro nos juegan en contra. Como dijo Amelia Earhart, famosa aviadora estadounidense por intentar el primer viaje aéreo alrededor del mundo sobre la línea ecuatorial: "Lo más difícil es tomar la decisión de actuar; el resto es pura tenacidad".

Cualquier persona sabe que un brócoli es más saludable que un helado, aun así, la mayoría elige más veces el helado que el brócoli. Esto no es una simple casualidad. La mayoría elige el helado porque es más adictivo. Mientras más azúcares y grasas añadidas contiene un producto o un alimento, más adictivo es. Esto lo sabe perfectamente la industria alimentaria y se aprovechan de ello para vender cada vez más. Mientras mayor es el nivel de procesamiento y menor es la densidad nutricional, mayor es el nivel de adicción que va a despertar en ti. Esto lo que hará es que entres en un círculo vicioso del cual es complicado salir, porque por una parte estás generando picos de dopamina que tu cerebro va a querer repetir y por otra, porque no le estás dando a tu organismo los nutrientes que él necesita. Y, ¿qué crees que va a suceder? Que tu cerebro te va a pedir a gritos que le des nuevamente ese chute de dopamina y tu organismo te va a pedir que por favor lo sigas alimentando en un intento de obtener los nutrientes que necesita.

ADICCIÓN

− Grasas añadidas
− Azucares

+ Grasas añadidas
+ Azucares

Un estudio Schulte y colaboradores del año 2015 (141) demostró que no todos los alimentos generan el mismo nivel de adicción y que los que están altamente procesados pueden compartir características con otras drogas como las altas dosis y el nivel de absorción. Por lo que se cree que mientras mayor es el contenido de azúcares y más alto es el índice glucémico, mayor es el nivel de adicción.

🛒 Para llevar

Por un scoop anterior (#40), ya sabías que mientras más dulces o procesados comes, más vas a querer comer. A esto se le añade el hecho de que se hacen más adictivos los alimentos según el nivel de procesamiento que tengan, lo que quiere decir que mientras peor comas, más vas a comer y peores elecciones vas a tomar. Es decir, que comer mal solo te llevará a comer más y a comer peor. Por eso, el primer paso para comer bien pasa por tomar mejores decisiones de lo que compras para comer.

Para ampliar esta información, escanea este QR y escucha el episodio 98 del Podcast de FullMúsculo "¿Cómo comprar saludable en el súper?", en el que el Dr. Alex Yañez habla sobre el tema.

429

96 | Perder grasa y ganar músculo, ¿Al mismo tiempo?

Muchos de quienes aterrizan en un gimnasio lo hacen porque tienen un objetivo, que según el momento histórico en el que vivimos, de una población cada vez más obesa y enferma, ese objetivo casi siempre es el de mejorar su composición corporal. Vienen con un exceso de peso en forma de grasa y con una falta evidente de masa muscular y de fuerza. Todo esto, en consecuencia, no de la genética, sino de un estilo de vida totalmente sedentario, de malos hábitos alimenticios y muchos otros insultos al cuerpo acumulados durante años. Y como Hollywood nos ha hecho creer que las cosas se consiguen rápido y fácil, seguramente querremos lograr todo al mismo tiempo: perder grasa y, a la vez, ganar músculo.

El problema te lo encuentras, de frente y sin aviso, cuando te dicen que para perder grasa se supone que necesitas estar en déficit, y para ganar masa muscular la recomendación es más bien un superávit. Pero ¿qué pasaría si, a pesar de las claras diferencias en el camino trazado para llegar a tu objetivo, tú te empeñas en perder grasa y ganar músculo al mismo tiempo? Eso es lo que se conoce como recomposición corporal, y es algo así como el santo grial en el mundo fitness. Todo un reto, porque cada uno de estos objetivos puede traer consigo recomendaciones contrarias en la forma en la que te alimentas, y en algunos casos, incluso en la forma en la que te entrenas (erróneamente).

Si tu objetivo fuese perder grasa corporal, seguramente la recomendación sería el de lograr un balance negativo entre lo que consumes y lo que gastas, es decir, un déficit energético. Por el contrario, si tu objetivo fuera ganar músculo, la recomendación sería seguramente la opuesta, generar un balance positivo entre la energía que ingieres y la que gastas, es decir, un superávit. Esto nos lleva a preguntarnos si realmente sería posible lograr los dos al mismo tiempo. Para eso habría que ver en qué medida un déficit puede afectar las ganancias de masa muscular cuando se entrena fuerza.

La respuesta parece tenerla un metaanálisis de Murphy y compañía del año 2021 (142). En ese estudio, se pudo determinar que un déficit afectaba de forma significativa la ganancia de músculo, y a medida que el déficit era mayor, esas consecuencias también lo eran. Llegaron a la conclusión de que con un déficit de aproximadamente unas 500 calorías al día, no se conseguirían ningún tipo de ganancias musculares.

Sin embargo, que no sea lo óptimo no significa que no se pueda lograr. Se ha demostrado que, con un déficit menor, sí que pudiera ocurrir un aumento en las ganancias de masa muscular, pero no tan grandes como podrían serlo si el déficit no existiera. La clave está en saber cómo incrementar nuestras probabilidades de salir victoriosos de esa aventura y no haber pasado por el gym todo ese tiempo desapercibidos, y sentir que hemos perdido nuestro tiempo. Porque la frustración de no ver resultados o de que la realidad no cumpla nuestras expectativas nos llevará tarde o temprano al abandono. Y cuando abandonas, de algo puedes estar seguro, y es de que no vas a conseguir resultados.

🛒 Para llevar

Para poder maximizar nuestras oportunidades de éxito, debemos saber que si tu principal objetivo es el de perder grasa, no hay nada que pensar: necesitas un déficit energético consecuencia de un cambio de hábitos alimenticios donde el foco esté en los nutrientes. Y si tu objetivo es el de ganar músculo entonces deberás apuntar a un superávit energético. Cuando quieres apostar por ambos al mismo tiempo, entonces debes tener en cuenta que un déficit muy grande podría terminar por anular cualquier posible ganancia en cuanto a masa muscular. La solución es generar un déficit energético ajustado al estado físico que tengas y, sobre todo, que ese aporte energético provenga de comida densa nutricionalmente hablando, para evitar cualquier tipo de problema asociado a una deficiencia nutricional sumada a un déficit energético sostenido en el tiempo. También es importante tener en cuenta que para algunos será más factible que para otros (según el punto del que parten) y que, a medida que vayas progresando en tu objetivo, es posible que se vaya volviendo menos eficiente y quieras cambiar de estrategia.

Para terminar, es necesario que tomes en cuenta que al estar ganando masa muscular y perdiendo grasa al mismo tiempo, tu peso no disminuirá, o no lo hará tanto como tú pensarías que lo debería hacer. Por eso, es interesante buscar otras estrategias para medir tu progreso, más allá de tomar únicamente como referencia el peso corporal, que no te está diciendo toda la verdad de lo que está sucediendo.

Para ampliar esta información, escanea este QR y lee el artículo de la web de FullMúsculo "Aumentar músculo y perder grasa a la vez es posible y te decimos cómo lograrlo", en el que Moreno Arena, entrenador personal, habla sobre el tema.

97 | Entrena como más te guste

Suele ser bastante común al comenzar el gym que empieces a escuchar o que te recomienden entrenar con pesos libres, barras y mancuernas en el área de musculación. Porque de ese modo podrías reclutar más fibras musculares y conseguir mejores resultados. Pero, ¿qué sucede si a ti no te gusta entrenar con las pesas libres, y lo que prefieres es entrenar con las máquinas? Pensarías que no podrías lograr tus objetivos, te frustrarías y saldrías por la puerta del gym más rápido de lo que entraste.

En ocasiones anteriores hemos visto cómo antes de cualquier otra variable, prima la adherencia. Es decir, que si no te gusta lo que vas a hacer para conseguir tu objetivo simplemente en algún momento vas a abandonar. Por lo que, debes siempre buscar hacer algo con lo que te sientas cómodo y te motive. De lo contrario, difícilmente vayas a durar mucho en el gym (o entrenando donde sea).

"Las personas que buscan aumentar la fuerza general y la masa muscular para mantener la salud pueden elegir la actividad que prefieran y es más probable que se adhieran a ella."

La clave está en entrenar lo que te guste y que la intensidad sea la correcta. A partir de allí, todos los caminos llevan a Roma. Existe casi una infinita variedad de formas de llegar a un mismo objetivo, ya sea con máquinas, con mancuernas, con bandas de resistencia o con peso corporal y calistenia. Sin embargo, en esta oportunidad me quiero concentrar en comparar las dos que posiblemente te vayas a encontrar en un gym: máquinas y pesos libres; y así saber cuál de los dos podría ser mejor para conseguir un aumento de masa muscular, de fuerza y de potencia.

Si quieres unas piernas fuertes y con volumen muscular podrías hacer sentadillas para conseguirlo, pero también podrías llegar a tu objetivo haciendo uso de máquinas como las extensiones de rodillas, los hack squat, etc. La duda estaría en si una elección es mejor que la otra. Si un camino te puede llevar más rápido a tu destino.

Para buscar la respuesta a esa pregunta, tenemos un metaanálisis de Heidel y colaboradores (143) en el que buscaron comparar el cambio en fuerza, potencia y ganancias musculares en dos escenarios: con máquinas y con pesos libres, para saber cuál ofrecía los mejores resultados. Lo más interesante del estudio es que ha dejado bastante claro que el principio de especificidad importa. Es decir, si quieres ganar fuerza en sentadilla, tendrás que entrenar fuerza en sentadilla. Si quieres ser futbolista, tendrás que jugar al fútbol. Parece obvio, pero no lo es tanto. Muchas veces dentro de la variedad que nos ofrece un gimnasio y la novedad que nos ofrecen las redes sociales en cuanto a ejercicios, nos distraen de nuestro verdadero propósito personal y nos alejan de aquellos ejercicios que nos permiten entrenar según lo que deseamos mejorar.

En cuanto a los resultados obtenidos entre las pesas libres y las máquinas, son bastante similares. Esto, debido a que las ganancias musculares se consiguen gracias a la tensión muscular y dicha tensión se puede conseguir con ambos equipamientos, tanto con máquinas como con pesos libres. A fin de cuentas, tus músculos no son capaces de reconocer ni el entorno ni el material que estés usando para darle el estímulo que necesitas. De ahí la importancia de la adherencia que nos mantenga constantes en el entrenamiento de fuerza y del esfuerzo para que ese estímulo independientemente del equipamiento que usemos, sea efectivo.

🛒 Para llevar

Lo primero es entender la importancia de que te guste lo que estés haciendo. Dejar de buscar lo óptimo y elegir lo que sea mejor para ti; y eso pasa por encontrar un tipo de entrenamiento o una práctica deportiva que te genere adherencia. Sin ella, no vas a conseguir resultados.

Una vez que has encontrado dónde y cómo entrenar, entonces tendrás que asegurarte de que el esfuerzo es el correcto y que cada entrenamiento está siendo efectivo. A partir de allí, el camino que elijas da un poco igual, porque la tensión muscular que tu cuerpo necesita para crecer lo puedes conseguir en casa con un par de garrafas de agua o en un gym con pesos libres o máquinas. El resultado va a ser similar siempre y cuando garantices lo anterior.

Por último, pero no menos importante, debes entender que esto no va de blanco y negro. No debes decidirte y casarte de por vida con un solo tipo de entrenamiento. Puedes cambiar, puedes combinar y puedes alternar entre unos y otros. Podrías basar tus entrenamientos en pesos libres y complementar con ejercicios asistidos en máquinas. Al final, lo que te debe quedar claro es que lo único que te va a traer resultados es lo que hagas, siempre y cuando lo hagas bien y esté alineado con el objetivo que quieres conseguir.

Para ampliar esta información, escanea este QR y visita la sección de ejercicios de la web de FullMúsculo donde podrás escoger los mejores ejercicios para cada músculo y así diseñar tu propia rutina.

98 | No necesitas carbohidratos

Tengo que ser sincero contigo, yo era de esos que tenía que comer algo antes de ir a entrenar para "supuestamente" rendir en el entrenamiento: un atún en lata, el típico cambur (banana), un café negro o el famoso pre-entreno. Lo empecé a hacer porque veía cómo muchos lo hacían. Los más fuertes del gym estaban allí antes de entrar a entrenar con su plato de pasta fría con aceite y sal o con algún batido de suplemento, dando de comer a sus músculos para "rendir más". Así que, sin más, por simple imitación, yo también empecé a hacerlo.

Allí fue cuando empecé, pero no recuerdo en qué momento me dí cuenta que era una estupidez y dejé de hacerlo. No porque supiera la evidencia que había detrás, sino porque simplemente fui consciente de que un suplemento no iba a hacer la diferencia. Si no estaba entrenando de forma efectiva, un pre-entreno, un café o un cambur, no iba a cambiar nada. Si no estaba aumentando masa muscular con una nutrición óptima y densa en nutrientes, con un batido de proteínas, una lata de atún o unos huevos cocidos, no iba a compensar. En fin, me di cuenta que en los suplementos no estaba la solución, pero tampoco en los carbohidratos.

Durante los últimos años, e incluso podríamos hablar de décadas, se han estado recomendando grandes cantidades de carbohidratos para fisicoculturistas y atletas, pero también para cualquier persona de a pie que entrene fuerza. Y cuando digo grandes, por no decir absurdas, me refiero a recomendaciones que pueden ir hasta los 10 gramos de carbohidratos por kilo de peso corporal al día. Es decir, que si pesas en torno a los 72 kilos como yo, estaríamos hablando de unos 720 gramos de carbohidratos por día. Todo esto, porque en teoría es el principal combustible de tus músculos. Y digo en teoría porque, en realidad, es el glucógeno almacenado en los músculos y no los carbohidratos en sí. Sin embargo, no siempre las recomendaciones han sido esas. Dietas más bien moderadas e incluso bajas en carbohidratos eran la norma y han sido populares a lo largo de la historia entre atletas y culturistas. Entonces, ¿por qué razón ahora pareciera que es imposible rendir en un entrenamiento, ganar fuerza o incluso aumentar masa muscular si no estás metiendo "suficientes" carbohidratos?

Una revisión sistemática de 49 estudios realizada por Menno Henselmans y compañía en el 2022 (144) demostró que, literalmente, no hay un solo estudio de alta calidad que demuestre los beneficios de una ingesta alta, o baja, de carbohidratos en el rendimiento del entrenamiento de fuerza.

"11 estudios no encontraron ningún efecto significativo de la ingesta de carbohidratos en el rendimiento del entrenamiento de fuerza. Tres publicaciones tampoco encontraron beneficios de consumir una mayor ingesta de carbohidratos en el rendimiento total del entrenamiento. Y de los ocho estudios con un efecto significativo entre grupos, curiosamente 2 favorecieron al grupo bajo en carbohidratos y 6 favorecieron a la condición alta en carbohidratos." Dicho por el propio Henselmans.

Mecánicamente hablando, es muy poco probable que un entrenamiento de fuerza común, digamos de unas 10 series por grupo muscular, agote las reservas de glucógeno lo suficiente como para afectar el funcionamiento de tus músculos. Además, la resíntesis de glucógeno necesaria después del entrenamiento ocurre dentro de las siguientes 24 horas, incluso con dietas bajas en carbohidratos, especialmente en personas acostumbradas a entrenar en esas condiciones. En resumen, como todo en esta vida, si estás acostumbrado es mucho más fácil que puedas rendir en ese contexto. Si dependes de grandes ingestas de carbohidratos, difícilmente podrás rendir con una dieta muy baja en carbohidratos, a menos que pases por un proceso de adaptación.

En mi caso, yo rendía con altas ingesta de carbohidratos y pensaba que esas ingestas eran necesarias. Hasta que te das cuenta que la locura de meter 500 gramos de carbohidratos o más, que te hace comer cada 3 horas y hasta 5 veces al día, te está jodiendo tu salud. Te estás montando diariamente en una montaña rusa de azúcar de la que es difícil salir y el destino son enfermedades que no quisieras padecer. Pero eso ya se escapa de lo que aquí vinimos a discutir, que era rendimiento en el entrenamiento.

🛒 Para llevar

Lo primero es que sepas que no necesitas esas cantidades absurdas de carbohidratos que se recomiendan tanto dentro como fuera de las redes sociales, por influencers, pero también por profesionales de la salud y del entrenamiento.

Con un aporte moderado de carbohidratos, puedes perfectamente rendir en tus entrenamientos, ganar fuerza y aumentar masa muscular; y si quisieras hacer una dieta baja en carbos o cetogénica, ten por seguro que no habrá ningún impacto en tu rendimiento, y si lo hubiese, será cuestión de tiempo para que te adaptes.

Lo segundo es que entiendas que el aporte de carbos, independientemente de que sea alto, moderado o bajo, debe venir de comida real y no de procesados y ultraprocesados. Eso, si la salud es tu prioridad, si no entonces todo vale y puedes meter galletas, helados y cualquier tipo de comida chatarra para llegar a tus requerimientos macronutricionales.

Para terminar, es importante que conozcas siempre la evidencia que hay detrás de cualquier afirmación cuando la leas o la escuches ahí fuera, si es que la hay, y si no la hay, mejor haz oídos sordos y sigue tu camino.

No pierdas el foco y sigue trabajando en lo que ya sabemos (con evidencia) que funciona: un entrenamiento efectivo, una nutrición óptima densa en nutrientes y un buen descanso.

Para ampliar esta información, escanea este QR y escucha el episodio 167 del Podcast de FullMúsculo "El problema no son los carbos y las frutas, eres tú", en el que junto a Marcos Bodoque, entrenador personal y experto en nutrición, conversamos sobre el tema.

99 | Comer de noche engorda

Ganar o perder peso va mucho más allá que solo contar calorías. Si has llegado hasta aquí, seguramente esto ya lo sabes. De hecho, importa más lo que comes y cómo lo comes si quieres perder grasa y tu prioridad es la salud. Ahora, si tu salud no te importa, vale todo y probablemente puedas ver resultados simplemente contando calorías. El mejor ejemplo y experimento más grande jamás realizado de que puedes perder peso solo con un déficit calórico, es decir, comiendo menos y moviéndote más, han sido los campos de concentración nazis. Pon a una persona a pasar hambre y perderá peso, pero seguramente también perderá la salud en el camino.

Un nuevo estudio de Vujovic y compañía, publicado en Cell Metabolism (146), demostró cuáles eran los diferentes efectos al comer a distintas horas del día. Este estudio tenía dos grupos de participantes con dietas isocalóricas, es decir, ambos grupos ingerían exactamente la misma cantidad de calorías. El primer grupo hacía la mayor parte de sus ingestas en las primeras horas del día mientras que el segundo grupo las hacía por la tarde y al final del día.

El grupo que comía la mayor parte de sus calorías en la tarde y al final del día tenía una tasa de metabolismo más baja y activaban toda una serie de genes que promueven una mayor acumulación de grasa en las células grasas. En otras palabras, comer tarde ralentizaba su metabolismo, les hacía tener más hambre y promovía el crecimiento de las células grasas. Así que, la hora a la que comes importa y mucho para tu salud metabólica y tu físico. Por eso, es que perder grasa es mucho más que solo contar calorías (si tu prioridad es tu salud).

🛒 Para llevar

Si comer tarde aumenta el hambre cuando despiertas y durante el día, disminuye tu gasto energético, reduce tu temperatura corporal y favorece un mayor almacenamiento de grasa, entonces sí, comer tarde engorda o al menos te estarás jugando todas las papeletas para que así sea.

La forma más fácil y sencilla de no sufrir todas esas consecuencias a nivel metabólico y hormonal es dejando de comer una vez se haya ido el sol, reducir tu ventana de alimentación a solo 8 horas, enfocarte en una alimentación densa en nutrientes y olvidarte de las calorías.

100 | Tienes hambre de proteínas

La pandemia de la obesidad en el mundo no para. Casi la mitad de la población en los Estados Unidos es obesa. Es decir, no es que tenga unos kilos de más, es que tienen muchos kilos de más. El resto del mundo no está mucho mejor. Los demás países le siguen muy de cerca, entre ellos México, España, Chile, Argentina y Venezuela.

Parte de la causa de ese problema está en lo que comen: los ultraprocesados. Es decir, todo producto que viene en cajitas y congelado, que ha sido manipulado y que se le han añadido ingredientes extra. Puedes pensar en los alimentos ultraprocesados como aquellos que contienen numerosos ingredientes agregados, como azúcar, grasa, sal, conservantes y/o colorantes artificiales, estabilizadores y sabores. Los procesos e ingredientes utilizados para desarrollar alimentos ultraprocesados están destinados a aumentar las ganancias, prolongar la vida útil, mejorar el sabor y aumentar la comodidad; en ningún momento han sido pensados para darte salud y longevidad, más bien están ocasionando todo lo contrario.

Alimentos procesados, que más que alimentos son productos comestibles y que mientras más los comes, más te van a hacer querer comerlos. Esto sucede porque tu cuerpo necesita proteínas, que son el bloque de construcción de tu organismo. Sin embargo, tú insistes en seguir dándole productos comestibles que solo contienen calorías vacías, y tu cuerpo, en un intento por obtener lo que él quiere, que son los nutrientes, te sigue gritando que le des más comida, generando más hambre y ansiedad. Y tú lo que haces es seguir dándole alimentos con poca densidad nutricional.

Esa situación que te describí en el párrafo anterior es lo que se conoce como la hipótesis del apalancamiento de las proteínas, y lo que trata de explicarnos es que mientras más se diluya tu aporte de nutrientes en comida de mierda, más comida tu cuerpo te va a pedir. Es decir, comes alimentos ricos en carbos y grasas en exceso debido al fuerte apetito de tu cuerpo por proteínas, un macronutriente que tu cuerpo favorece sobre todo lo demás. Debido a que gran parte de las dietas modernas consisten en alimentos altamente procesados, refinados y bajos en proteínas, te ves en la obligación de consumir más alimentos ricos en energía hasta satisfacer tu demanda proteica. Esto hace que incrementes tu riesgo de padecer obesidad y enfermedades crónicas relacionadas como la diabetes, cáncer, artritis, enfermedades cardiovasculares, Alzheimer, entre muchas otras enfermedades que no quieres padecer.

🛒 Para llevar

Tu cuerpo quiere nutrientes y eso es lo que espera. Sin embargo, mientras tú le sigas dando productos comestibles que contienen pocos nutrientes, tu cuerpo te seguirá pidiendo a gritos más comida en un intento de que le des lo que él necesita.

La solución está en poner el foco en lo que verdaderamente importa: los nutrientes. Apuesta por la densidad nutricional y nunca más vas a sufrir de ansiedad ni antojos. Tampoco vas a tener que contar calorías ni pesar alimentos para mantenerte una vez hayas alcanzado tus objetivos.

36 consejos no solicitados

Si has llegado hasta aquí, quiero felicitarte. Has decidido darle prioridad a tu cuerpo y a tu salud por encima de cualquier otra cosa que te hayas propuesto conseguir en tu vida. Porque si algo debes de tener muy claro, es que nada que te propongas y logres conseguir lo vas a poder disfrutar si no tienes salud. Además, habiendo integrado en tu vida esos 100 scoops de ciencia y evidencia científica ya estarás por delante del resto. En una población cada vez peor, donde el 90% de las personas están metabólicamente enfermas, aún cuando tengan un buen físico, tu llevas ventaja. Gran parte de la base de la salud está en lo que he compartido aquí contigo en este libro. Y si ya has aplicado todo el conocimiento que has obtenido a lo largo de los días que han pasado mientras leías cada scoop, te aseguro que estarás progresando más rápido que tu entorno y más que nunca antes.

Así es como terminan 2 años de mucha lectura, investigación y formación que he querido resumir en este libro en 100 pequeñas dosis de ciencia para que puedas aplicar cambios sostenibles en tu estilo de vida y logres alcanzar la salud y el físico que tanto deseas. Pero no me quisiera despedir sin antes dejarte lo que yo he aprendido, no solo a lo largo de estos 2 años escribiendo el libro sino a lo largo de mis 36 años de vida. En todos estos años, seguramente he aprendido muchas cosas y desaprendido muchas otras, por eso quisiera regalarte algunos consejos que no me has pedido, pero estoy seguro que te podrán servir, sin importar la edad que tengas ahora mismo.

1. No esperes el momento ideal para empezar. El momento ideal nunca va a llegar. Empieza ahora con lo que tengas.

2. Viaja tanto como puedas.

3. Nunca salgas de casa sin tu mejor actitud.

4. Al menos una vez en la vida, deshazte de todo y quédate únicamente con lo que quepa en una maleta. Te darás cuenta de la cantidad de cosas que tenemos y no necesitamos.

5. Mójate bajo la lluvia.

6. Que nunca te de miedo preguntar algo que no sabes. No hay pregunta tonta, sino tonto que no pregunta.

7. Descálzate en la naturaleza todos los días.

8. Pon tiempo límite a las cosas o de lo contrario nunca las vas a terminar (o ni siquiera las vas a empezar).

9. Si el sol es el máximo dador de vida en este planeta, ¿por qué te estás escondiendo de él? Sal y exponte de forma responsable.

10. Escuchar (que no es lo mismo que oír) es una habilidad que muy pocos tienen. Apréndela y no escuches solo para responder.

11. Todo en la vida es cuestión de perspectiva y expectativas. Si algo no te gusta no es por algo, sino por las expectativas que tenías y la perspectiva desde la cual lo estás viendo.

12. Construye un estilo de vida del cual no necesites esperar el fin de semana para escapar.

13. Levántate pronto y sal a ver el amanecer. Luego sal a ver el atardecer y vete a la cama temprano.

14. Aprende otro idioma y otro más.

15. No te hagas la víctima. Nunca. Asume la responsabilidad de lo que ocurre en tu vida.

16. Desconecta de vez en cuando de la tecnología y reconecta con la naturaleza.

17. No veas noticias. No te vas a perder de nada, creéme. Cuando suceda algo importante te vas a enterar.

18. Apaga todas las notificaciones de tu móvil, no las necesitas.

19. Lee. Busca algo que te guste y lee un poco cada día.

20. Nunca pierdas contacto con las personas que amas.

21. Di te quiero más a menudo.

22. Cuando te pregunten cómo estás, responde siempre de forma positiva: "Excelente", "Mejor que nunca", "de maravilla".

23. Haz tu cama al despertar y empieza el día ganando.

24. Dúchate con agua fría para empezar el día con energía. Además, tu piel y tu cabello te lo agradecerán.

25. Ponte objetivos específicos, medibles, alcanzables, relevantes y con fecha límite de tiempo.

26. Trabaja por tus sueños o tendrás que trabajar para los sueños de otros.

27. Invierte en ti, en tu salud, en tu futuro, en tus conocimientos y en tus habilidades.

28. Atrévete a pedirle al universo lo que quieres, pero cuida muy bien lo que pides.

29. Rodéate de personas que admires.

30. Ten al menos un mentor en cada área de tu vida que quieras mejorar y que estén donde tú quieres llegar. Te ahorrarán mucho tiempo.

31. Afronta tus miedos. Detrás de ellos están todas esas cosas que quieres conseguir.

32. Cuida tu descanso. Es allí donde tus músculos crecen y el conocimiento se consolida.

33. Respira por la nariz.

34. Aprende a diferenciar cuando estás viviendo en el presente y cuando estás viviendo en el pasado o en el futuro. Me lo vas a agradecer.

35. Perdona rápido.

36. La vida te va a poner a prueba las veces que sea necesario para saber si en realidad eso que dices querer, realmente lo deseas. Prepárate para demostrarle que de verdad lo quieres.

Gracias por leerme y espero que te sean de ayuda.

Hashtag #100DosisDeCiencia

Gracias a más de 2 años de mucha lectura, investigación, formaciones y cientos de entrevistas para el podcast, con este libro te has quedado con una reserva de conocimiento para tener una mejor salud y conseguir el cuerpo que tanto deseas, de forma saludable, sostenible y definitiva.

Así que te pido por favor, que cuando vuelvas atrás, a leer algún scoop que te haya gustado y que quieras recordar, o cuando estés aplicando en tu vida el conocimiento que aquí has obtenido, lo compartas en tus redes sociales con el hashtag *100DosisDeCiencia* y etiquetando a @FullMusculo. Para que cada vez seamos más las personas conscientes de la importancia de conseguir ese cuerpo que queremos trabajando a través de los hábitos, el estilo de vida y la salud.

¡Gracias!

No es un adiós, es un hasta pronto

Mi propósito con este libro es que te acompañe en tu proceso de cambio, que lo lleves contigo y que lo repases cada vez que lo necesites. Espero que lo hayas disfrutado tanto como yo lo he hecho al escribirlo, que hayas subrayado, apuntado y hecho tantas fotos como sean necesarias de esos puntos claves que quieras poner en práctica y aplicar en tu vida. Además, te pido de todo corazón que pongas en duda todo lo que aquí te he dicho, que siempre cuestiones todo lo que leas, lo que escuches y lo que veas, y que esta no sea la excepción. Porque, a pesar de que todo lo escrito en este libro está basado en la más reciente evidencia científica, en más de 140 estudios, la ciencia también avanza y evoluciona. Cosas que antes dábamos por sentado y creíamos ciertas hoy nos parecen una aberración. La historia es cíclica y se repite, y no hay nada que indique que parte de lo que hoy creemos que es correcto podría ser refutado en el futuro. Sin embargo, estoy convencido de que en este libro está la base de lo que necesitas para pertenecer a ese 10% de la población que tiene un estado de salud óptimo y un físico increíble, no solo porque es parte de lo que me ha permitido recuperar mi salud y tener un buen físico, sino porque lo he comprobado con miles de socios (asesorados dentro de los programas de FullMúsculo) quienes ponen en práctica los hábitos, tips y estrategias que he resumido aquí para ti.

Este libro está hecho para que lo integres en tu vida y pongas en práctica cada aprendizaje que te haya dejado, para que en tan solo 100 días, con un scoop de ciencia al día, puedas estar más cerca de la persona que quieres llegar a ser. Y a partir de ahí, continuar mejorando con el poder del efecto compuesto para conseguir la mejor salud y el mejor físico que nunca antes hayas tenido.

Te deseo lo mejor en esta aventura que llamamos vida, que nunca dejes de creer en ti y que sepas que eres capaz de conseguir todo lo que quieras y te propongas.

Mientras tanto, yo seguiré divulgando sobre el fitness y la salud, siempre basado en la última evidencia científica, para seguir transformando vidas un hábito a la vez.

David de Ponte Lira.

Si quieres pertenecer a la comunidad fitness más grande de Latinoamérica y España, saca una foto al QR

Agradecimientos

Quiero darte las gracias a ti por haber confiado en mí durante cada una de estas líneas para aprender un poquito más sobre tu cuerpo, tus hábitos y tu estilo de vida. Gracias por permitirme llevar hasta ti toda mi experiencia y mi aprendizaje a lo largo de estos últimos años. Espero que no perdamos contacto a través de las redes sociales, el podcast, el blog y los talleres y conferencias que seguiré realizando para ti, para que nunca dejes de aprender. Espero que nos encontremos en algún rincón del mundo y pueda darte un abrazo muy fuerte en agradecimiento por haberme acompañado en este bonito desafío.

Gracias a cada uno de mis socios (asesorados dentro de cada programa en la comunidad de FullMúsculo) quienes me motivan día a día para seguir dando lo mejor de mi en cada proyecto que me embarco.

Gracias a mi equipo. A Lissa, por ser la encargada de cambiar la forma en la que se alimenta cada persona que hace parte de esta comunidad; a Miguel, por ser quien se asegura de que cada uno de los asesorados entrene siempre con buena técnica y a la intensidad correcta; a todo el equipo de diseño, encabezado por Julian, quienes hacen magia para que todo el contenido, las entrevistas y toda la investigación llegue a todas las redes sociales y tú lo puedas disfrutar; al equipo de desarrollo, liderado por mi gran amigo Jose Andrés, quienes ponen a punto cada espacio de la web y la plataforma; y a mi querida editora, Génesis, quien se encarga de que cada línea en el blog, y también en este libro, esté impecable.

Quiero dar gracias a mi familia por apoyarme en cada proyecto, en cada viaje y en cada aventura. A mi madre por su amor incondicional, por ser la fan número 1 de mi podcast y por demostrarme que con fe todo es posible. A mi padre por siempre haber estado allí para mí y para mis hermanos, por habernos dado siempre lo mejor y por enseñarme, a través de su vida, que vivir de lo que uno ama es posible. A mi hermana mayor Mariale por apoyarme, ser mi confidente, creer en mí y por haberme dado el mejor regalo que te puede dar un hermano: una hermosa sobrina. A mis hermanos más pequeños, Diana y Manu, por su amor y apoyo incondicional siempre. Gracias a toda mi familia, que siempre ha estado allí para apoyarme en cada una de las etapas de mi vida.

Gracias a todos esos hermanos que me ha dado la vida; gracias a Alan, Daniel y Fabrizzio por cada momento compartido en casi 30 años de amistad. Gracias a mi gran amiga Teresa Terol por toda su sabiduría en esta etapa de mi vida. Gracias a cada una de las más de 40 personas, profesionales de la salud, la nutrición y el entrenamiento, que han confiado en este proyecto y han colaborado con la web a lo largo de los años. Gracias también a cada uno de los invitados que han venido al podcast a compartir sus conocimientos y experiencias con toda la comunidad.

Gracias al Dr. Jorge Enrique Bayter por su confianza, su pasión por lo que hace y por haberme apoyado en el lanzamiento de este, mi primer libro. Gracias al Dr. Guillermo R. Navarrete por ser uno de mis grandes referentes y mentores, por haber sido mi guía y mi apoyo en la última conferencia. Gracias al Dr. Carlos Jaramillo por sus enseñanzas a través de todos sus libros y haber sido inspiración para escribir el mío. Gracias a cada una de esas personas que han confiado en mí en cada una de las conferencias que he realizado los últimos años: en especial a mi bella amiga Gaby Ondrasek, a mi hermano Phil Hugo, a mi amigo Juan Bola, a Ale Estefania, a Carlos Stro, a Endika Montiel, al Dr. Alberto M. Wulff, a Ernesto Prieto Gratacos, a la Dra. Camino Diaz y a Maria del Mar Molina.

Gracias a Dios y al universo por permitirme disfrutar de la vida con todos sus colores y sabores, y compartirlo con las personas que más amo.

Por último, pero no menos importante, quiero agradecerme a mí mismo por haber creído en mí, por hacer el trabajo duro cuando tocaba, por nunca renunciar y por haberme mantenido fiel a mí mismo y a mis propósitos.

Referencias

1. Sedliak, M., Finni, T., Peltonen, J., & Häkkinen, K. (2008). Effect of time-of-day-specific strength training on maximum strength and EMG activity of the leg extensors in men. Journal of sports sciences, 26(10), 1005–1014. https://doi.org/10.1080/02640410801930150

2. Sedliak, M., Zeman, M., Buzgó, G., Cvecka, J., Hamar, D., Laczo, E., Okuliarova, M., Vanderka, M., Kampmiller, T., Häkkinen, K., Ahtiainen, J. P., Hulmi, J. J., Nilsen, T. S., Wiig, H., & Raastad, T. (2018). Morphological, molecular and hormonal adaptations to early morning versus afternoon resistance training. Chronobiology international, 35(4), 450–464. https://doi.org/10.1080/074205 28.2017.1411360

3. Morán-Navarro, R., Pérez, C. E., Mora-Rodríguez, R., de la Cruz-Sánchez, E., González-Badillo, J. J., Sánchez-Medina, L., & Pallarés, J. G. (2017). Time course of recovery following resistance training leading or not to

failure. European journal of applied physiology, 117(12), 2387–2399.   https://doi.org/10.1007/s00421-017-3725-7

4. Barbosa-Netto, S., d'Acelino-E-Porto, O. S., & Almeida, M. B. (2021). Self-Selected Resistance Exercise Load: Implications for Research and Prescription. Journal of strength and conditioning research, 35(Suppl 1), S166–S172. https://doi.org/10.1519/JSC.0000000000002287

5. Steele, J., Endres, A., Fisher, J., Gentil, P., & Giessing, J. (2017). Ability to predict repetitions to momentary failure is not perfectly accurate, though improves with resistance training experience. PeerJ, 5, e4105. https://doi.org/10.7717/peerj.4105

6. Yue, F. L., Karsten, B., Larumbe-Zabala, E., Seijo, M., & Naclerio, F. (2018). Comparison of 2 weekly-equalized volume resistance-training routines using different frequencies on body composition and performance in trained males. Applied physiology, nutrition, and metabolism = Physiologie appliquee, nutrition et metabolisme, 43(5), 475–481. https://doi.org/10.1139/apnm-2017-0575

7. Schoenfeld, B. J., Ogborn, D., & Krieger, J. W. (2016). Effects of Resistance Training Frequency on Measures of Muscle Hypertrophy: A Systematic Review and Meta-Analysis. Sports medicine (Auckland, N.Z.), 46(11), 1689–1697.   https://doi.org/10.1007/s40279-016-0543-8

8. Schoenfeld, B. J., Ogborn, D., & Krieger, J. W. (2016). Effects of Resistance Training Frequency on Measures of Muscle Hypertrophy: A Systematic Review and Meta-Analysis. Sports medicine (Auckland, N.Z.), 46(11), 1689–1697. https://doi.org/10.1007/s40279-016-0543-8

9. Paoli, A., Gentil, P., Moro, T., Marcolin, G., & Bianco, A. (2017). Resistance Training with Single vs. Multi-joint Exercises at Equal Total Load Volume: Effects on Body Composition, Cardiorespiratory Fitness, and Muscle Strength. Frontiers in physiology, 8, 1105. https://doi.org/10.3389/fphys.2017.01105

10. de França, H. S., Branco, P. A., Guedes Junior, D. P., Gentil, P., Steele, J., & Teixeira, C. V. (2015). The effects of adding single-joint exercises to a multi-joint exercise resistance training program on upper body muscle strength and size in trained men. Applied physiology, nutrition, and metabolism = Physiologie appliquee, nutrition et metabolisme, 40(8), 822–826. https://doi.org/10.1139/apnm-2015-0109

11. Gentil, P., Soares, S., & Bottaro, M. (2015). Single vs. Multi-Joint Resistance Exercises: Effects on Muscle Strength and Hypertrophy. Asian journal of sports medicine, 6(2), e24057. https://doi.org/10.5812/asjsm.24057

12. Gentil, P., Soares, S. R., Pereira, M. C., da Cunha, R. R., Martorelli, S. S., Martorelli, A. S., & Bottaro, M. (2013). Effect of adding single-joint exercises to a multi-joint exercise resistance-training program on strength and

hypertrophy in untrained subjects. Applied physiology, nutrition, and metabolism = Physiologie appliquee, nutrition et metabolisme, 38(3), 341–344. https://doi.org/10.1139/apnm-2012-0176

13. Schoenfeld, B. J., Grgic, J., Ogborn, D., & Krieger, J. W. (2017). Strength and Hypertrophy Adaptations Between Low- vs. High-Load Resistance Training: A Systematic Review and Meta-analysis. Journal of strength and conditioning research, 31(12), 3508–3523. https://doi.org/10.1519/JSC.0000000000002200

14. Schoenfeld, B. J., Peterson, M. D., Ogborn, D., Contreras, B., & Sonmez, G. T. (2015). Effects of Low- vs. High-Load Resistance Training on Muscle Strength and Hypertrophy in Well-Trained Men. Journal of strength and conditioning research, 29(10), 2954–2963. https://doi.org/10.1519/JSC.0000000000000958

15. Haun, C. T., Mumford, P. W., Roberson, P. A., Romero, M. A., Mobley, C. B., Kephart, W. C., Anderson, R. G., Colquhoun, R. J., Muddle, T., Luera, M. J., Mackey, C. S., Pascoe, D. D., Young, K. C., Martin, J. S., DeFreitas, J. M., Jenkins, N., & Roberts, M. D. (2017). Molecular, neuromuscular, and recovery responses to light versus heavy resistance exercise in young men. Physiological reports, 5(18), e13457. https://doi.org/10.14814/phy2.13457

16. Beaulieu, K., Hopkins, M., Blundell, J., & Finlayson, G. (2018). Homeostatic and non-homeostatic appetite control along the spectrum of physical activity levels: An updated perspective. Physiology & behavior, 192, 23–29. https://doi.org/10.1016/j.physbeh.2017.12.032

17. Bonnar, D., Bartel, K., Kakoschke, N., & Lang, C. (2018). Sleep Interventions Designed to Improve Athletic Performance and Recovery: A Systematic Review of Current Approaches. Sports medicine (Auckland, N.Z.), 48(3), 683–703. https://doi.org/10.1007/s40279-017-0832-x

18. Davies, D. J., Graham, K. S., & Chow, C. M. (2010). The effect of prior endurance training on nap sleep patterns. International journal of sports physiology and performance, 5(1), 87–97. https://doi.org/10.1123/ijspp.5.1.87

19. Petit, E., Mougin, F., Bourdin, H., Tio, G., & Haffen, E. (2014). A 20-min nap in athletes changes subsequent sleep architecture but does not alter physical performances after normal sleep or 5-h phase-advance conditions. European journal of applied physiology, 114(2), 305–315. https://doi.org/10.1007/s00421-013-2776-7

20. Mischel, W., Ebbesen, E. B., & Zeiss, A. R. (1972). Cognitive and attentional mechanisms in delay of gratification. Journal of personality and social psychology, 21(2), 204–218. https://doi.org/10.1037/h0032198

21. Byrne, N. M., Sainsbury, A., King, N. A., Hills, A. P., & Wood, R. E. (2018). Intermittent energy restriction improves weight loss efficiency in obese men: the MATADOR study. International journal of obesity (2005), 42(2), 129–138. https://doi.org/10.1038/ijo.2017.206

22. Peos, J. J., Helms, E. R., Fournier, P. A., Ong, J., Hall, C., Krieger, J., & Sainsbury, A. (2021). Continuous versus Intermittent Dieting for Fat Loss and Fat-Free Mass Retention in Resistance-trained Adults: The ICE-CAP Trial. Medicine and science in sports and exercise, 53(8), 1685–1698. https://doi.org/10.1249/MSS.0000000000002636

23. The Effects of Intermittent Diet Breaks during 25% Energy Restriction on Body Composition and Resting Metabolic Rate in Resistance-Trained Females: A Randomized Controlled Trial. Siedler et al. Journal of Human Kinetics volume 86/2023, 117–132 DOI: 10.5114/jhk/159960

24. Grgic, J., & Mikulic, P. (2017). Caffeine ingestion acutely enhances muscular strength and power but not muscular endurance in resistance-trained men. European journal of sport science, 17(8), 1029–1036. https://doi.org/10.1080/17461391.2017.1330362

25. Brandão, L., de Salles Painelli, V., Lasevicius, T., Silva-Batista, C., Brendon, H., Schoenfeld, B. J., Aihara, A. Y., Cardoso, F. N., de Almeida Peres, B., & Teixeira, E. L. (2020). Varying the Order of Combinations of Single- and Multi-Joint Exercises Differentially Affects Resistance Training Adaptations. Journal of strength and conditioning research, 34(5), 1254–1263. https://doi.org/10.1519/JSC.0000000000003550

26. Junior, R. M., Berton, R., de Souza, T. M., Chacon-Mikahil, M. P., & Cavaglieri, C. R. (2017). Effect of the flexibility training performed immediately before resistan-

ce training on muscle hypertrophy, maximum strength and flexibility. European journal of applied physiology, 117(4), 767–774. https://doi.org/10.1007/s00421-016-3527-3

27. Antonio, J., Ellerbroek, A., Silver, T., Vargas, L., & Peacock, C. (2016). The effects of a high protein diet on indices of health and body composition--a crossover trial in resistance-trained men. Journal of the International Society of Sports Nutrition, 13, 3. https://doi.org/10.1186/s12970-016-0114-2

28. Seaborne, R. A., Strauss, J., Cocks, M., Shepherd, S., O'Brien, T. D., van Someren, K. A., Bell, P. G., Murgatroyd, C., Morton, J. P., Stewart, C. E., & Sharples, A. P. (2018). Human Skeletal Muscle Possesses an Epigenetic Memory of Hypertrophy. Scientific reports, 8(1), 1898. https://doi.org/10.1038/s41598-018-20287-3

29. Schoenfeld, B. J., Vigotsky, A., Contreras, B., Golden, S., Alto, A., Larson, R., Winkelman, N., & Paoli, A. (2018). Differential effects of attentional focus strategies during long-term resistance training. European journal of sport science, 18(5), 705–712. https://doi.org/10.1080/17461391.2018.1447020

30. Lasevicius, T., Ugrinowitsch, C., Schoenfeld, B. J., Roschel, H., Tavares, L. D., De Souza, E. O., Laurentino, G., & Tricoli, V. (2018). Effects of different intensities of resistance training with equated volume load on muscle strength and hypertrophy. European journal of sport science, 18(6), 772–780. https://doi.org/10.1080/17461391.2018.1450898

31. Marshall, P., Cross, R., & Haynes, M. (2018). The fatigue of a full body resistance exercise session in trained men. Journal of science and medicine in sport, 21(4), 422–426. https://doi.org/10.1016/j.jsams.2017.06.020

32. Wagle, J. P., Taber, C. B., Cunanan, A. J., Bingham, G. E., Carroll, K. M., DeWeese, B. H., Sato, K., & Stone, M. H. (2017). Accentuated Eccentric Loading for Training and Performance: A Review. Sports medicine (Auckland, N.Z.), 47(12), 2473–2495. https://doi.org/10.1007/s40279-017-0755-6

33. Dupuy, O., Douzi, W., Theurot, D., Bosquet, L., & Dugué, B. (2018). An Evidence-Based Approach for Choosing Post-exercise Recovery Techniques to Reduce Markers of Muscle Damage, Soreness, Fatigue, and Inflammation: A Systematic Review With Meta-Analysis. Frontiers in physiology, 9, 403. https://doi.org/10.3389/fphys.2018.00403

34. Paravlic, A. H., Slimani, M., Tod, D., Marusic, U., Milanovic, Z., & Pisot, R. (2018). Effects and Dose-Response Relationships of Motor Imagery Practice on Strength Development in Healthy Adult Populations: a Systematic Review and Meta-analysis. Sports medicine (Auckland, N.Z.), 48(5), 1165–1187. https://doi.org/10.1007/s40279-018-0874-8

35. Martorelli, S., Cadore, E. L., Izquierdo, M., Celes, R., Martorelli, A., Cleto, V. A., Alvarenga, J. G., & Bottaro, M. (2017). Strength training with repetitions to failure does not provide additional strength and muscle hyper-

trophy gains in young women. European Journal of Translational Myology, 27(2). https://doi.org/10.4081/ejtm.2017.6339

36. Carroll, K. M., Bazyler, C. D., Bernards, J. R., Taber, C. B., Stuart, C. A., DeWeese, B. H., Sato, K., & Stone, M. H. (2019). Skeletal Muscle Fiber Adaptations Following Resistance Training Using Repetition Maximums or Relative Intensity. Sports (Basel, Switzerland), 7(7), 169. https://doi.org/10.3390/sports7070169

37. Vargas, S., Romance, R., Petro, J. L., Bonilla, D. A., Galancho, I., Espinar, S., Kreider, R. B., & Benítez-Porres, J. (2018). Efficacy of ketogenic diet on body composition during resistance training in trained men: a randomized controlled trial. Journal of the International Society of Sports Nutrition, 15(1), 31. https://doi.org/10.1186/s12970-018-0236-9

38. Rauch, J. T., Silva, J. E., Lowery, R. P., McCleary, S. A., Shields, K. A., Ormes, J. A., Sharp, M. H., Weiner, S. I., Georges,, J. I., Volek, J. S., D'agostino, D. P., & Wilson, J. M. (2014). The effects of ketogenic dieting on skeletal muscle and fat mass. Journal of the International Society of Sports Nutrition, 11(Suppl 1), P40. https://doi.org/10.1186/1550-2783-11-S1-P40

39. Schoenfeld, B. J., Contreras, B., Krieger, J., Grgic, J., Delcastillo, K., Belliard, R., & Alto, A. (2019). Resistance Training Volume Enhances Muscle Hypertrophy but Not Strength in Trained Men. Medicine and science in sports and exercise, 51(1), 94–103. https://doi.org/10.1249/MSS.0000000000001764

40. Baz-Valle, E., Fontes-Villalba, M., & Santos-Concejero, J. (2021). Total Number of Sets as a Training Volume Quantification Method for Muscle Hypertrophy: A Systematic Review. Journal of strength and conditioning research, 35(3), 870–878. https://doi.org/10.1519/JSC.0000000000002776

41. Apostolopoulos, N. C., Lahart, I. M., Plyley, M. J., Taunton, J., Nevill, A. M., Koutedakis, Y., Wyon, M., & Metsios, G. S. (2018). The effects of different passive static stretching intensities on recovery from unaccustomed eccentric exercise - a randomized controlled trial. Applied physiology, nutrition, and metabolism = Physiologie appliquee, nutrition et metabolisme, 43(8), 806–815. https://doi.org/10.1139/apnm-2017-0841

42. Malowany, J. M., West, D., Williamson, E., Volterman, K. A., Abou Sawan, S., Mazzulla, M., & Moore, D. R. (2019). Protein to Maximize Whole-Body Anabolism in Resistance-trained Females after Exercise. Medicine and science in sports and exercise, 51(4), 798–804. https://doi.org/10.1249/MSS.0000000000001832

43. Burns, L., Weissensteiner, J. R., & Cohen, M. (2019). Lifestyles and mindsets of Olympic, Paralympic and world champions: is an integrated approach the key to elite performance?. British journal of sports medicine, 53(13), 818–824. https://doi.org/10.1136/bjsports-2018-099217

44. Avelar, A., Ribeiro, A. S., Nunes, J. P., Schoenfeld, B. J., Papst, R. R., Trindade, M., Bottaro, M., & Cyrino, E. S. (2019). Effects of order of resistance training exerci-

ses on muscle hypertrophy in young adult men. Applied physiology, nutrition, and metabolism = Physiologie appliquee, nutrition et metabolisme, 44(4), 420–424. https://doi.org/10.1139/apnm-2018-0478

45. Lytle, J. R., Kravits, D. M., Martin, S. E., Green, J. S., Crouse, S. F., & Lambert, B. S. (2019). Predicting Energy Expenditure of an Acute Resistance Exercise Bout in Men and Women. Medicine and science in sports and exercise, 51(7), 1532–1537. https://doi.org/10.1249/MSS.0000000000001925

46. Greer, B. K., Sirithienthad, P., Moffatt, R. J., Marcello, R. T., & Panton, L. B. (2015). EPOC Comparison Between Isocaloric Bouts of Steady-State Aerobic, Intermittent Aerobic, and Resistance Training. Research quarterly for exercise and sport, 86(2), 190–195. https://doi.org/10.1080/02701367.2014.999190

47. Jåbekk, P., Jensen, R. M., Sandell, M. B., Haugen, E., Katralen, L. M., & Bjorvatn, B. (2020). A randomized controlled pilot trial of sleep health education on body composition changes following 10 weeks' resistance exercise. The Journal of sports medicine and physical fitness, 60(5), 743–748. https://doi.org/10.23736/S0022-4707.20.10136-1

48. Ribeiro, A. S., Nunes, J. P., Schoenfeld, B. J., Aguiar, A. F., & Cyrino, E. S. (2019). Effects of Different Dietary Energy Intake Following Resistance Training on Muscle Mass and Body Fat in Bodybuilders: A Pilot Study. Journal of human kinetics, 70, 125–134. https://doi.org/10.2478/hukin-2019-0038

49. Hernandez, D. J., Healy, S., Giacomini, M. L., & Kwon, Y. S. (2021). Effect of Rest Interval Duration on the Volume Completed During a High-Intensity Bench Press Exercise. Journal of strength and conditioning research, 35(11), 2981–2987. https://doi.org/10.1519/JSC.0000000000003477

50. Latella, C., Grgic, J., & Van der Westhuizen, D. (2019). Effect of Interset Strategies on Acute Resistance Training Performance and Physiological Responses: A Systematic Review. Journal of strength and conditioning research, 33 Suppl 1, S180–S193. https://doi.org/10.1519/JSC.0000000000003120

51. Suarez, D. G., Mizuguchi, S., Hornsby, W. G., Cunanan, A. J., Marsh, D. J., & Stone, M. H. (2019). Phase-Specific Changes in Rate of Force Development and Muscle Morphology Throughout a Block Periodized Training Cycle in Weightlifters. Sports (Basel, Switzerland), 7(6), 129. https://doi.org/10.3390/sports7060129

52. Lakićević, N. (2019). The Effects of Alcohol Consumption on Recovery Following Resistance Exercise: A Systematic Review. Journal of Functional Morphology and Kinesiology, 4(3), 41. https://doi.org/10.3390/jfmk4030041

53. Carvalho, L., Junior, R. M., Truffi, G., Serra, A., Sander, R., De Souza, E. O., & Barroso, R. (2021). Is stronger better? Influence of a strength phase followed by a hypertrophy phase on muscular adaptations in resistance-trained men. Research in sports medicine (Print), 29(6), 536–546. https://doi.org/10.1080/15438627.2020.1853546

54. Kubo, K., Ikebukuro, T., & Yata, H. (2019). Effects of squat training with different depths on lower limb muscle volumes. European journal of applied physiology, 119(9), 1933–1942. https://doi.org/10.1007/s00421-019-04181-y

55. Hall, K. D., Ayuketah, A., Brychta, R., Cai, H., Cassimatis, T., Chen, K. Y., Chung, S. T., Costa, E., Courville, A., Darcey, V., Fletcher, L. A., Forde, C. G., Gharib, A. M., Guo, J., Howard, R., Joseph, P. V., McGehee, S., Ouwerkerk, R., Raisinger, K., Rozga, I., ... Zhou, M. (2019). Ultra-Processed Diets Cause Excess Calorie Intake and Weight Gain: An Inpatient Randomized Controlled Trial of Ad Libitum Food Intake. Cell metabolism, 30(1), 67–77.e3. https://doi.org/10.1016/j.cmet.2019.05.008

56. Kumar, A., Siddharth, V., Singh, S. I., & Narang, R. (2022). Cost analysis of treating cardiovascular diseases in a super-specialty hospital. PloS one, 17(1), e0262190. https://doi.org/10.1371/journal.pone.0262190

57. Tudor-Locke, C., Craig, C. L., Brown, W. J., Clemes, S. A., De Cocker, K., Giles-Corti, B., Hatano, Y., Inoue, S., Matsudo, S. M., Mutrie, N., Oppert, J. M., Rowe, D. A., Schmidt, M. D., Schofield, G. M., Spence, J. C., Teixeira, P. J., Tully, M. A., & Blair, S. N. (2011). How many steps/day are enough? For adults. The international journal of behavioral nutrition and physical activity, 8, 79. https://doi.org/10.1186/1479-5868-8-79

58. Ekelund, U., Tarp, J., Fagerland, M. W., Johannessen, J. S., Hansen, B. H., Jefferis, B. J., Whincup, P. H., Diaz, K. M., Hooker, S., Howard, V. J., Chernofsky, A., Larson, M.

G., Spartano, N., Vasan, R. S., Dohrn, I. M., Hagströmer, M., Edwardson, C., Yates, T., Shiroma, E. J., Dempsey, P., ... Lee, I. M. (2020). Joint associations of accelero-meter measured physical activity and sedentary time with all-cause mortality: a harmonised meta-analysis in more than 44 000 middle-aged and older individuals. British journal of sports medicine, 54(24), 1499–1506. https://doi.org/10.1136/bjsports-2020-103270

59. Saner, N. J., Lee, M. J., Pitchford, N. W., Kuang, J., Roach, G. D., Garnham, A., Stokes, T., Phillips, S. M., Bishop, D. J., & Bartlett, J. D. (2020). The effect of sleep restriction, with or without high-intensity interval exercise, on myofibrillar protein synthesis in healthy young men. The Journal of physiology, 598(8), 1523–1536. https://doi.org/10.1113/JP278828

60. Tinsley, G. M., Moore, M. L., Graybeal, A. J., Paoli, A., Kim, Y., Gonzales, J. U., Harry, J. R., VanDusseldorp, T. A., Kennedy, D. N., & Cruz, M. R. (2019). Time-restricted feeding plus resistance training in active females: a randomized trial. The American journal of clinical nutrition, 110(3), 628–640. https://doi.org/10.1093/ajcn/nqz126

61. Tinsley, G. M., Forsse, J. S., Butler, N. K., Paoli, A., Bane, A. A., La Bounty, P. M., Morgan, G. B., & Grandjean, P. W. (2017). Time-restricted feeding in young men performing resistance training: A randomized controlled trial. European journal of sport science, 17(2), 200–207. https://doi.org/10.1080/17461391.2016.1223173

62. Maloney, N. G., Christiansen, P., Harrold, J. A., Halford, J., & Hardman, C. A. (2019). Do low-calorie sweetened beverages help to control food cravings? Two experimental studies. Physiology & behavior, 208, 112500. https://doi.org/10.1016/j.physbeh.2019.03.019

63. Ruiz-Ojeda, F. J., Plaza-Díaz, J., Sáez-Lara, M. J., & Gil, A. (2019). Effects of Sweeteners on the Gut Microbiota: A Review of Experimental Studies and Clinical Trials. Advances in nutrition (Bethesda, Md.), 10(suppl_1), S31–S48. https://doi.org/10.1093/advances/nmy037

64. Tipton, K. D., Hamilton, D. L., & Gallagher, I. J. (2018). Assessing the Role of Muscle Protein Breakdown in Response to Nutrition and Exercise in Humans. Sports medicine (Auckland, N.Z.), 48(Suppl 1), 53–64. https://doi.org/10.1007/s40279-017-0845-5

65. Aragon, A. A., & Schoenfeld, B. J. (2013). Nutrient timing revisited: is there a post-exercise anabolic window?. Journal of the International Society of Sports Nutrition, 10(1), 5. https://doi.org/10.1186/1550-2783-10-5

66. Kume, W., Yasuda, J., & Hashimoto, T. (2020). Acute Effect of the Timing of Resistance Exercise and Nutrient Intake on Muscle Protein Breakdown. Nutrients, 12(4), 1177. https://doi.org/10.3390/nu12041177

67. Damas, F., Angleri, V., Phillips, S. M., Witard, O. C., Ugrinowitsch, C., Santanielo, N., Soligon, S. D., Costa, L., Lixandrão, M. E., Conceição, M. S., & Libardi, C. A. (2019).

Myofibrillar protein synthesis and muscle hypertrophy individualized responses to systematically changing resistance training variables in trained young men. Journal of applied physiology (Bethesda, Md. : 1985), 127(3), 806–815. https://doi.org/10.1152/japplphysiol.00350.2019

68. Bin Naharudin, M. N., Yusof, A., Shaw, H., Stockton, M., Clayton, D. J., & James, L. J. (2019). Breakfast Omission Reduces Subsequent Resistance Exercise Performance. Journal of strength and conditioning research, 33(7), 1766–1772. https://doi.org/10.1519/JSC.0000000000003054

69. Hsouna, H., Boukhris, O., Abdessalem, R., Trabelsi, K., Ammar, A., Shephard, R. J., & Chtourou, H. (2019). Effect of different nap opportunity durations on short-term maximal performance, attention, feelings, muscle soreness, fatigue, stress and sleep. Physiology & behavior, 211, 112673. https://doi.org/10.1016/j.physbeh.2019.112673

70. Thomas, A. C. Q., Brown, A., Hatt, A. A., Manta, K., Costa-Parke, A., Kamal, M., Joanisse, S., McGlory, C., Phillips, S. M., Kumbhare, D., & Parise, G. (2022). Short-term aerobic conditioning prior to resistance training augments muscle hypertrophy and satellite cell content in healthy young men and women. FASEB journal : official publication of the Federation of American Societies for Experimental Biology, 36(9), e22500. https://doi.org/10.1096/fj.202200398RR

71. Yang, C. L., & Tucker, R. M. (2021). Beneficial effects of a high protein breakfast on fullness disappear after a night of short sleep in nonobese, premenopausal women. Physiology & behavior, 229, 113269. https://doi.org/10.1016/j.physbeh.2020.113269

72. Betley, J. N., Xu, S., Cao, Z., Gong, R., Magnus, C. J., Yu, Y., & Sternson, S. M. (2015). Neurons for hunger and thirst transmit a negative-valence teaching signal. Nature, 521(7551), 180–185. https://doi.org/10.1038/nature14416

73. Ribeiro, A. S., Dos Santos, E. D., Nunes, J. P., & Schoenfeld, B. J. (2019). Acute Effects of Different Training Loads on Affective Responses in Resistance-trained Men. International journal of sports medicine, 40(13), 850–855. https://doi.org/10.1055/a-0997-6680

74. Ferreira-Júnior, J. B., Benine, R., Chaves, S., Borba, D. A., Martins-Costa, H. C., Freitas, E., Bemben, M. G., Vieira, C. A., & Bottaro, M. (2021). Effects of Static and Dynamic Stretching Performed Before Resistance Training on Muscle Adaptations in Untrained Men. Journal of strength and conditioning research, 35(11), 3050–3055. https://doi.org/10.1519/JSC.0000000000003283

75. Kreider, R.B., Kalman, D.S., Antonio, J. et al. International Society of Sports Nutrition position stand: safety and efficacy of creatine supplementation in exercise, sport, and medicine. J Int Soc Sports Nutr 14, 18 (2017). https://doi.org/10.1186/s12970-017-0173-z

76. Forbes, S. C., Candow, D. G., Krentz, J. R., Roberts, M. D., & Young, K. C. (2019). Changes in Fat Mass Following Creatine Supplementation and Resistance Training in Adults ≥50 Years of Age: A Meta-Analysis. Journal of functional morphology and kinesiology, 4(3), 62. https://doi.org/10.3390/jfmk4030062

77. Trindade, T. B., Prestes, J., Neto, L. O., Medeiros, R., Tibana, R. A., de Sousa, N., Santana, E. E., Cabral, B., Stone, W. J., & Dantas, P. (2019). Effects of Pre-exhaustion Versus Traditional Resistance Training on Training Volume, Maximal Strength, and Quadriceps Hypertrophy. Frontiers in physiology, 10, 1424. https://doi.org/10.3389/fphys.2019.01424

78. Spreckley, M., Seidell, J., & Halberstadt, J. (2021). Perspectives into the experience of successful, substantial long-term weight-loss maintenance: a systematic review. International journal of qualitative studies on health and well-being, 16(1), 1862481. https://doi.org/10.1080/17482631.2020.1862481

79. Lambert, C., Beck, B. R., Harding, A. T., Watson, S. L., & Weeks, B. K. (2020). Regional changes in indices of bone strength of upper and lower limbs in response to high-intensity impact loading or high-intensity resistance training. Bone, 132, 115192. https://doi.org/10.1016/j.bone.2019.115192

80. Wilson, J. M., Marin, P. J., Rhea, M. R., Wilson, S. M., Loenneke, J. P., & Anderson, J. C. (2012). Concurrent training: a meta-analysis examining interference of ae-

robic and resistance exercises. Journal of strength and conditioning research, 26(8), 2293–2307. https://doi.org/10.1519/JSC.0b013e31823a3e2d

81. Fyfe, J. J., Bartlett, J. D., Hanson, E. D., Stepto, N. K., & Bishop, D. J. (2016). Endurance Training Intensity Does Not Mediate Interference to Maximal Lower-Body Strength Gain during Short-Term Concurrent Training. Frontiers in physiology, 7, 487. https://doi.org/10.3389/fphys.2016.00487

82. Amplitud de movimiento articular. Wikipedia. https://es.wikipedia.org/wiki/Amplitud_de_movimiento_articular

83. Schoenfeld, B. J., & Grgic, J. (2020). Effects of range of motion on muscle development during resistance training interventions: A systematic review. SAGE open medicine, 8, 2050312120901559. https://doi.org/10.1177/2050312120901559

84. Jacobson, M. H., Woodward, M., Bao, W., Liu, B., & Trasande, L. (2019). Urinary Bisphenols and Obesity Prevalence Among U.S. Children and Adolescents. Journal of the Endocrine Society, 3(9), 1715–1726. https://doi.org/10.1210/js.2019-00201

85. Fonken, L. K., Workman, J. L., Walton, J. C., Weil, Z. M., Morris, J. S., Haim, A., & Nelson, R. J. (2010). Light at night increases body mass by shifting the time of food intake. Proceedings of the National Academy of Sciences of the United States of America, 107(43), 18664–18669. https://doi.org/10.1073/pnas.1008734107

86. Jåbekk, P., Jensen, R. M., Sandell, M. B., Haugen, E., Katralen, L. M., & Bjorvatn, B. (2020). A randomized controlled pilot trial of sleep health education on body composition changes following 10 weeks' resistance exercise. The Journal of sports medicine and physical fitness, 60(5), 743–748. https://doi.org/10.23736/S0022-4707.20.10136-1

87. Brandão, L., de Salles Painelli, V., Lasevicius, T., Silva-Batista, C., Brendon, H., Schoenfeld, B. J., Aihara, A. Y., Cardoso, F. N., de Almeida Peres, B., & Teixeira, E. L. (2020). Varying the Order of Combinations of Single- and Multi-Joint Exercises Differentially Affects Resistance Training Adaptations. Journal of strength and conditioning research, 34(5), 1254–1263. https://doi.org/10.1519/JSC.0000000000003550

88. Yasuda, J., Tomita, T., Arimitsu, T., & Fujita, S. (2020). Evenly Distributed Protein Intake over 3 Meals Augments Resistance Exercise-Induced Muscle Hypertrophy in Healthy Young Men. The Journal of nutrition, 150(7), 1845–1851. https://doi.org/10.1093/jn/nxaa101

89. Morton, R. W., Murphy, K. T., McKellar, S. R., Schoenfeld, B. J., Henselmans, M., Helms, E., Aragon, A. A., Devries, M. C., Banfield, L., Krieger, J. W., & Phillips, S. M. (2018). A systematic review, meta-analysis and meta-regression of the effect of protein supplementation on resistance training-induced gains in muscle mass and strength in healthy adults. British journal of sports medicine, 52(6), 376–384. https://doi.org/10.1136/bjsports-2017-097608

90. Gomes, R. L., Lixandrão, M. E., Ugrinowitsch, C., Moreira, A., Tricoli, V., & Roschel, H. (2022). Session Rating of Perceived Exertion as an Efficient Tool for Individualized Resistance Training Progression. Journal of strength and conditioning research, 36(4), 971–976. https://doi.org/10.1519/JSC.0000000000003568

91. Bin Naharudin, M. N., Yusof, A., Shaw, H., Stockton, M., Clayton, D. J., & James, L. J. (2019). Breakfast Omission Reduces Subsequent Resistance Exercise Performance. Journal of strength and conditioning research, 33(7), 1766–1772. https://doi.org/10.1519/JSC.0000000000003054

92. Kubo, K., Ikebukuro, T., & Yata, H. (2021). Effects of 4, 8, and 12 Repetition Maximum Resistance Training Protocols on Muscle Volume and Strength. Journal of strength and conditioning research, 35(4), 879–885. https://doi.org/10.1519/JSC.0000000000003575

93. Nunes, J. P., Grgic, J., Cunha, P. M., Ribeiro, A. S., Schoenfeld, B. J., de Salles, B. F., & Cyrino, E. S. (2021). What influence does resistance exercise order have on muscular strength gains and muscle hypertrophy? A systematic review and meta-analysis. European journal of sport science, 21(2), 149–157. https://doi.org/10.1080/17461391.2020.1733672

94. Nosaka, K., Newton, M., & Sacco, P. (2002). Delayed-onset muscle soreness does not reflect the magnitude of eccentric exercise-induced muscle damage. Scandinavian journal of medicine & science in sports, 12(6), 337–346. https://doi.org/10.1034/j.1600-0838.2002.10178.x

95. Mitchell, C. J., Churchward-Venne, T. A., Parise, G., Bellamy, L., Baker, S. K., Smith, K., Atherton, P. J., & Phillips, S. M. (2014). Acute post-exercise myofibrillar protein synthesis is not correlated with resistance training-induced muscle hypertrophy in young men. PloS one, 9(2), e89431. https://doi.org/10.1371/journal.pone.0089431

96. Oosthuyse, T., & Bosch, A. N. (2010). The effect of the menstrual cycle on exercise metabolism: implications for exercise performance in eumenorrhoeic women. Sports medicine (Auckland, N.Z.), 40(3), 207–227. https://doi.org/10.2165/11317090-000000000-00000

97. Roberts, B. M., Nuckols, G., & Krieger, J. W. (2020). Sex Differences in Resistance Training: A Systematic Review and Meta-Analysis. Journal of strength and conditioning research, 34(5), 1448–1460. https://doi.org/10.1519/JSC.0000000000003521

98. Cotter, J. A., Garver, M. J., Dinyer, T. K., Fairman, C. M., & Focht, B. C. (2017). Ratings of Perceived Exertion During Acute Resistance Exercise Performed at Imposed and Self-Selected Loads in Recreationally Trained Women. Journal of strength and conditioning research, 31(8), 2313–2318. https://doi.org/10.1519/JSC.0000000000001782

99. Simão, R., Polito, M., Freitas de Salles, B., Marinho, D. A., Garrido, N. D., Junior, E., & Willardson, J. M. (2022). Acute and Long-Term Comparison of Fixed vs. Self-Selected Rest Interval Between Sets on Upper-

Body Strength. Journal of strength and conditioning research, 36(2), 540–544. https://doi.org/10.1519/JSC.0000000000003606

100. de Salles, B. F., Simão, R., Miranda, H., Bottaro, M., Fontana, F., & Willardson, J. M. (2010). Strength increases in upper and lower body are larger with longer inter-set rest intervals in trained men. Journal of science and medicine in sport, 13(4), 429–433. https://doi.org/10.1016/j.jsams.2009.08.002

101. Goessler, K., Polito, M. (2013). Effect of fixed and self-suggested rest intervals between sets of resistance exercise on postexercise cardiovascular behavior January 2013. Revista Brasileira de Cineantropometria e Desempenho Humano 15(3):467-475 DOI: 10.5007/1980-0037.2013v15n3p467

102. EFSA Panel on Dietetic Products, Nutrition and Allergies (NDA). Safety of caffeine. EFSA Journal. (2015)

103. Food and Nutrition Board. Caffeine in Food and Dietary Supplements: Examining Safety: Workshop Summary.. The National Academies Press. (2014)

104. Institute of Medicine (US) Committee on Military Nutrition Research. Caffeine for the Sustainment of Mental Task Performance: Formulations for Military Operations. Washington (DC): National Academies Press (US); 2001. 2, Pharmacology of Caffeine. Available from: https://www.ncbi.nlm.nih.gov/books/NBK223808/

105. Temple, J. L., Bernard, C., Lipshultz, S. E., Cza-chor, J. D., Westphal, J. A., & Mestre, M. A. (2017). The Safety of Ingested Caffeine: A Comprehensive Review. Frontiers in psychiatry, 8, 80. https://doi.org/10.3389/fpsyt.2017.00080

106. Morton, R. W., Murphy, K. T., McKellar, S. R., Scho-enfeld, B. J., Henselmans, M., Helms, E., Aragon, A. A., Devries, M. C., Banfield, L., Krieger, J. W., & Phillips, S. M. (2018). A systematic review, meta-analysis and me-ta-regression of the effect of protein supplementation on resistance training-induced gains in muscle mass and strength in healthy adults. British journal of sports medicine, 52(6), 376–384. https://doi.org/10.1136/bjsports-2017-097608

107. Petré, H., Hemmingsson, E., Rosdahl, H., & Psi-lander, N. (2021). Development of Maximal Dynamic Strength During Concurrent Resistance and Endurance Training in Untrained, Moderately Trained, and Trained Individuals: A Systematic Review and Meta-analysis. Sports medicine (Auckland, N.Z.), 51(5), 991–1010. ht-tps://doi.org/10.1007/s40279-021-01426-9

108. Glass, S. C., Ahmad, S., & Gabler, T. (2020). Effecti-veness of a 2-Week Strength Training Learning Interven-tion on Self-selected Weight-Training Intensity. Journal of strength and conditioning research, 34(9), 2443–2448. https://doi.org/10.1519/JSC.0000000000003729

109. Queiros, V. S., Dantas, M., Fortes, L. S., Silva, L., Silva, G., Dantas, P., & Cabral, B. (2021). Mental Fa-

tigue Reduces Training Volume in Resistance Exercise: A Cross-Over and Randomized Study. Perceptual and motor skills, 128(1), 409–423. https://doi.org/10.1177/0031512520958935

110. Ballmann, C. G., Favre, M. L., Phillips, M. T., Rogers, R. R., Pederson, J. A., & Williams, T. D. (2021). Effect of Pre-Exercise Music on Bench Press Power, Velocity, and Repetition Volume. Perceptual and motor skills, 128(3), 1183–1196. https://doi.org/10.1177/00315125211002406

111. Ballmann, C. G., McCullum, M. J., Rogers, R. R., Marshall, M. R., & Williams, T. D. (2021). Effects of Preferred vs. Nonpreferred Music on Resistance Exercise Performance. Journal of strength and conditioning research, 35(6), 1650–1655. https://doi.org/10.1519/JSC.0000000000002981

112. Dahle, J. H., Ostendorf, D. M., Zaman, A., Pan, Z., Melanson, E. L., & Catenacci, V. A. (2021). Underreporting of energy intake in weight loss maintainers. The American journal of clinical nutrition, 114(1), 257–266. https://doi.org/10.1093/ajcn/nqab012

113. Taguchi, M., Hara, A., Murata, H., Torii, S., & Sako, T. (2020). Increasing Meal Frequency in Isoenergetic Conditions Does Not Affect Body Composition Change and Appetite During Weight Gain in Japanese Athletes. International journal of sport nutrition and exercise metabolism, 31(2), 109–114. https://doi.org/10.1123/ijsnem.2020-0139

114. Júdice, P. B., Hetherington-Rauth, M., Magalhães, J. P., Correia, I. R., & Sardinha, L. B. (2021). Sedentary behaviours and their relationship with body composition of athletes. European journal of sport science, 1–7. Advance online publication. https://doi.org/10.1080/1 7461391.2021.1874060

115. Tudor-Locke, C., & Bassett, D. R., Jr (2004). How many steps/day are enough? Preliminary pedometer indices for public health. Sports medicine (Auckland, N.Z.), 34(1), 1–8. https://doi.org/10.2165/00007256-200434010-00001

116. Anguah, K. O., Syed-Abdul, M. M., Hu, Q., Jacome-Sosa, M., Heimowitz, C., Cox, V., & Parks, E. J. (2019). Changes in Food Cravings and Eating Behavior after a Dietary Carbohydrate Restriction Intervention Trial. Nutrients, 12(1), 52. https://doi.org/10.3390/ nu12010052

117. Ashtary-Larky, D., Bagheri, R., Abbasnezhad, A., Tinsley, G. M., Alipour, M., & Wong, A. (2020). Effects of gradual weight loss v. rapid weight loss on body composition and RMR: a systematic review and meta-analysis. The British journal of nutrition, 124(11), 1121–1132. https://doi.org/10.1017/S000711452000224X

118. Broskey, N. T., Martin, C. K., Burton, J. H., Church, T. S., Ravussin, E., & Redman, L. M. (2021). Effect of Aerobic Exercise-induced Weight Loss on the Components of Daily Energy Expenditure. Medicine and science in sports and exercise, 53(10), 2164–2172. https://doi. org/10.1249/MSS.0000000000002689

119. Gantois, P., Lima-Júnior, D., Fortes, L. S., Batista, G. R., Nakamura, F. Y., & Fonseca, F. S. (2021). Mental Fatigue From Smartphone Use Reduces Volume-Load in Resistance Training: A Randomized, Single-Blinded Cross-Over Study. Perceptual and motor skills, 128(4), 1640–1659. https://doi.org/10.1177/00315125211016233

120. Jayedi, A., Gohari, A., & Shab-Bidar, S. (2022). Daily Step Count and All-Cause Mortality: A Dose-Response Meta-analysis of Prospective Cohort Studies. Sports medicine (Auckland, N.Z.), 52(1), 89–99. https://doi.org/10.1007/s40279-021-01536-4

121. Conlin, L. A., Aguilar, D. T., Rogers, G. E., & Campbell, B. I. (2021). Flexible vs. rigid dieting in resistance-trained individuals seeking to optimize their physiques: A randomized controlled trial. Journal of the International Society of Sports Nutrition, 18(1), 52. https://doi.org/10.1186/s12970-021-00452-2

122. Choi, Y., Nakamura, Y., Akazawa, N., Park, I., Kwak, H. B., Tokuyama, K., & Maeda, S. (2021). Effects of nocturnal light exposure on circadian rhythm and energy metabolism in healthy adults: A randomized crossover trial. Chronobiology international, 1–11. Advance online publication. https://doi.org/10.1080/07420528.2021.2014517

123. Schoenfeld, B. J., Ogborn, D., & Krieger, J. W. (2017). Dose-response relationship between weekly resistance training volume and increases in muscle mass: A systematic review and meta-analysis. Journal of sports sciences, 35(11), 1073–1082. https://doi.org/10.1080/02640414.2016.1210197

124. de Souza, T. P., Jr, Fleck, S. J., Simão, R., Dubas, J. P., Pereira, B., de Brito Pacheco, E. M., da Silva, A. C., & de Oliveira, P. R. (2010). Comparison between constant and decreasing rest intervals: influence on maximal strength and hypertrophy. Journal of strength and conditioning research, 24(7), 1843–1850. https://doi.org/10.1519/JSC.0b013e3181ddae4a

125. Androulakis-Korakakis, P., Fisher, J. P., & Steele, J. (2020). The Minimum Effective Training Dose Required to Increase 1RM Strength in Resistance-Trained Men: A Systematic Review and Meta-Analysis. Sports medicine (Auckland, N.Z.), 50(4), 751–765. https://doi.org/10.1007/s40279-019-01236-0

126. Marshall, P., Cross, R., & Haynes, M. (2018). The fatigue of a full body resistance exercise session in trained men. Journal of science and medicine in sport, 21(4), 422–426. https://doi.org/10.1016/j.jsams.2017.06.020

127. Schoenfeld, B. J., Ogborn, D. I., & Krieger, J. W. (2015). Effect of repetition duration during resistance training on muscle hypertrophy: a systematic review and meta-analysis. Sports medicine (Auckland, N.Z.), 45(4), 577–585. https://doi.org/10.1007/s40279-015-0304-0

128. H.S.M. Azevedo, P., G. D. Oliveira, M., & J. Schoenfeld, B. (2022). Effect of different eccentric tempos on hypertrophy and strength of the lower limbs. Biology of Sport, 39(2), 443-449. https://doi.org/10.5114/biolsport.2022.105335

129. Schwartz, H., Emanuel, A., Rozen Samukas, I. I., & Halperin, I. (2021). Exploring the acute affective responses to resistance training: A comparison of the predetermined and the estimated repetitions to failure approaches. PloS one, 16(8), e0256231. https://doi.org/10.1371/journal.pone.0256231

130. Outram, S., & Stewart, B. (2015). Doping through supplement use: a review of the available empirical data. International journal of sport nutrition and exercise metabolism, 25(1), 54–59. https://doi.org/10.1123/ijsnem.2013-0174

131. Martínez-Sanz, J. M., Sospedra, I., Ortiz, C. M., Baladía, E., Gil-Izquierdo, A., & Ortiz-Moncada, R. (2017). Intended or Unintended Doping? A Review of the Presence of Doping Substances in Dietary Supplements Used in Sports. Nutrients, 9(10), 1093. https://doi.org/10.3390/nu9101093

132. NYTimes https://well.blogs.nytimes.com/2015/02/03/new-york-attorney-general-targets-supplements-at-major-retailers/

133. Jovanov, P., Đorđić, V., Obradović, B. et al. Prevalence, knowledge and attitudes towards using sports supplements among young athletes. J Int Soc Sports Nutr 16, 27 (2019). https://doi.org/10.1186/s12970-019-0294-7

134. Clark, J. E., & Welch, S. (2021). Comparing effectiveness of fat burners and thermogenic supplements to diet and exercise for weight loss and cardio-

metabolic health: Systematic review and meta-analysis. Nutrition and health, 27(4), 445–459. https://doi.org/10.1177/0260106020982362

135. Fenton, S., Burrows, T. L., Skinner, J. A., & Duncan, M. J. (2021). The influence of sleep health on dietary intake: a systematic review and meta-analysis of intervention studies. Journal of human nutrition and dietetics : the official journal of the British Dietetic Association, 34(2), 273–285. https://doi.org/10.1111/jhn.12813

136. Tasali, E., Wroblewski, K., Kahn, E., Kilkus, J., & Schoeller, D. A. (2022). Effect of Sleep Extension on Objectively Assessed Energy Intake Among Adults With Overweight in Real-life Settings: A Randomized Clinical Trial. JAMA internal medicine, e218098. Advance online publication. https://doi.org/10.1001/jamainternmed.2021.8098

137. Daviet, R., Aydogan, G., Jagannathan, K. et al. Associations between alcohol consumption and gray and white matter volumes in the UK Biobank. Nat Commun 13, 1175 (2022). https://doi.org/10.1038/s41467-022-28735-5

138. Schutte, S., Esser, D., Siebelink, E., Michielsen, C., Daanje, M., Matualatupauw, J. C., Boshuizen, H. C., Mensink, M., Afman, L. A., & Wageningen Belly Fat Study team (2022). Diverging metabolic effects of two energy restricted diets differing in nutrient quality: a 12-week randomized controlled trial in subjects with abdominal obesity. The American journal of clinical nutrition, nqac025. Advance online publication. https://doi.org/10.1093/ajcn/nqac025

139. Chappell, A. J., Simper, T., & Barker, M. E. (2018). Nutritional strategies of high level natural bodybuilders during competition preparation. Journal of the International Society of Sports Nutrition, 15, 4. https://doi.org/10.1186/s12970-018-0209-z

140. Marcon M, Zanella PB. The effect of branched-chain amino acids supplementation in physical exercise: A systematic review of human randomized controlled trials. Sci Sports. Available online 20 January 2022. https://doi.org/10.1016/j.scispo.2021.05.006.

141. Schulte, E. M., Avena, N. M., & Gearhardt, A. N. (2015). Which foods may be addictive? The roles of processing, fat content, and glycemic load. PloS one, 10(2), e0117959. https://doi.org/10.1371/journal.pone.0117959

142. Murphy, C., & Koehler, K. (2022). Energy deficiency impairs resistance training gains in lean mass but not strength: A meta-analysis and meta-regression. Scandinavian journal of medicine & science in sports, 32(1), 125–137. https://doi.org/10.1111/sms.14075

143. Heidel, K. A., Novak, Z. J., & Dankel, S. J. (2021). Machines and free weight exercises: a systematic review and meta-analysis comparing changes in muscle size, strength, and power. The Journal of sports medicine and physical fitness, 10.23736/S0022-4707.21.12929-9. Advance online publication. https://doi.org/10.23736/S0022-4707.21.12929-9

144. Henselmans, M., Bjørnsen, T., Hedderman, R., & Vårvik, F. T. (2022). The Effect of Carbohydrate Intake on Strength and Resistance Training Performance: A Systematic Review. Nutrients, 14(4), 856. https://doi.org/10.3390/nu14040856

145. Rauch, J. T., Silva, J. E., Lowery, R. P., McCleary, S. A., Shields, K. A., Ormes, J. A., Sharp, M. H., Weiner, S. I., Georges,, J. I., Volek, J. S., D'agostino, D. P., & Wilson, J. M. (2014). The effects of ketogenic dieting on skeletal muscle and fat mass. Journal of the International Society of Sports Nutrition, 11(Suppl 1), P40. https://doi.org/10.1186/1550-2783-11-S1-P40

146. Vujović, N., Piron, M. J., Qian, J., Chellappa, S. L., Nedeltcheva, A., Barr, D., Heng, S. W., Kerlin, K., Srivastav, S., Wang, W., Shoji, B., Garaulet, M., Brady, M. J., & Scheer, F. (2022). Late isocaloric eating increases hunger, decreases energy expenditure, and modifies metabolic pathways in adults with overweight and obesity. Cell metabolism, 34(10), 1486–1498.e7. https://doi.org/10.1016/j.cmet.2022.09.007

147. Grech, A., Sui, Z., Rangan, A., Simpson, S. J., Coogan, S. C. P., & Raubenheimer, D. (2022). Macronutrient (im)balance drives energy intake in an obesogenic food environment: An ecological analysis. Obesity (Silver Spring, Md.), 30(11), 2156–2166. https://doi.org/10.1002/oby.23578

Made in the USA
Las Vegas, NV
20 December 2023

83218906R00291